本书为2019年度教育部人文社会科学项目青年基金项目

（项目号：19YJC890016）成果，

出版过程中受到了所在单位浙江师范大学出版基金

（Publishing Foundation of Zhejiang Normal University）的资助

何晓龙　卢家豪　著

Review and Empirical
The Benefits of Health & Sociality from
Green/Blue Space Exposure and
Physical Activity

梳理与实证

绿蓝色空间暴露和
身体活动的健康及社会价值

ZHEJIANG UNIVERSITY PRESS
浙江大学出版社
·杭州·

图书在版编目(CIP)数据

　　梳理与实证:绿蓝色空间暴露和身体活动的健康
及社会价值/何晓龙,卢家豪著.—杭州:浙江大学
出版社,2022.11
　　ISBN 978-7-308-23219-7

　　Ⅰ.①梳… Ⅱ.①何… ②卢… Ⅲ.①社会环境—关
系—健康—研究—中国 Ⅳ.①C916②R161

　　中国国家版本馆 CIP 数据核字(2022)第 202875 号

梳理与实证:绿蓝色空间暴露和身体活动的健康及社会价值

何晓龙　　卢家豪　著

责任编辑	蔡圆圆	
责任校对	许艺涛	
封面设计	周　灵	
出版发行	浙江大学出版社	
	(杭州市天目山路 148 号　邮政编码 310007)	
	(网址:http://www.zjupress.com)	
排　　版	浙江时代出版服务有限公司	
印　　刷	浙江新华数码印务有限公司	
开　　本	710mm×1000mm　1/16	
印　　张	21.75	
字　　数	301 千	
版 印 次	2022 年 11 月第 1 版　2022 年 11 月第 1 次印刷	
书　　号	ISBN 978-7-308-23219-7	
定　　价	88.00 元	

序

2016 年,《柳叶刀》(Lancet)发表了萨利斯(Sallis)的前瞻性长篇综述,呼吁通过科学的城市规划设计促进居民身体活动,增进大众健康,进而降低社会医疗负担。这一倡议针对以往部分观点——认为人居实体环境建设与优化促进居民身体活动的资金投入大,社会经济效益不佳——阐述了实施的必要性。近年来许多实证研究揭示有利于居民身体活动的人居实体环境建设的资金投入将产生二次社会经济效益,即可降低社会医疗卫生支出,增加社会生产效率。因此,虽然人居实体环境优化前期投入较大,但远期社会效益显著。与此同时,近年来国际上针对上述健康问题的非药物干预(身体活动、环境心理疗法)的研究不断深入,其中绿色景观(指由树木、草地、灌木丛等构成的绿色空间系统,例如公园、森林、丛林等环境)、蓝色景观(指由水池、喷泉、湖、江河和海洋等水体景观所营造的空间)暴露与身体锻炼的耦合干预是最新的研究热点。许多研究证实,在绿色、蓝色[①]空间中(旁)进行身体锻炼,如公园步行、丛林健身跑、沿江跑步、水中划船等,相比于室内锻炼或在绿色、蓝色空间中静态放松,更有助于进一步改善精神健康、实时情绪或认知能力。因此"绿色健身"(green exercise)、"蓝色健身"(blue exercise)以及"绿色健身房"(green gym)、"蓝色健身房"(blue gym)等概念开始兴起。综上所述,住区身体活动空间及其绿蓝色景观配置不仅影响着居民的生活品质,也会对不同年龄段人群的健康效益和社会效益产生特异性影响。因此,何晓龙博士和卢家豪硕士经过多年潜心研究完成了本书,本书的研究内容包括了三个主

---

① 为行文流畅,本书也以"绿蓝色"指代两种色彩。

要方面。

（1）对国际上有关绿蓝色空间暴露、身体活动与不同年龄段人群的精神健康、工作表现和认知与学习能力的相关研究文献进行系统梳理，归纳出理论架构、指标体系和研究范式，有助于推动国内该领域的发展；开展的实证研究可为国内提供"相关关系"和"因果关系"证据，也可为国际上该领域研究丰富中国国内的实证研究案例。

（2）对国内外文献进行梳理，针对人居实体环境对居民身体活动的影响、居民身体活动与医疗支出的关系来阐述三者间的纵向演进，同时基于"成本—效益分析"探讨人居实体环境与居民医疗卫生支出间的关系，这既可丰富国际上该领域研究的系统综述，又可为今后国内该领域研究的起步提供前期的参考。

（3）当前国际上影响居民身体活动的实体环境因素的研究视角正处于从"相关关系"向"空间特征"过渡转型，基于 GPS 结合加速度计进行健身活动客观追踪测量被广泛应用。而国内目前一般采用问卷或者日志的主观调查方式，随着研究趋势的发展，国内的研究也需向客观化和精确化方向发展。本研究对国外相关理论框架和测量手段的梳理及具体应用，耦合主观调查和 GPS 客观追踪手段，系统深入地分析影响老年人身体活动的住区实体环境因素，为今后国内相关研究提供新手段和新思路。

最后，本书基于上述研究内容，提炼出了绿蓝色空间暴露和身体活动联合改善健康和社会效益的相关对策以供借鉴和参考。相信本书的出版也可以为今后国内该领域的研究提供重要的前期理论基础和方法学参考。

CONTENTS **目录**

理论梳理篇

实证研究篇

第六章　绿色健身对情绪的影响及相关个体因素分析： 一项实地自身对照试验

第七章　住区绿蓝色空间暴露与老年人精神健康的相关 关系：不同锻炼参数的媒介效应

第八章　适宜老年人身体活动的住区实体环境特征

对策提炼篇

理论梳理篇

对家—校绿蓝色空间暴露、儿童青少年身体活动对认知功能和学业表现的影响，住—职场所绿蓝色空间暴露、职员身体活动对工作表现的影响，绿蓝色空间暴露、老年人身体活动与精神健康，住区实体环境对居民身体活动的影响及与医疗支出的关联效应进行深入阐述。对研究领域所涉及的理论基础、测量工具、研究范式、混杂因素的控制和不同国家/地区报道的研究成果归纳分析，有助于为今后国内相关研究提供理论参考和研究范式借鉴。

第一章 绪 论

第一节 研究背景

随着社会不断发展，人们工作、学习和生活的节奏加快，精神健康障碍（抑郁、焦虑和过度压力应激等）逐渐成为威胁人类健康的主要慢性非传染性疾病类型。如老年人伴随着孤独、身体机能衰退、生活与经济自理能力下降，抑郁、焦虑等问题凸显；中青年职场压力、工作强度大，长此以往工作倦怠感增强，工作效率和创新思维活跃程度降低；儿童青少年也面临着巨大的学业压力，一些认知能力和行为障碍问题也常困扰着儿童青少年。

当前，基于非药物干预（身体锻炼、环境心理疗法等）来改善人们健康的相关研究不断发展。绿色空间（指由树、草等植被构成的绿色空间系统）、蓝色空间（指由湖泊、河塘等构成的水体景观系统）暴露和身体锻炼的耦合干预成为最新的研究热点。相关实证研究也指出，公园徒步、林间慢跑、江边小跑、划船等绿蓝色健身将比单一的室内锻炼或绿蓝色空间静态放松更有利于精神健康的改善。因此"绿色健身"（green exercise）、"蓝色健身"（blue exercise）、"绿色健身房"（green gym）以及"蓝色健身房"（blue gym）等概念开始兴起。但是，在对国内外数据库进行全方位的检索后发现，当前国内针对家—校绿蓝色空间暴露、儿童青少年身体活动对认知功能和学业表现的影响，住—职场所绿蓝色空间暴露、职员身体活动对工作表现的影响，绿蓝色空间暴露、老年人身体活动与精神健康关系的研究均尚处于萌芽阶段，急需针对国际上该研究领域的理论架构、方法学体系等进行深入、全面的系统整理。

《柳叶刀》于 2016 年发文倡导采取合理的城市规划设计来助力群众运动，改善健康，进而缓解医疗负担。该倡议与部分学者的"人居实体环境建设与优化促进居民身体锻炼成本投入高，效益产出低"的论调相悖，显示了开展相关研究的必要性。越来越多的实证研究指出，锻炼相关的人居实体环境建设的成本投入会有效缓解社会医疗开支，提升社会生产效率，带来二次社会经济效益。因此，即使人居实体环境优化需要较大成本的前期投入，但其带来的长久持续的经济效益将更加突出。

目前我国已迈入老龄化社会，老年人口比例还在逐年增加，社会医疗负担不断加重。许多流行病学研究显示，老年人群体性锻炼干预对降低医疗支出效果明显。而促进老年人身体锻炼除提高自身认知外，营造适宜的人居实体环境也是重要途径。住区是老年人日常生活空间的主要集中区域，因此研究影响老年人身体活动的重要住区实体环境因素具有重要价值和意义。本书对人居实体环境影响老年人锻炼的机制及与医疗支出的关联效应展开分析。一是系统阐述人居实体环境、居民身体活动与医疗支出的逻辑框架；二是通过对老年人群进行 GPS 结合加速度计客观追踪，分析案例区域老年人日常生活中的户外活动轨迹、健身活动主要发生的场所和活动空间半径等信息。这些对今后公共体育设施的配套规划，如步行生活圈划定、设施服务辐射半径和便利性评估等具有重要的参考价值，也是针对当地老年人体育锻炼干预场所进行选择时的重要参考。

第二节　研究目的与意义

首先，系统地梳理与绿蓝色空间暴露、身体活动与精神健康、工作表现和认知与学习能力相关的国际文献，总结出理论架构、指标体系及研究范式，从而促进国内该领域的发展；此外，相关实证研究结果可以提供"相关关系"及"因果关系"的国内研究证据。与此同时，也为国际该领域研究丰富了中国的实证案例。

其次，系统地梳理人居实体环境对居民身体活动的影响、居民身体活动及医疗支出的相关国内外文献,基于三者间的关系来阐述它们的纵向演进。与此同时,从"成本—效益"分析视角探讨人居实体环境与居民医疗卫生支出间的关系。这不但能为国际上该领域研究进一步增添系统综述,而且可为国内开展该领域的研究提供相关前期参考。

最后,国际上关于影响居民身体活动的实体环境因素的探寻方向正逐渐从"相关关系"向"空间特征"过渡转换,当前广泛采用GPS与加速度计结合的方式进行健身活动客观追踪测量。然而,当前国内多使用问卷、日志等主观调查方式进行研究,伴随研究的发展趋势,国内相关研究也有必要朝客观化和精确化方向迈进。本书系统梳理了国际上的相关理论框架、测量手段及具体应用,耦合主观调查和GPS客观追踪手段,全面深入地剖析了影响老年人身体活动的住区实体环境因素,有助于为国内该领域研究贡献新方法与新思路。

第三节　研究内容

一、家—校绿蓝色空间暴露、儿童青少年身体活动对认知功能和学业表现的影响

众多研究揭示绿蓝色空间暴露和身体活动或锻炼均对儿童青少年认知功能与学业表现存在改善作用。本部分首先对"绿蓝色空间""绿蓝健身"等概念进行解析,阐述身体活动或锻炼改善儿童青少年认知功能的机制,绿蓝色空间暴露影响认知功能的"注意力恢复"和"压力恢复"理论,之后归纳认知功能和学业表现的常见指标及合理选取建议。在此基础上,重点提炼出身体活动或锻炼"类型"改善认知功能的"选择性促进"现象和"强度"的倒U形曲线特征等核心观点。针对绿蓝色空间暴露改善认知功能的研究提炼出强化绿蓝色空间暴露水平测量的"广度"和"深度",细化绿蓝色空间要素,增强城市规划和景观设计应用价值等建议。最后,本章阐述了近几年部分对照试验研究发现"绿蓝健身"改善认知功能要比单一的"锻炼"或"绿蓝色空间暴露"能产生更好的效益,但绿蓝健身改善认知功能的研究尚处于起步阶段,需要

更多的研究证据来丰富研究成果。

二、住一职场所绿蓝色空间暴露、职员身体活动对工作表现的影响

促进职员工作表现对个人、雇主和社会均具有极佳的效益，是人力资源领域的重要研究议题。近些年，身体锻炼和绿蓝色空间暴露两种干预手段是新的热点。现有研究证实，科学合理的身体锻炼或绿蓝色空间暴露均有助于缓解职员工作压力、改善认知功能、促进认知疲劳恢复等，进而提升工作表现。然而，当前工作表现指标种类繁多，本部分研究内容将其归纳成注重工作产出的指标（生产力、工作效率和创造力等）、与工作相关的心理健康指标（工作满意度、幸福感等）和综合性指标（职业倦怠与敬业度），并辩证地分析了三类指标的优势和不足。本章对绿蓝色空间暴露影响职员工作表现的潜在路径、不同暴露方式进行了阐述并对相关实证研究进行了综述。此外，对绿蓝健身改善职员工作表现的部分对照试验研究进行了阐述并对研究现状进行了述评。这有助于为国内该研究领域系统介绍国际上最新研究进展和理论框架，推动国内该领域的发展，同时也可为城市规划、景观设计和公共健康政策的制定提供参考。

三、绿蓝色空间暴露、老年人身体活动与精神健康

WHO统计的数据显示，精神健康障碍已是全球威胁人类健康的主要慢性非传染性疾病之一。近年来，国际上针对人体精神健康非药物干预（身体锻炼、环境心理疗法）的研究不断深入，其中绿蓝色空间暴露与身体锻炼的交互与协同是最新的研究热点。交互作用是指绿蓝色景观有助于吸引人们参加户外活动，促进健康，同时又进一步接触了绿色和蓝色景观，改善精神健康。而相比于交互作用，协同效应研究进展较缓，其原因可能在于这是典型的交叉学科领域，相关变量涉及运动健康促进、心理学、行为学、环境科学和规划设计等学科。

因此，本书从户外绿蓝色空间暴露与身体锻炼改善精神健康的具体路径，相关指标的适宜测量方法以及横断面、纵向追踪和干预研究的实证研究进展，身体锻炼与绿蓝色空间暴露改善人体精神健康的补偿机制、个体差异、

适宜参数和效果衰退等协同效应进行深入阐述，有利于系统梳理与绿蓝色空间暴露和老年人身体活动及精神健康相关的国际研究现状和相关理论框架，从而促进国内该领域实证研究的发展，同时也可提供城市规划、公共健康政策制定等方面的相关理论参考。

四、绿色健身中视野开阔对情绪的影响及相关个体因素分析

本部分研究为了对比绿色健身中视野是否开阔对情绪改善的效果差异，同时比较个体噪声敏感性、亲自然性、好奇性心理等个体因素在是否开阔视野对情绪影响中的主效应与交互效应，选取 35 名非高职业身体活动者（30.11±4.25 岁；女 18 人，男 17 人）随机分为两组在某城市公园进行实地试验。一组先进行开阔视野试验，后进行不开阔视野试验，另一组反之，同一样本两次试验间隔 10 天及以上。样本募集前采集相关协变量参数，试验过程为样本完成准备工作静坐 3 分钟后先进行前测，然后静坐观看绿色空间视野 20 分钟后进行中测，接着完成 20 分钟功率自行车骑行[7 分钟（50%×HRR＋安静心率）＋6 分钟（30%×HRR＋安静心率）＋7 分钟（50%×HRR＋安静心率）]后恢复至安静状态（不少于 20 分钟）进行后测。前、中、后测采集实时情绪相关指标。研究发现：

（1）开阔视野与不开阔视野除收缩压改善效果存在显著性差异外（ηp^2＝0.104；F＝3.484；p＝0.046），其他情绪改善指标开阔与不开阔视野均无显著性差异（消极性情绪 ηp^2＝0.349，其他指标 ηp^2 均较小，p 均大于 0.05）。

（2）整体上分析，即使在进行一段时间绿色空间接触后再进行绿色健身，仍有助于进一步改善血压、积极性/消极性情绪、SDNN、RMSSD 以及 LF/HF 实时情绪指标（多数指标 ηp^2 较大，其中最高为 0.495）。

（3）在统计模型的协变量调整中，相比于个体噪声敏感性、亲自然性等个体因素，好奇性心理在是否开阔视野中进行锻炼对情绪效果的影响更为显著（其对 7 个实时情绪指标均有显著影响，p＜0.05）。日常锻炼水平参数对积极性情绪得分（p＜0.001）、LF/HF（p＜0.001）及 RMSSD（p＜0.001）的影响均具有显著性。日常绿色空间接触中，仅有工作场所周边绿色空间活动对舒

张压的影响具有显著性（$p<0.05$）。由此认为开阔视野与不开阔视野绿色空间中锻炼改善情绪效果的差异没有达到统计学显著性水平，经过绿色空间接触后进行绿色健身仍有助于进一步改善情绪效果，好奇性心理可能是绿色健身中视野开阔性对情绪影响的重要个体因素。建议今后城市规划或景观设计中不要过于追求大尺度开阔性草坪，应注重局部空间的绿化。今后该领域研究中需要重点关注个体好奇性心理这一个体因素，在研究的统计中对这个协变量进行必要的控制和调整。

五、住区绿蓝色空间暴露与老年人精神健康的相关关系：锻炼参数的媒介效应

城市低龄段老年人是抑郁、焦虑和压力过度的高发人群，而长期暴露于绿蓝色空间或身体锻炼均有助于改善老年人精神健康，这都得到了许多横向和纵向研究的证实。同时，越来越多的研究证实在绿蓝色空间中进行锻炼有助于发挥两者协同效应，产生更为显著的精神健康效益。然而，不同的身体锻炼参数（类型、频率和强度）改善精神健康存在效果差异，具有针对性，但当前对绿蓝色空间中锻炼进行研究时，哪种锻炼参数变化导致精神健康改善效益最强还未展开深入分析。为此，本书分析在城市绿蓝色空间中进行锻炼促进低龄段老年人精神健康需要重点关注身体锻炼参数。

本部分研究基于横断面设计，采用老年人容易完成且质量较高的自我报告方式，采集整体健康、精神障碍（抑郁和焦虑）表现和压力困扰状况作为因变量，锻炼参数（频率、强度和类型）以及绿蓝色空间满意度作为自变量，同时采集人口学、SES 和社会支持等作为协变量。采用二变量 Logistic 回归模型对比在绿蓝色空间中分别调整不同锻炼参数所引起的整体健康、情绪低落表现和压力困扰状况的风险度和显著性水平，确定所需要重点关注的身体锻炼参数。结果发现，低龄段老年人的整体健康、精神障碍表现和压力困扰状况与低龄段身体锻炼类型的相关性较强（OR 均大于 1，精神障碍 $p<0.1$，压力困扰 $p<0.05$）。但在绿色空间和蓝色空间中，调整锻炼频率对低龄段老年人的整体健康、情绪低落表现和压力困扰的风险度降低程度最高。蓝色空间

满意度与低龄段老人自我报告的整体健康水平相关性最为显著(调整前 OR
>1, $p<0.05$, 分别调整频率、强度、类型以及全部时, OR 均大于 1, p 小于
0.05 或 0.1), 而与精神障碍表现 OR>1, 但显著性水平较低。由此建议采用
身体锻炼干预改善城市低龄段老年人的精神健康时, 应关注不同锻炼类型的
特殊性和效果差异。

但在分析绿蓝色空间与身体锻炼对低龄段老年人精神健康改善的协同
效应时, 应重点关注锻炼频率这一参数, 这可能说明了绿蓝色空间的接触频
率对精神健康改善的价值。虽然本书中蓝色空间似乎与样本的整体健康和
情绪低落表现相关性较强, 但或许需要考虑不同城市景观特征的补偿效应,
如沿海城市的老年人可能由于蓝色空间接触较为充分, 绿色空间反倒成为更
显著的一方。建议未来加强定量分析和纵向研究证据的支持。

六、住区实体环境对居民身体活动的影响及与医疗支出的关联效应

合理规划和设计人居实体环境可以促进居民身体活动, 进而可以改善居
民的健康, 这得到了越来越多研究的证实。但当前该领域的研究成果应用度
不高, 其中重要的原因是人居实体环境建设和优化资金投入大, 会增加公共
财政支出负担, 一定程度上影响了政府部门的决策制定和项目立项。为此,
本部分研究内容从人居实体环境对居民身体活动的影响、居民身体活动降低
医疗费用支出的"成本—效益"以及人居实体环境与居民医疗支出的折算关
系等几个方面进行系统阐述。结果认为, 人居实体环境建设中要注重居民身
体锻炼需求, 强调与之匹配的规划设计。这部分建设资金投入将产生二次社
会经济效益, 即可降低社会医疗卫生支出, 增加社会生产效率, 虽然前期投入
较大, 但远期效益将逐年凸显。

今后应加强主观调查与 GPS 客观追踪结合的影响机制研究, 提炼实体
环境的关键因素和特征, 为规划设计提供具体的设计标准和素材。加强多元
统计分析, 探讨人居实体环境建设投入与医疗支出效益的数量关系, 凸显利
于促进居民身体锻炼的人居实体环境建设投入的必要性和经济性。对身体
活动缺乏明显证据的疾病产生的医疗支出不应纳入研究范畴, 有效筛选后的

医疗支出数据可使研究结果更为可靠。

七、适宜老年人身体活动的住区实体环境特征——基于主观测量和 GPS 客观追踪的耦合研究

本部分研究基于主观和客观的耦合测量，分析老年人锻炼频率、强度与实体环境和动机的相关关系以及身体活动空间分布与"热点"区域等特征，为适宜老年人身体活动的住区规划设计提供更为体系化的策略。采用横截面研究：在浙江省金华城区调查老年人(有效样本男性 333 人，女性 385 人)的人口社会学信息、身体活动参数、锻炼动机以及实体环境感知；基于 GPS 定位器结合身体活动加速度计进行户外身体活动客观追踪(有效样本男性 33 人，女性 31 人)。结果发现，老年人的主要锻炼方式为健身走(男性 61.9%，女性 52.2%)，其他包括了乒乓球、舞蹈(交谊舞、拉丁舞等)、健身操(如广播操、广场舞等)以及跑步(比例在 4.2%～8.1%之间)等。

定序逻辑回归分析显示：月退休金和掌握运动技能项目数较高的男性老年人锻炼频率更高，而更多精力用于照顾孙子(女)或承担家务降低了女性老年人锻炼频率。影响老年人锻炼频率的动机因素主要为促进身心健康(男、女性 OR 分别为 0.827 和 1.111，p 均小于 0.01)，而实体环境因素为小区及周边交通事故(男、女性 OR 分别为 1.071 和 1.014，p 均小于 0.01)。湖泊、水体依伴的自然环境和环境卫生感知是影响女性老年人锻炼频率的重要实体环境因素(男、女性 OR 分别为 0.981 和 -1.098，p 均小于 0.01)。

相比于频率，锻炼强度与动机、实体环境感知间的相关性较低。GPS 追踪显示：小区中心 600 米内集聚了样本全部户外定位点的 67.1%，中高强度活动(MVPA)定位点的 76.6%(小区内 39.9%，沿道路轨迹 42.2%，非小区的公园、绿地、广场等开敞空间 10.4%，非小区的运动场所和锻炼设施 3.6%，其他场所等占 4.0%)。由此认为小区规划设计中应加强小区及周边人行道或健身步道布局、设施配套和景观营造，提高交通信号灯、标志和斑马线以及人车分离的设计标准，尤其鼓励建设人车分流小区来促进老年人健身步行。改善小区公共活动广场景观、材质和配套设施(如遮雨、遮阴和洗手间

等设施)来促进老年人舞蹈、健身操类的活动。注重当地老年人参加比例较高的活动项目的场地和设施的规划设计。小区景观设计中,注重将运动健康促进、科学健身等健身教育指示牌作为景观小品来指导老年人锻炼,提高锻炼强度,促进身心健康。

此外,加强环境卫生整治,对湖泊和水体景观的营造和保存,对于促进女性老年人身体活动具有积极意义。由于老年人日常活动空间范围较小,老龄化社会背景下,建议今后减少大型公共体育健身中心建设,加强居住小区内的健身活动路径、设施及空间改造和建设。

第四节　特色与创新之处

一、研究选题的创新

本书针对绿蓝色空间暴露、身体活动与老年人精神健康、中青年职业倦怠、青少年认知和学习能力的影响及相关关系展开了深入探讨,系统梳理了国际上已发表研究的理论架构、指标体系、研究范式和方法学体系并作为前期基础,可较早地为国内该领域提供"相关关系"和"因果关系"证据。

二、研究设计的创新

目前在绿蓝色健身的短时对照试验研究中,绿蓝色空间接触时间多在20～30分钟,充分利用了暴露初期这一环境刺激效果峰值期。绿蓝色健身的协同效应也都是基于"短时锻炼＋短时环境暴露"双重干预,所引起的改善效果优于单一的"锻炼干预"或单一的"环境接触干预"的模式。因此本书对"环境接触干预"和"锻炼干预"尝试采用纵向设计,即先进行一段时间(如20分钟)的绿蓝色空间接触,再进行一段时间的"锻炼干预"(如20分钟),观察其能否在锻炼后恢复期内进一步改善情绪效果,使得情绪改善持续时间即使在30分钟后仍有进一步明显的改善。

三、研究方法的创新

本书基于身体活动加速度计结合GPS定位器进行老年人身体活动空间

客观追踪,同时耦合问卷调查进行主观测量,对影响老年人身体活动的住区实体环境因素进行了更深入细致的挖掘,这种"客观追踪和主观调查相耦合"的方法有助于为该领域的研究提供新思路和新的研究手段。

第二章 家—校绿蓝色空间暴露、儿童青少年身体活动对认知功能和学业表现的影响

第一节 引 言

儿童青少年时期认知功能水平被证明与人一生的行为发展、学业表现、工作业绩、创新能力和老年时期认知功能衰退密切相关(殷恒婵等,2014;温煦,2015;Sisco et al.,2015;Gurven et al.,2017)。人的神经系统和认知功能在一生中均具有可塑性,而儿童青少年是发展最快和可塑性最强的时期(Giedd et al.,1999;Khan et al.,2014)。认知功能不仅受到先天遗传制约,还受到后天环境的影响,比如一些纵向追踪研究发现儿童青少年(部分研究样本为双胞胎样本)家庭、住区和学校环境因素对成年后认知功能水平的影响甚至比遗传因素还要显著(Johnson et al.,2006;Hin,2009;Chawla et al.,2014)。

认知功能的改善依赖于人体的生物学基础,如脑结构变化、大脑供氧能力提高和人体血液相关因子改善等(全明辉等,2017;高淑青,2018;Hillman et al.,2008),而身体锻炼目前被认为是非常有效的非药物干预手段(Biddle & Asare,2011;Erickson et al.,2015)。近10年来另一种非药物干预手段的研究得到了快速发展,即绿蓝色空间暴露(Taylor et al.,2004)。绿色空间是指由绿色植物营造的空间,包括草坪、灌木、乔木等组成的绿地或公园,也包括绿植或盆景营造的室内空间,具体研究中也关注要素的多

元性，如空间色彩、动物、视野开阔性和植被的四季更替（Beyer et al.，2014；Reklaitiene et al.，2014；Gascon et al.，2015）。蓝色空间是指喷泉、水池、湖泊或海洋等滨水景观以及江、河等流动性水体景观，不仅涉及类型、尺寸，也关注水体清洁度和视野开阔性等（Völker et al.，2011；Foley et al.，2015）。而在绿蓝色空间中进行身体活动或锻炼，如步行、跑步、骑行或器械健身，以及户外公开水域划船、游泳和戏水等，对人体精神健康和认知功能的改善效果将进一步提高（Thompson et al.，2011；Barton et al.，2012；Rogerson et al.，2016）。因此，"绿蓝色健身"和"绿蓝色健身房"等概念开始兴起（Barton et al.，2012；Foley & Kistemann，2015）。

随着年龄的增长，儿童青少年倾向于花更多的时间和同伴一起户外活动，家庭环境的影响越来越弱，室外环境的影响越来越强（Cairney，2005；Hin，2009）。19世纪，心理学家赫伯特·斯宾塞提出了"剩余能量理论"，解释说儿童青少年玩耍主要是为了消耗"多余精力"，虽然对这一理论持否定的观点很多，但一定程度上导致了校园设计一般都以运动场地和设施为主而忽视了绿蓝色空间要素（White，2004）。此外，出于安全考虑，大量采用了空旷活动场地而缺乏植被的设计理念，这些被证明对儿童青少年的认知功能发展不利（Li & Sullivan，2016；Dadvand & Sullivan，2017）。可能由于单一研究认知功能还不能最大限度地引起教育从业人员和父母等的重视，很多研究将认知功能延伸到学业表现，价值在于证明儿童青少年多参加身体锻炼并不会因为占用时间而影响学业，反而通过改善认知功能促进了学习效率和增强了学业表现（温煦，2015；Donnelly et al.，2016）；同时绿蓝色空间建设和优化虽然初期投入大，但由于对儿童青少年认知功能和学业表现具有长期效益，这也有助于推动有关部门的决策制定和应用实践。

通过检索中英文文献数据库发现，国内针对绿蓝色空间暴露、绿蓝色健身影响儿童青少年认知功能和学业表现的研究还未开展。因此本书通过阐述绿蓝色空间暴露改善儿童青少年认知功能的机制以及具体研究中认知功能和学业表现适宜指标的选取，对实证研究的证据进行归纳并提炼出今后发展的一些建议，最后阐述了近几年部分对照试验研究发现"绿蓝色健身"改善认知功能要比单一的锻炼或绿蓝色空间暴露能产生更好的效益,这有助于为今后国内该领域的研究提供借鉴和参考。

第二节　机制阐述

一、身体活动或锻炼改善儿童青少年认知功能的机制

(一)心理学机制

心理学机制认为,一方面,身体锻炼有助于促进人体的整体健康,机体在认知活动过程中不易疲劳,利于维持注意力长时间集中;另一方面,身体锻炼中通过注意力转移机制促进认知功能(尤其是注意力)恢复,同时提高了自我效能,增强了执行功能(Ploughman,2008;Donnelly et al.,2016)。

(二)生理学机制

在生理学层面,身体锻炼有助于改善大脑血液供氧能力,提高突触传递效能,同时改善了人体神经乙酰胆碱和多巴胺等神经体递质的合成分泌(Cotman et al.,2007)。在分子生物学层面,胰岛素样生长因子-1(IGF-1)和脑源性神经营养因子(BDNF)是近年来两个受到关注的神经生长因子,研究发现身体锻炼有助于这两个神经生长因子的释放,促进相关基因表达,尤其是 BDNF 神经细胞存活、分化是大脑可塑性重要基因表达因子,从而改善了认知功能(Cotman et al.,2007;全明辉等,2017;高淑青,2018)。

虽然心理、生理和分子生物学的机制带来了很多身体锻炼改善认知功能的证据,但这些机制的改善并非认知功能的专属,也可能是整体身体机能改善的反映。同时,这些机制尤其是心理和生理机制的不足在于对捕捉不同身体锻炼类型、强度等参数具体改善哪个方面的认知功能,即"选择性促进"现象分析力度不够,这就需要更为先进和有效的认知功能测量手段。

(三)认知功能的先进测量手段

脑事件相关电位技术(ERPs)、功能磁共振成像技术(fMRI)和扩散张量

成像技术（DTI）等的应用为该领域带来了前所未有的发展。ERPs 方法的优点是它可以提供关于在刺激编码和响应执行之间发生的过程子集的信息，P3 是在被刺激锁定的 ERP 波形中观察到的一个正向分量，被认为代表一旦分析了感觉信息后记忆的更新（Hillman et al.，2011），该成分的振幅与刺激过程中注意力资源的数量成正比，P3 振幅越大，说明对刺激的注意力越强（Polich，2007；Hillman et al.，2011）。P3 潜伏期被认为是刺激分类速度或刺激评估时间的量度，较短的潜伏期意味着更快的认知处理速度（Duncan-Johnson，1981）。基于功能磁共振成像技术（fMRI）的研究发现，儿童青少年身体锻炼有助于增加海马基底节体积，提高白质完整性，增加前额叶皮质和基底节体积，功能性大脑连接增强。目前使用扩散张量成像（DTI）技术的研究较少，有研究基于 DTI 技术发现儿童青少年参加身体锻炼有助于改善钩束完整性，额叶皮层、海马和尾状核等的结构都得到了改善（Hillman et al.，2011；Kamijo et al.，2004；Kamijo et al.，2007）。

脑事件相关电位技术（ERPs）、功能磁共振成像技术（fMRI）和扩散张量成像技术（DTI）等的应用从脑结构和功能上为身体锻炼改善认知功能提供了更为翔实的研究证据，有助于捕捉不同身体锻炼类型、强度等参数改善认知功能的具体机制。同时，借助这些技术的应用还发现了身体锻炼是少有的能够通过完善脑结构基础，从而改善认知功能的有效手段，即使是在儿童青少年后的中青年和老年时期仍有可观的改善效果（Fitzgibbon et al.，2008；Erickson et al.，2015）。为了更全面地了解身体活动或锻炼影响精神健康、认知功能的潜在机制，本书引用了 Lubans 等（2016）归纳的概念框架。

二、绿蓝色空间暴露改善儿童青少年认知功能的机制

绿蓝色空间暴露改善儿童青少年认知功能的机制目前主要集中在环境心理学层面，主要涉及注意力恢复理论（ART）和压力恢复理论（SRT）（见图 2-1）。

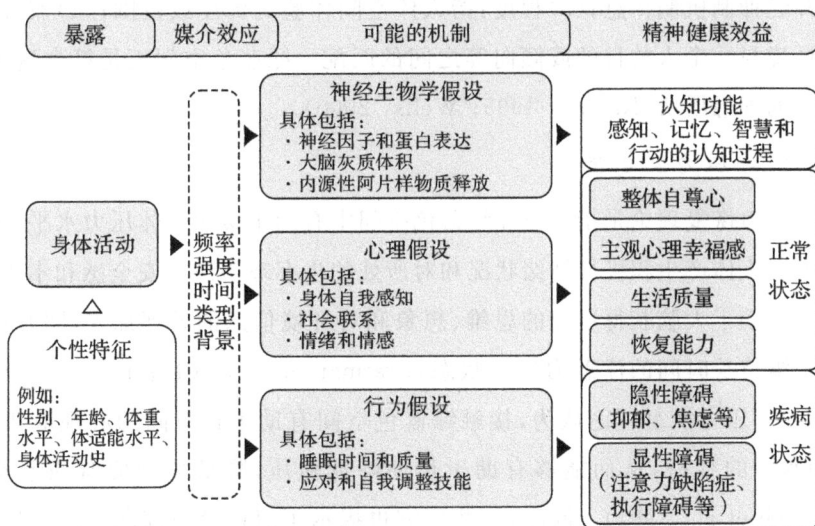

图 2-1　身体活动影响精神健康和认知的可能路径

注：图片译自 Lubans et al.，2016。

（一）注意力恢复理论

注意力恢复理论是基于 James 等（1890）提出的理论而创建，这一观点认为接触绿蓝色空间有助于维持或恢复人认知能力中的注意力，即集中注意力的能力。他提出注意力包括定向注意力（自觉注意力）和不定向注意力（不自觉注意力），定向或自觉注意需要努力才能做到对周围的干扰因素产生的冲动进行抑制而专注于任务，但容易导致精神疲劳或定向注意力疲劳，其特征是难以集中注意力，感觉烦躁，容易分心。而注意力恢复理论认为，绿蓝色空间正是诱导人体注意力从定向注意（自觉注意）向不定向注意（无意识注意）转变的有效方式，不定向注意的典型特征就是人体不需要努力对周围干扰因素产生的冲动进行抑制，因此不易疲劳，通过这种注意方式的转换，人体精神疲劳得到恢复。从定向注意疲劳中恢复的 4 个重要特征为：（1）离开：指从日常事务、生活空间解脱出来进入新的空间，也或者是凝视窗外的新视野；（2）魅力：指环境中具有毫不费力吸引人的要素，因此涉及了无意识注意，从而允许神经抑制机制休息；(3)程度：指人体空间体验的深度或范围；(4)兼容性：指环境与一个人的目的或倾向等之间的匹配。绿蓝色空间正是符合这 4 种特征的理想场所(Kaplan，1995；Wells，2000)。

(二)压力恢复理论

压力恢复理论是指暴露在绿蓝色空间中有助于缓解人体压力水平，进而有助于人体产生积极性情绪状况和对所处的生存环境产生安全感和幸福感，从而有助于大脑获得更好的思维、想象和对环境信息的处理加工，同时也有助于维持长时间的注意力集中状态(Bratman et al.，2012；Li & Sullivan，2016)。压力恢复理论认为，接触绿蓝色空间有助于长时间的心理应激(压力)水平的维持，从而能够有助于长期降低血压，降低生理应激激素水平(Ulrich et al.，1991)。同时，一些研究也揭示了绿蓝色空间暴露缓解压力，进而改善了神经内分泌功能、免疫系统功能、思维稳定性的脑电波图像以及从压力感觉中恢复过来的自信心和自我效能(MacLusky et al.，2000；Marketon & Glaser，2008；Van Den Berg & Custers，2011)。上述心理和生理状态的恢复被证明有助于改善人体思维、想象等认知功能，激发创新能力等(Elsbach & Hargadon，2006；Plambech et al.，2015)。

(三)机制间的比较与联系

从内容上看，注意力恢复理论更适用于解释短时间绿蓝色空间暴露对认知疲劳的恢复，而压力恢复理论常用于解释长期暴露对于思维、想象、创新力以及其他认知功能的改善。

近年来许多研究证实了绿蓝色空间暴露改善认知功能，注意力恢复和压力缓解两个过程是相互独立的过程，即变化是不相关的。如 Li & Sullivan(2016)的随机对照试验研究(下文有具体阐述)发现绿色的窗户对学生在压力和注意力的恢复上有显著积极的影响，同时经交互作用分析，促进注意力恢复和减少压力之间的过程是独立的。这一结论同时被其他一些研究所证实，如同一试验中压力得分发生显著变化而注意力得分未变化(Laumann et al.，2003)，或者两者数据相关性不强(Hartig et al.，2003)。当然，绿蓝色空间暴露改善认知功能是一个涵盖了多路径的复杂过程。为了更全面地了解绿蓝色空间暴露影响认知功能的潜在机制，本书引用了 D'Alessandro 等 (2015)归纳的概念框架(见图 2-2)。

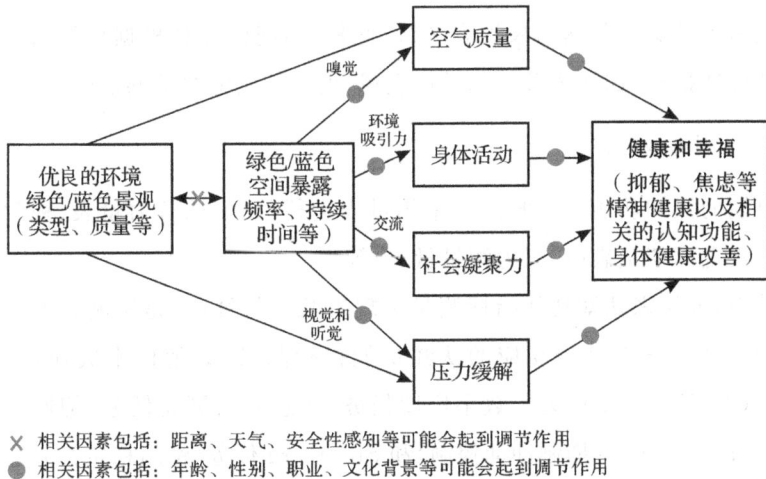

× 相关因素包括：距离、天气、安全性感知等可能会起到调节作用
● 相关因素包括：年龄、性别、职业、文化背景等可能会起到调节作用

图 2-2　绿蓝色空间暴露改善精神健康和认知的路径

注：图片译自 D'Alessandro et al.，2015。

第三节　认知功能和学业表现适宜指标的选取

一、认知功能指标

(一)原　则

选取适宜的认知功能和学业表现的指标可能的原则包括：(1)指标是否能有效代表所要研究的认知功能过程和学业表现内容；(2)指标是否与该类型研究(如横断面、纵向追踪、准实验或随机对照试验研究)相匹配，如横断面大样本量研究中神经影像学指标显然可行性较低，短期干预选取标准化考试成绩显然不适宜；(3)指标敏感性问题。

（二）指标种类

在认知功能指标中，注意力、记忆力以及更加综合的执行功能是最为常见的 3 个指标（Anderson，2005；Østby et al.，2011；Ullman et al.，2014），本书检索到的文献归纳结果见表 2-1。此外，不同研究会根据目的选用一些综合性评估指标，如智力关系到学业表现，也是研究中的常见指标。

（三）测量方法

早期的认知功能指标测量多采用量表进行，如韦氏智力量表、视觉记忆量表和视觉模拟量表（注意力测量量表）等。

然而，近年来认知功能指标测量呈现出几个特征：一是不断开发出专门的心理测试任务来进行相应的认知功能指标测量，如随机生成任务（记忆力）、K-CPT 任务（注意力）、数字广度任务（注意力）、侧翼任务（抑制冲动控制）、Go-no-Go 任务（抑制冲动控制）和 Sternberg 任务（情绪稳定性）、色点位置刷新任务（执行功能中的转化功能）等；二是基于计算机的客观测量增多，如计算机化注意力网络功能测试（ANT）和计算机化中枢神经系统神经认知测试（CNS-VS）；三是如果敏感性条件允许，涵盖认知功能各维度的成套测量工具使用增多，如剑桥神经心理测试（CANTAB）和认知评估系统（Cognitive Assessment System，CAS）；四是事件相关电位技术（ERP）和磁共振成像技术（MRI）等神经影像学技术的广泛应用为认知功能的测量带来了前所未有的发展。

在测试样本量不多，尤其是在短时认知干预研究中，ERP 和 MRI 技术是精确、客观和可靠性高的测量方式（Polich，2007；Hillman et al.，2011）。此外，核磁共振成像（MRI）技术的应用更进一步揭示了大脑发生的结构和功能性变化，为研究结果带来了最直接和客观、准确的依据（Hillman et al.，2008）。

表 2-1　现有文献中认知功能指标归纳

指标类型	身体活动或锻炼与儿童青少年认知功能研究			绿蓝色空间暴露与儿童青少年认知功能研究		
	横断面 （13篇）	纵向追踪 （5篇）	对照试验 （9篇）	横断面 （6篇）	纵向追踪 （3篇）	对照试验 （4篇）
记忆力	Mokgothu & Gollagher, 2010；Chaddock et al.，2011；Raine et al.，2013；Drollette et al.，2016	Crova et al.，2014	Monti et al.，2012	Dadvand et al.，2015；Ward et al.，2016		Li & Sullivan, 2016；Amicone et al.，2018
注意力	Buck et al.，2008；Mokgothu & Gollagher，2010；Davis & Cooper，2011；Khan & Hillman，2014；Syväoja et al.，2014	Fisher et al.，2011；Niederer et al.，2011		Taylor et al.，2011；Amoly et al.，2014；Chawla et al.，2014；Dadvand et al.，2015	Wells，2000；Dadvand et al.，2017	Faber & Kuo，2009；Li & Sullivan，2016；Amicone et al.，2018；Peter et al.，2018
执行功能	Buck et al.，2008；Davis & Cooper，2011；Pontifex et al.，2012；Scudder et al.，2014；Scudder et al.，2015；Syväoja et al.，2014			Ward et al.，2016		

续表

指标类型	身体活动或锻炼与儿童青少年认知功能研究			绿蓝色空间暴露与儿童青少年认知功能研究		
	横断面（13篇）	纵向追踪（5篇）	对照试验（9篇）	横断面（6篇）	纵向追踪（3篇）	对照试验（4篇）
认知处理速度	Mokgothu & Gollagher, 2010；Wu et al., 2011；Ballester et al., 2015	Reed et al., 2013		Akpinar, 2016		Peter et al., 2018
智力	Chaddock et al., 2012		Davis et al., 2007；Davis & Cooper, 2011；Krafft et al., 2014a；Krafft et al., 2014b；Krafft et al., 2014c		Cherrie et al., 2019	
选择任务成套测验	Chaddock et al., 2012	Fisher et al., 2011				
冲动抑制	Chaddock et al., 2012		Chaddock-Heyman et al., 2013；Chang et al., 2013；Hillman et al., 2014 Kamijo et al., 2011		Amicone et al., 2018	

二、学业表现指标

(一)指标种类

目前针对学业表现的指标选取主要包括：(1)全国或地区间组织的统一标准化考试成绩、小学升中学或中学升大学的考试成绩等；(2)学生在校学习期间的考试成绩、平均绩点等；(3)学习能力测评，如计算能力、阅读能力和作文能力等；(4)个人在学业或学术上的发展水平。全国或地区间的统一标准化考试成绩、小学升中学和中学升大学的考试成绩常用于全国或地区大样本量研究，尤其是横断面研究(Hin,2009；Stea & Torstveit,2014；Hodson & Sander,2017)。

(二)指标选取

考试成绩作为学业表现受到混杂因素干扰较多，并非认知功能的简单反映，因此很多研究中采用学习能力如计算、阅读和作文能力等作为学业表现的指标。这些指标往往与认知功能关系更密切，对身体活动或锻炼以及绿蓝色空间暴露更敏感，指标本身就是认知功能部分维度的表现，因此往往作为认知功能研究的附属指标。如有研究针对学龄儿童的跑步耐力进行测试后发现，样本的阅读能力和数学能力有所提高(Hillman et al. ,2008)。部分纵向追踪研究选用个人学历、学术成就等指标来研究儿童青少年时期身体活动或绿蓝色空间暴露对成年后学业表现的影响(Telama et al. ,2005；Alloway & Alloway,2010)。

第四节　身体活动或锻炼对儿童青少年认知功能和学业表现的影响

一、核心观点提炼

在实证研究不断为我们带来丰富的研究成果和证据的同时，系统综述或Meta分析也在不断为我们提炼出研究结果的普遍规律和核心观点，这为今后研究领域的拓展和研究成果的应用实践奠定了基础。身体活动或锻炼不同的强度、类型改善儿童青少年认知功能具有"选择性促进"现象，这得到了众多研究的证实。

（一）选择性促进现象的内容

选择性促进现象需要阐述的内容包括了3个方面：一是同一种运动能同时改善认知功能的多种过程（如调度、计划、注意力集中、工作记忆、多任务处理和选择等），但有些过程效果好，有些过程效果差。如有 Meta 分析结果显示，身体活动或锻炼改善认知功能过程中最显著的是执行功能，之后依次是信息加工能力、视觉记忆和认知处理速度（Colcombe & Kramer，2003；全明辉等，2014）。二是不同强度、类型的运动改善人体认知功能不同的过程具有选择性，如有氧锻炼的认知功能效益主要体现在执行功能，而抗阻训练主要体现在记忆功能，拉伸练习主要体现在注意力改善（Kramer et al.，1999；全明辉等，2014）。三是从机制上看，不同强度、类型的运动改善人体相同的认知功能过程中的路径或机制也并不相同，如有氧锻炼改善认知功能的分子生物学基础是脑源性神经营养因子，而抗阻训练主要是基于海马中的胰岛素样生长因子 IGF-1（Cassilhas et al.，2012；全明辉等，2014）。

（二）选择性促进现象证据

身体活动或锻炼改善认知功能的"选择性促进"现象最直接的证据来自对照试验研究。如 Budde 等（2010）进行了一项一次性运动干预随机对照试验研究，他们将青少年样本随机分成无运动条件对照组、中等强度运动和高强度运动锻炼条件组，中等强度运动条件下参与者以 50%～60%HRmax 和高强度运动条件 70%～85%HRmax 进行跑台速度跑。结果显示，无论是中等强度还是高强度跑步均能改善青少年的工作记忆功能，中等强度运动效果更显著。在另一份长期运动干预的随机对照试验中，Davis 等（2011）对肥胖儿童（体重指数超过该年龄段标准85%）进行了为期18周的随机对照试验研究，他们把肥胖儿童随机分为3种情况：不运动、中等强度低剂量（20 分/天运动）和中等强度大剂量（40 分/天运动），干预前他们使用认知评估系统（CAS）评估了整体执行功能以及使用 Woodcock-Johnson 进行数学能力、阅读能力测试,干预后进行同样的测试,结果显示两个运动组的儿童的执行功能表现都显著好于对照组,高剂量显著改善数学能力而对阅读能力没有效果。Kamijo 等(2004,2007)利用 EPR 技术进行研究发现,有氧运动强度从低到高的变化中,中等强度有氧运动条件下运动后与静息基线相比 P3 振幅(注意力集中能力)最大,P3 潜伏期(认知处理速度)更短,表明中等强度有氧运动对改善注意力集中能力和认知处理速度要比低强度和高强度有氧运动效果更好。

因此,他们提出了一个观点:一次或短期的有氧运动的强度可能与认知功能能力的关系呈"倒 U 曲线形",即中等强度运动可以最大程度地改善认知功能的过程,低强度和过高强度对认知功能的改善效果均不佳。其原因可能在于低强度有氧锻炼对大脑认知功能的刺激还不能有效改善认知功能,而过高强度的有氧运动可能因为产生血液乳酸及其他代谢产物而不利于认知功能的改善。

上述 3 项研究是具有代表性的随机对照试验研究,提示了中等强度运动对认知功能的显著效益,这一观点目前也成为众多实证研究以及系统综述或 Meta 分析的主流观点。如 Erickson 等(2015)的综述文献中就归纳得出,有很好的证据表明中等强度身体活动量(PA)更有利于刺激大脑的可塑性,提高认知功能和改善学业表现。另一份系统综述也指出青少年认知能力与中等强度身体活动相关性较强,但学业成绩与总体身体活动量相关性较强(Esteban-Cornejo et al.,2015)。与此类似,Morales 等(2011)开展了一项横断面研究揭示,他们在西班牙巴塞罗那地区调查了 284 名学生(158 名男生,126 名女生,平均年龄为 14.7 岁),基于身体活动量表调查样本过去一周的能量消耗总量,同时获取样本的学业成绩,线性回归分析结果显示,能量消耗总量越高的青少年表现出越好的学业表现。Esteban-Cornejo 等(2015)的系统综述归纳指出,儿童青少年的认知功能与中高强度身体活动的相关性较好,而与低强度身体活动相关性较差,但学业表现与日常生活中低强度身体活动量的相关性就很好,对日常身体活动缺乏现象更严重的女性青少年而言,即使日常上下学积极通勤也有独立于课外体育活动的价值。此外,中到高强度有氧运动对执行功能的抑制功能显著提高而低强度的效果体现在刷新功能,低到高强度对转换功能都具有一定积极作用(全明辉等,2014;殷恒婵等,2014)。

　　上述研究是基于对照试验研究得出的结论，而在日常生活中，多数人的日常身体锻炼是没有规律性且强度往往不高，那在横断面研究和纵向追踪研究的结果会是如何？Biddle 和 Asare(2011)对 3 项纵向追踪研究的归纳分析就发现，高强度身体活动水平与 6～10 岁的儿童认知功能和学业表现的相关性更强。其原因可能在于基于横断面或纵向观察的追踪性研究中，多数样本日常身体活动的强度较低，很难达到运动医学实验中标准的中等强度和高强度的标准，日常生活中经常参加中等强度锻炼的样本在调查时往往提供的反馈是"高强度身体活动"。

　　除了强度，身体活动或锻炼的类型也是重要的考虑因素。目前基于一些针对实证研究的系统综述归纳分析发现，有氧运动对认知功能的改善效果要比抗阻训练和拉伸练习的效果要好，而抗阻训练似乎对记忆功能的改善效果较好(Kramer et al.，1999；全明辉等，2014)。Chang 等(2009a，2009b)的研究发现，中等强度的抗阻运动改善执行功能的效果主要体现在抑制冲动控制方面，而对转换功能的效果不显著。在此基础上，他们又开展了一个研究来探讨不同强度抗阻训练对执行功能的改善作用是否像有氧锻炼一样呈现出"倒 U 曲线形"，结果发现与预期一致，相比于低强度和高强度，中等强度的抗阻训练对执行功能的改善效果最佳。此外，许多研究揭示，系统的全身拉伸放松训练可能对于改善压力、提高注意力集中能力要比其他认知功能的效果更佳(Lam et al.，2011；Zou et al.，2018)。

　　当然，上述观点建立的前提是不能忽视身体锻炼对认知功能的不同过程均有不同程度的改善，只是某些过程具有更好的改善效果。目前，很多研究开始关注有氧锻炼与抗阻训练结合的方式，许多随机对照试验研究显示，以有氧锻炼与抗阻训练结合的方式改善儿童青少年认知功能的效果要比单一的有氧或单一的抗阻训练效果更好(Goldfield et al.，2015；Goldfield et al.，2017)。有些研究也对锻炼是"个体性"还是"团队性"进行对比发现，相比于个体性运动，团队性运动由于在过程中需要与他人交流，对认知功能的某些过程改善效果更加明显。如 Di Russo 等(2010)的分组对照研究发现，长期从事篮球运动的运动员对执行功能和抑制功能的改善效果要优于长期从事游泳运动的运动员和正常人（对照组）。张劲松等（2009）的研究结果也指出，长期从事乒乓球训练比长期从事游泳训练的儿童的执行功能更好。

二、研究现状述评

当前，身体活动或锻炼与儿童青少年认知功能和学业表现的关系的研究已取得了丰富的成果，基于横断面、纵向追踪和对照试验研究结果进行的系统综述或 Meta 分析为我们不断提炼出重要的核心观点。基于现有的研究结果，我们可以认为身体锻炼改善儿童青少年认知功能存在着"选择性促进"现象。这些核心观点的提炼有助于今后的应用实践，如学校体育工作的开展、儿童青少年群体性身体活动干预、儿童青少年认知功能的个体化干预方案等。然而，基于现有的研究证据，所能够提炼的信息还不够细化，这需要不断加强实证研究，尤其是随机对照试验研究。在身体活动或身体锻炼改善儿童青少年认知功能和学业表现的研究中，除了"强度"和"类型"外，"持续时间"是一个重要的衡量参数，其重要性体现在以下 3 个方面。

一是身体活动或锻炼改善认知功能的过程中存在着时间阈值效应，包括了单次运动干预持续时间能引起认知功能产生变化的阈值时间。如 Kulinna 等（2018）研究了一次性体育舞蹈课对小学生的选择性注意的影响，208 名儿童被随机分为干预组和对照组，干预组的儿童接受了体育舞蹈课程，而对照组儿童参加正常的课堂，结果发现一次性体育舞蹈课有助于改善学龄儿童的选择性注意能力。然而殷恒婵等（2014）开展了一项为期 20 周的干预，他们采用两种运动干预方案（"武术＋跳绳＋8 字跑"和"花样跑步"），对 326 名小学生进行了为期 20 周的锻炼干预，结果发现，两种运动方案均能改善小学生的执行功能，且随着时间增加，效果愈发明显。这说明很多干预研究持续时间较短，容易遗漏很多的长时间干预后的重要信息（如可能一种方案在初期效果不如另外一种方案）。

二是一次性运动干预中认知功能的改善效果存在的延续时间问题，如有研究指出，即刻的身体锻炼可以提高锻炼者的感知加工，促进其觉察能力的提高，但是提高的认知能力很快又会恢复到锻炼前的水平（Lambourne et al.，2010）。

三是长期运动干预中能对认知功能和学业表现改善的时间变化规律，如改善效果出现的敏感期、效果维持时间以及效果出现衰退的时间等。

然而基于现有的文献检索发现有关这方面的研究并不多，现有研究还未重点考虑"时间"参数，各种类型的实证研究中难以基于时间参数进行横向对比，因此导致系统综述或 Meta 分析还无法提炼出核心观点。

第五节　绿蓝色空间暴露对儿童青少年认知功能和学业表现的影响

一、研究证据综述

（一）横断面研究

横断面研究虽然只能得出"相关关系"证据，不能判断"因果关系"，但往往因为样本量大，能代表某一地区研究人群整体特征，且因变量和自变量的关系并非像试验研究那样对混杂因素进行严格控制，较为贴近大众实际，因此结果具有较好的公共政策参考价值。

Dadvand 等（2015）针对巴塞罗那地区 2593 名 7～10 岁学龄儿童的住所和学校周围绿色空间暴露水平与其工作记忆的横断面研究发现，学校内（$\beta=9.8$, $p<0.05$）和学校及周边（$\beta=9.5$, $p<0.05$）绿色空间暴露水平对其工作记忆能力均具有积极意义，但住所周边（$\beta=0.7$, $p>0.05$）相关性不显著。

在学业表现方面，Hin 等（2008）针对香港 364 名香港本地生源大学生研究发现，拟合成多元回归预测模型后入选的变量显示，相比于人均住房面积（$\beta=0.06$, $p=0.02$），与绿蓝色空间（公园）的距离（$\beta=0.53$, $p=0.03$）预测其中学升大学的考试成绩的系数更大，这意味着住所周边的绿色空间质量感知更好的样本呈现出了更好的学业表现。Wu 等（2011）的研究测量了美国马萨诸塞州 905 所小学的英语阅读和数学测试合格率（3 月、7 月和 10 月 3 个月份），以学校为中心的 250 米、500 米、1000 米和 2000 米 4 个缓冲区，分别进行 2 个因变量（数学、英语阅读测试合格率）与自变量 12 种绿色空间暴露水平（3 个月份、4 种缓冲区）共计 24 个广义线性混合模型分析（每个月份 8

个模型),其中3月份的8个模型学校绿色空间暴露水平与学生学业表现显著性正相关(数学成绩和英语阅读成绩各4个),β处于0.19~0.42之间(均值为0.29),p均小于0.01;7月份有6个模型呈显著性正相关,β处于0.04~0.09之间(均值为0.05),1个模型$p<0.05$,其他5个模型p均小于0.01;10月份有6个模型呈显著性负相关,β处于-0.04~-0.17之间(均值为-0.10),同样1个模型p小于0.05,其他5个模型p均小于0.01。这提示3月份学校的绿色空间暴露水平与学生学业成绩相关性和显著性最强,7月份的相关性有所降低,10月份反而呈现负相关。这可能是3月份绿色和气温均适宜,7月份气温高、不适宜户外活动,10月份与植被绿色减少和气温降低的季节性变化特征有关。

(二)纵向追踪研究

一些纵向追踪研究进一步丰富了实证研究证据。早在2000年,Wells等报道了一项为期1年的短时纵向追踪研究,他们选取了17名7~12岁即将搬家的儿童,采用量表测量他们搬家前后的注意力缺陷症状程度、住所周边绿色空间暴露感知水平和住所质量水平,拟合回归模型1涵盖了搬家前的住所绿色空间暴露水平和搬家前后绿色空间暴露感知水平差值两个变量,而拟合回归模型2涵盖了搬家前住所绿色空间暴露水平和搬家前后住所质量感知水平差值两个变量。拟合回归模型1中搬家前住所绿色空间暴露水平总R^2为0.501,β为0.579,$p<0.01$;搬家前后住所绿色空间暴露水平差值总R^2为0.699,β为29.59,$p<0.01$。拟合回归模型2中搬家前住所绿色空间暴露水平总R^2同样为0.501,β为0.579,$p<0.01$;搬家前后住所质量感知水平差值总R^2则为0.536,β为18.66,$p>0.05$。该研究指出,从住所客厅、卧室的窗户能够看到的绿色空间视野可能比房子质量、高档程度对儿童认知功能更重要。

此外,也有纵向追踪研究证明了儿童时期的绿色空间暴露对其今后人生的精神健康的积极意义。如Engemann等(2019)进行了一项涉及943027名青少年的追踪研究,首先测量10岁那一年居住区域的绿色空间暴露水平(代表了从出生到 10 岁这 10 年的持续暴露），同时从丹麦国家信息登记系统里调取其至 20 岁生日前的各种疾病信息，使用 Cox 回归分析发现，儿童时期住所周边更好的绿色空间暴露有助于减少青春期心理健康问题，但是这项研究并没有涉及认知功能指标。

（三）对照试验研究

对照试验研究特别是随机对照试验研究对"因果关系"证据的提供具有积极意义。Faber 和 Kuo(2009)进行了一项基于交叉设计的单盲对照试验研究，17 名 7～12 岁被专业诊断为多动症的儿童分别在城市公园、市区和住宅区 3 种环境中引导性步行 20 分钟，每个样本 3 种环境的顺序随机分配，每次散步前、后使用向后数字广度(DSB)法测量样本的注意力分数，3 种环境组间重复测量方差，分析结果显示，市区和住宅区两种环境无显著差异（注意力分数改善差值均值分别为 3.82 和 3.71，SD 为 1.07 和 1.21，$p = 0.64$），在公园散步后的注意力改善效果（差值为 4.41，SD 为 1.18）显著优于市区和住宅区两种环境，与市区相比，fisher 精确检验 $d = 0.59$，$p = 0.02$；与住宅区相比，fisher 精确检验 $d = 0.71$，$p = 0.007$。在效应量方面，$Cohen's\ d$ 检测结果显示，公园相对于市区和住宅区两种环境的效应量分别为 0.52 和 0.77。Li 和 Sullivan(2016)开展了一项随机对照试验研究。他们将 5 所学校 94 名高中学生(53 女和 41 男)随机分配到无窗、秃窗（拉着窗帘）和绿窗（有窗，可以看见窗外绿色树木)3 种教室条件，分别有 32 人、30 人和 30 人。前测时间点为参与者休息 5 分钟后；从事 30 分钟的课堂学习活动后进行中测；然后参与者坐在教室里休息 10 分钟后进行后测。3 个时间点基于量表测试压力和注意力水平。利用重复测量方差分析发现，相比于无窗和不能看见绿色的窗户，可以看见绿色的窗户对学生的压力（$F = 3.69$，$p < 0.05$，效应量 Eta-$squared$ 检测 $\eta^2 = 0.08$)和注意力（$F = 11.14$，$p < 0.001$，效应量 Eta-$squared$ 检测 $\eta^2 = 0.20$)的恢复有显著的、积极的影响，但效应量较小。同时该研究经交互作用分析显示，绿蓝色空间暴露改善注意力功能和减少压力之间的过程是独立的。其他代表性文献归纳详见表 2-2。

表 2-2　其他代表性文献归纳

研究类型	作者与发表年份	样本描述	研究设计	统计方法	研究结果	结论
横断面	Amoly et al., 2014	巴塞罗那地区 2111 名 7~10 岁学龄儿童	调查样本每周绿地空间的玩耍次数、平均时间以及采用儿童行为综合评估(SDQ)量表测量样本的情感、注意力和执行力等,同时采用卫星遥感地图分别客观测量住所周边 100 米、250 米和 500 米的缓冲区内的植被归一化指数(NDVI)	利用拟泊松混合效应模型(含学校随机效应)分别进行绿地接触指数与 SDQ 分数估计	绿色空间玩耍时间($\beta=-4.0$, $p<0.01$)越高,儿童注意力集中能力障碍越轻,相关性要比绿色空间临近度($\beta=-1.8$, $p>0.05$)相关性更强,住所周边的绿色空间(100 米、250 米和 500 米 3 个缓冲区的 β 分别为 -5.0、-4.5 和 -4.1, p 均小于 0.01)与儿童注意力集中能力发展的相关性要比学校绿色空间暴露(只计算校园内,$\beta=-2.5$, $p>0.05$)相关性更强,而综合住所 100 米和校园绿色空间暴露的暴露水平相关性最高($\beta=-5.1$, $p<0.01$)	绿蓝色空间暴露对儿童注意力集中能力发展具有积极意义
	Taylor et al., 2011	美国 421 名 5~18 岁的儿童青少年	基于家长调查他们年龄、性别、过去 1 周注意力缺陷良好情况、过去是否有多动症诊断史和过去 1 周常去玩耍的活动空间类型	多元回归分析	相比于家庭收入($\beta=0.037$, $p=0.513$)、性别($\beta=0.007$, $p=0.905$),活动空间背景的绿色程度预测多动症症状严重程度的系数更大和显著性更好($\beta=0.162$, $p=0.004$),但变量中系数最大的为过去是否有多动症诊断史($\beta=0.162$, $p=0.004$)	表明常在开阔视野的绿地空间中玩耍的儿童注意力缺陷情况更好

续表

研究类型	作者与发表年份	样本描述	研究设计	统计方法	研究结果	结论
	Ward et al., 2016	新西兰奥克兰地区108名11～14岁学生	连续佩戴身体活动加速度计和GPS定位器1周，客观测量样本过去1周的绿色空间游玩时间和身体活动强度，并使用计算机化的中枢神经系统神经认知测试(CNS-VS)测量认知功能	经广义线性混合模型(GLMM)	更高的绿色空间暴露水平有助于促进青少年中高强度身体活动($\beta=0.951$，$p<0.001$)，而绿色空间暴露时间($\beta=0.661$，$p<0.001$)和中高强度身体活动时间($\beta=0.181$，$p=0.042$)对改善青少年认知功能均具有积极意义	绿色空间暴露对青少年认知功能具有积极意义
	Hodson et al., 2017	美国明尼苏达地区222所学校	利用卫星遥感图像客观测量了美国明尼苏达地区222所学校范围内的树木(乔木)覆盖比、不渗水地表覆盖比、草地覆盖比、灌木覆盖比和水面覆盖比等地表特征，同时获取所有学校小学三年级学生标准化考试的阅读、数学成绩	线性回归模型	树木(乔木)覆盖率与阅读得分($\beta=0.121$，$p<0.01$)和学校阅读合格率($\beta=0.268$，$p<0.05$)之间存在着积极性正相关关系，但与数学得分($\beta=0.051$，$p>0.05$)和学校数学合格率无显著性相关($\beta=0.128$，$p>0.05$)，草地覆盖率和水体覆盖率与数学得分(4个β处于0.01～0.28之间，p均大于0.05)和合格率、阅读得分和合格率(4个β处于0.01～0.09之间，p均大于0.05)的学业表现的关系都不显著	学校周边树木(乔木)覆盖率与学生阅读得分显著性正相关，但与数学成绩相关性不强。草地覆盖率和水体覆盖率与学业成绩相关性也不显著

续表

研究类型	作者与发表年份	样本描述	研究设计	统计方法	研究结果	结论
纵向追踪	Dadvand et al., 2017	西班牙萨巴德尔地区的 530 名儿童和瓦伦西亚地区的 448 名儿童	使用卫星地图客观测量他们 4 岁时住所周边的植被归一化指数(NVDI)代表绿色空间暴露水平,而树木覆盖率(VCF)代表住所周边高大树木(乔木)的覆盖水平,NVDI 和 VCF 均测试 100 米、300 米和 500 米 3 种缓冲区的值。使用 K-CPT(K-CPT™ v. 5,适用于四五岁儿童)测试 4 岁时的注意力集中能力,使用注意力网络功能测试(ANT,适用于 6 岁及以上的儿童青少年)测试 7 岁时的注意力集中能力	简单负二项线性回归	住所周边绿色空间暴露水平与 4 岁时注意力集中能力相关关系的显著性较差,只有 500 米缓冲区具有显著性(两个地区的 β 分别为 0.024 和 0.026,$p < 0.01$),而到了 7 岁,100 米、300 米和 500 米 3 种缓冲区均具有显著性(两个地区的 6 个 β 处于 0.019~0.026,p 均小于 0.01)。而住所周边树木覆盖率与 4 岁和 7 岁时的注意力集中能力均呈显著性正相关,7 岁时相关系数有所增大	表明随着年龄的增长,儿童青少年对户外绿色空间的依赖水平增强,而相比于草坪、灌木等植被,住所周边乔木覆盖率对儿童青少年注意力影响程度更高
	Markevych et al., 2019	慕尼黑地区的 1351 名儿童和威塞尔地区的 1078 名儿童	在他们 10 岁时和 15 岁时测试他们的德语和数学成绩,同时利用植被归一化指数(NVDI)测试他们学校和住所周边的绿色空间暴露水平,采用 Logistic 混合效应模型评估各暴露—结果对之间的纵向相关性,个人和学校作为随机截距和调整潜在的干扰因素(父母受教育程度和家庭收入)	Logistic 混合效应模型	没有证据表明在德国青少年中住所和学校更优的绿地空间与更好的学业表现相关(多数变量不同等级的 OR 均小于 1,且 $p > 0.05$,个别变量等级 $p < 0.05$ 但 OR 均小于 1)	绿色空间暴露与儿童学业表现无显著性相关

续表

研究类型	作者与发表年份	样本描述	研究设计	统计方法	研究结果	结论
回顾性追踪	Cherrie et al.,2019	1936 年英国爱丁堡 Lothian 地区的 281 名老年人	样本在 1947 年（11 岁时）接受了智力测试和苏格兰心理调查（SMS 1947），在他们 70 岁时和 76 岁时进行第 2 次和第 3 次认知功能测试（遵循指示、推理、算术等），此外依据历史卫星遥感数据库，建立起这批样本儿童 4～11 岁间的绿地公园暴露指数、青少年时期（11～18 岁）的绿地公园暴露指数。儿童时期绿地公园暴露指数包括住所及周边的绿色环境，住所至小学通勤路径的绿色环境和小学周边的绿色环境，并进行权重分配。同理，青少年时期绿地公园暴露指数由住区绿色环境、住所到中学通勤路径绿化及中学周边的绿色环境组成，同样进行权重分配	分层次线性回归模型	青少年时期绿地公园暴露指数与老年时期认知功能显著性正相关（$\beta=0.98$，95% CI：0.36～1.60，$p=0.002$），同时儿童时期绿地公园暴露指数与老年时期认知功能显著性正相关（$\beta=0.22$，95% CI：0.07～0.51，$p=0.09$），青少年时期相关系数高于儿童时期	儿童青少年时期更好的绿地公园暴露对老年后延缓认知功能退化具有显著的积极性意义，尤其是青少年时期

续表

研究类型	作者与发表年份	样本描述	研究设计	统计方法	研究结果	结论
对照试验	Amicone et al., 2018	研究一:来自意大利罗马中产阶级城区的公立学校小学三年级儿童82名(39个女生,43个男生) 研究二:该地区另外一所学校36名儿童(18个女生18个男生)	研究一:分别(间隔1周后同样时间点)在校园里的树木和草地组成的绿地空间、水泥和建筑组成的非绿地空间中下课后玩耍30分钟,下课前和玩耍后对注意力、工作记忆和冲动抑制等认知功能指标进行前测和后测 研究二:随机分配至两种条件(绿地空间和非绿地空间各18人)开展了第2个试验,过程是绿地空间和非绿地空间两组同学分别在课后进行30分钟的玩耍放松,下课前和玩耍放松后进行对持续性和选择性注意力的前测和后测 注:考虑到研究中两种条件(自然和建成)均是由同一批样本采用相同的测试顺序,可能会出现"天花板效应",即所有的样本同质性刚好一致,所有人对环境暴露的反应一致,虽然概率低,但也可能会对结果造成干扰。因此设计研究一和研究二相呼应	研究一:2×2系列的重复测量协方差分析 研究二:2×2混合模型方差分析	研究一:在绿地空间中玩耍对工作记忆($d = 0.68$, $p < 0.001$)、注意力($d = 0.40$, $p = 0.016$)改善的效果要显著优于非绿地空间,而抑制冲动无显著差异($d = 0.03$, $p = 0.85$)。 研究二:在绿地空间玩耍放松($z = 2.47$, $p = 0.007$)的儿童注意力恢复效果要显著优于在非绿地空间玩耍($z = 0.54$, $p = 0.59$)放松的儿童	研究一和研究二共同证实校园绿色空间有助于改善学龄儿童认知功能

续表

研究类型	作者与发表年份	样本描述	研究设计	统计方法	研究结果	结论
	Duncan et al.,2014	14名儿童(7名男孩,7名女生,平均年龄10岁)	测试点进行2次15分钟的中等强度骑行。第一次边看森林中山地自行车骑行影片边骑车,第二次在没有影片的情况下对着屏幕骑车。分别测试骑车前、骑车后即刻及骑车后15分钟的情绪状态(包括了疲劳、活跃和紧张3个维度)	重复测量方差分析	边看森林影片边骑车的儿童疲劳(Bonferroni post-hoc,$p=0.001$)和活跃(Bonferroni post-hoc,$p=0.001$)两个维度的改善效果显著优于无影片骑行儿童,而紧张维度无显著性差异(Bonferroni post-hoc,$p>0.05$),情绪3个维度的总分,边看森林影片边骑车的儿童显著优于无影片骑行儿童($F=48.6$,$p=0.0001$,Wilks' Lambda$=0.11$,效应量Partial Eta-squared检测$\eta\,p^2=0.89$)	绿色空间有助于改善学龄儿童实时情绪
	Peter et al.,2018	奥地利维也纳3所学校的64名16~18岁学生	基于交叉试验设计,学生被分别依次安排(每种环境间隔7天及以上)在小型城市公园(面积小,只有几棵树,被周边居民高密度使用,周围是大量的街道和密集居民区)、大型城市公园(大型公园,树木多,面积大)和郊外阔叶森林,分别测量离开学校前和返回学校认知测试后的前后注意力分数之差	方差分析	小型城市公园、郊外阔叶林和大型城市公园的注意力前测和后测改善差值的均值依次为7.5、5.3和11.5,大型城市公园改善效果最佳,d^2-R test结果显示差异显著性水平$p=0.008$	提示了大型城市公园对青少年的认知功能改善的效果,因此推荐在大型的绿色空间里修建学校

二、研究现状述评

(一)指标选取建议

归纳现有的实证研究文献可以看出,针对绿蓝色空间暴露与儿童青少年认知功能指标(尤其是注意力)的关系的一致性较强,大多数研究都可获得二者积极性相关的证据,而针对学业表现的研究证据一致性较差。这也正如许多研究所指出的那样,学业表现并非认知功能的简单反映,受到混杂因素的干扰较大,如住所周边更好的绿蓝色空间暴露水平往往意味着更好的住所质量和家庭收入,父母往往更有能力帮助子女聘用私教、就读更好的私立学校、开展频率更高的旅行和接触更多的新鲜事物,进而表现出更好的认知功能和学业表现(Wu et al.,2014;Tine et al.,2014)。因此,本书建议在实证研究中,在条件允许的情况下可将学业表现指标、认知功能指标和实时情绪状况指标结合使用,这有助于在学业表现结果显著性不强时,可以从认知功能指标上进一步分析,当前两者均不支持预期结论时,实时情绪状况有助于我们进一步分析和阐述。

(二)绿蓝色空间要素细化

从现有的研究看,该研究领域最大的局限在于绿蓝色空间的指标过于单一,多数研究只涉及绿色空间暴露水平,包括主观测量的绿色空间感知以及客观测量的植被归一化指数和植被覆盖率等。很少有研究涉及蓝色空间暴露水平,目前只有 Hodson 和 Sander(2017)的研究涉及了蓝色空间。当前,针对蓝色空间暴露改善人体精神健康的研究已取得了丰富的成果。这可能和绿蓝色空间暴露改善儿童青少年认知功能的起步时间较晚有关。绿蓝色空间暴露与人体精神健康关系的实证研究经过近 20 年的发展,研究成果已初步形成了体系化,而绿蓝色空间暴露与认知功能关系的实证研究直到近 10 年,尤其是近 5 年才开始深入发展,报道文献才不断增多。因此,本书建议绿蓝色空间暴露改善认知功能的实证研究范式可以多借鉴绿蓝色空间暴露改善人体精神健康的研究,在绿蓝色空间要素类型、组成方式、季节性特征等方面不断深入,毕竟该领域研究成果的最终落脚点是为城市规划和景观设计提供借鉴，而规划和设计需要实证研究提供更为详细的环境要素和组合特征信息。如图 2-3 所示，Taylor 等（2004）的研究发现，草地和树木组成开阔视野空间要比不开阔视野空间对儿童青少年注意力缺陷综合征的改善效果更好，而图 2-4 中 Amicone 等（2018）在相同的开阔视野中发现，地表为草地对儿童青少年认知功能的改善效果更加明显，这些研究为景观设计提供了有价值的参考。

大树和草地组成的不开阔视野的
绿色空间

草地和树木组成的 开阔视野空间

图 2-3　是否开阔视野的绿色空间对比

注：图片引自 Taylor et al.，2004。

开阔视野中地面是草地

开阔视野中地面是球场

图 2-4　地表是否草地空间对比

注：图片引自 Amicone at al.，2018。

对于更具体的绿色空间要素与儿童青少年认知功能关系的研究，目前还未检索到有文献报道任一项绿色空间要素与年轻成年人感知恢复关系的研究具有较大的借鉴意义。在研究中 Nordh 等（2009）拍摄了某城市 74 处"袖珍公园"的照片（住宅区、建筑旁等小型绿地空间），募集了 52 名志愿者（平均年龄 26 岁），每位志愿者对 72 张照片依次评估，每张照片观看 15 秒后完成自己主观感知恢复程度利用量表测量，完成后间隔 2 分钟再观看下一张照片，利用计算机软件计算每张照片的硬景观（建筑、水泥等）、草地、高度较低的景观地表植被、景观灌木、开花植物、树木、水体景观的面积比和绿地空间整体大小评定。经分层线性回归分析，结果显示，预测志愿者观看每张照片的感知恢复程度的预估系数，最大的为绿地空间大小，其系数为 1.444，其次为水体景观 0.802，之后依次为景观灌木（0.048）、树木（0.027）、高度较低的景观地表植被（0.019）、开花植物（0.015）和草地（0.015）。由此可以看出，在很多建筑间的小型绿色空间，虽然绿地空间尺寸容易受到场地空间的限制，但充分利用水体景观对于人们的精神状况恢复具有积极意义。此外，一些修剪工整的景观灌木，尤其是设计成适宜的图案，也是增加小型绿地空间以改善精神健康和认知功能的适宜方法。类似的研究为今后绿色空间要素与儿童青少年认知功能关系的研究提供了极有价值的思路。

有意思的是，室内绿蓝色空间暴露也引起了研究者的注意，包括室内窗户透视户外的绿蓝色空间暴露和室内绿植或水景暴露。Wells（2000）报道的一项纵向追踪文献指出，从住所客厅、卧室的窗户能够看到的绿色空间视野对儿童青少年认知功能的改善具有积极意义。Li 和 Sullivan（2016）开展的一项随机对照试验研究也指出，教室里的窗户看到绿色植物的视野对儿童青少年上课疲劳后的注意力能力恢复具有积极意义。虽然室内窗户透视户外的绿蓝色空间暴露对改善儿童青少年认知功能的实证研究还较少，还需要进一步深入，但改善人体精神健康的研究也取得了不少成果（Pretty，2004；Stone，2006；Honold et al.，2016）。目前还没检索到有关室内盆景、绿植以及室内水池等室内绿蓝色空间要素对儿童青少年认知功能改善的实证研究，但有研究发现，室内盆景和绿植对青少年精神健康的改善具有积极意义（Park et al.，2008；Han，2009），这些研究或许有助于推动室内盆景和绿植等对青少年认知功能改善的实证研究。

（三）绿蓝色空间测量的广度和深度

归纳发现，加深对绿蓝色空间暴露水平测量的广度和深度似乎更有可能得到和认知功能、学业表现之间的积极性关系。广度体现在绿蓝色空间暴露的空间范围有时并不能仅局限在住所和学校，而应扩散，尤其是青少年日常活动空间范围更大，单一考虑住所周边和学校的绿蓝色空间，容易忽视临近且日常经常会去玩耍的公共绿地空间或公园对其认知功能的影响。

应对广度问题的处理方式包括：(1)针对住所和学校周边建立起不同尺寸的缓冲区。研究发现，针对青少年群体中等直径距离的缓冲区内的绿蓝色空间暴露水平与认知功能的相关性要比小尺寸的缓冲区内更加显著(Amoly et al.，2014；Browning et al.，2018；Cherrie et al.，2019)；(2)构建绿蓝色空间暴露指数。根据样本人群可能涉及的绿蓝色空间位置进行加权，如住所及周边、住所—学校通勤区间、学校及周边、日常可能前往的公共绿地空间等，不同位置根据可能的时间分配比例进行权重赋值，有研究发现这种构建的暴露指数能够获得与认知功能更显著的相关性(Cherrie et al.，2019)。

绿蓝色空间暴露的深度，即细化绿蓝色空间的停留时间和具体活动内容。如有基于GPS结合身体活动加速度计进行客观的空间行为追踪研究发现，在绿蓝色空间中活动的累积时间与儿童青少年认知功能的相关性要比临近度更显著(Ward et al.，2016)(见图2-5)。

针对绿蓝色空间暴露的深度信息的获取，目前包括了主观回顾和客观追踪。主观回顾包括儿童青少年对自己过去一段时间中去过的绿蓝色空间位置、停留时间和具体活动进行回顾(Faber & Kuo，2009；Taylor et al.，2004)，而对于年龄较小的儿童，也可采用家长报告的方式进行(Taylor et al.，2004；Amoly et al.，2014)。较为精确的还是基于GPS结合身体活动加速度计进行客观的空间行为追踪，虽然目前在绿蓝色空间暴露和认知功能关系研究领域也有报道(Ward et al.，2016)，但还没有系统开展。然而，在建成环境与居民身体活动关系研究领域，GPS结合身体活动加速度计的空间行为追踪为该领域带来了重要的发展(Oliver et al.，2010；Chaix et al.，2013)，有助于分析在特定空间进行特定活动准确详细的信息，这对研究成果的具体应用具有重要的参考价值(Gebel et al.，2005)。

图 2-5　身体活动加速度计结合 GPS 定位器研究示例

注:图片引自 Ward et al. , 2016。

(四)混杂因素的控制

混杂因素的控制是横断面和纵向追踪研究结果可靠性的重要一环。对混杂因素的控制包括了样本筛选法,如部分研究为尽可能避免遗传因素影响,选取了双胞胎样本进行配对研究(Johnson et al. ,2006)。为了排除性别影响也可专门选取单一性别样本(Ojala et al. , 2019)。然而,常见的是将混杂因素作为协变量纳入分析模型。在混杂因素中,性别、年龄或年级等个体人口学变量是分析模型中最基本的控制变量(Dadvand et al. ,2015; Ward et al. ,2016; Akpinar, 2016; Taylor et al. , 2004; Dadvand et al. , 2017; Markevych et al. , 2019)。而家庭因素如父母受教育程度(Dadvand et al. ,2015; Amoly et al. , 2014;Dadvand et al. , 2017; Markevych et al. , 2019)、职业(Amoly et al. , 2014;Dadvand et al. , 2017; Markevych et al. , 2019;

Cherrie et al.，2019)、婚姻状况(Amoly et al.，2014)和家庭收入(Akpinar，2016；Taylor et al.，2004；Markevych et al.，2019；Engemann et al.，2019)等变量也是常见的社会学变量。父母受教育程度和职业一定程度上影响着父母对子女的教育方式，进而对认知功能和学业表现产生影响(Spangmose et al.，2017；Spangmose et al.，2019)，经济条件较好的家庭往往更有能力帮助子女聘用私教、就读更好的私立学校、进行频率更高的旅行和接触更多的新鲜事物，有助于子女表现出更好的认知功能和学业表现(Wu et al.，2011；Tine et al.，2014)。此外，绿蓝色景观的建设需要一定的社会经济水平的支撑，许多研究也将居住地的社会经济水平作为协变量纳入模型加以控制(Amoly et al.，2014；Dadvand et al.，2015)。

不同研究也呈现出一定的规律性特征，如：

(1)针对以学校为单位的地区水平的研究，每个学校学生不同种族比例、不同母语学生比例也是需要重点考虑的方面(Wu et al.，2011；Hodson & Sander，2017)，因为这对认知功能和学业表现存在一定的影响，尤其是后者，如阅读成绩。

(2)相比于横断面研究，纵向追踪研究尤其要关注父母抽烟(被动吸入)、饮酒以及儿童青少年样本自身的抽烟和酒精消费情况(Dadvand et al.，2017；Cherrie et al.，2019)。因为纵向追踪往往跨度时间长，这些不良生活方式会对认知功能和学业表现产生影响。

(3)考虑对因变量敏感性较高的混杂因素。如涉及儿童尤其是学龄前儿童的认知功能、父母的认知功能或智商状况(Johnson et al.，2006；Dadvand et al.，2017)、父母精神健康状况(Engemann et al.，2019)、是否母乳喂养(Amoly et al.，2014)等，建议作为协变量加以控制。

(4)充分考虑"补偿效应"和"环境差异化特征"。"补偿效应"是指进入新环境的观察性纵向追踪或短时干预研究中，样本之前住所或学校的绿蓝色空间预暴露水平也是一个重要的混杂因素。"环境差异化特征"是指绿蓝色空间规模尺寸(Peter et al.，2018)、清洁度(Van Den Berg et al.，2003)、可观察到的游人数量(White et al.，2010)、植被类型组成特征(Nordh et al.，

2009)等，对这些变量加以控制往往容易使研究捕捉到深层次信息，同时结合个体因素有助于进一步提高研究结果的可靠性。

（5）根据研究目的尝试考虑一些个性化特征因素，如噪声敏感性（Ojala et al.，2019）、好奇心理（White et al.，2010）、亲自然性（Mayer et al.，2009；Gidlow et al.，2016）、亲动物性（Colfer et al.，2006；Townsend & Weerasuriya，2010）等。

第六节　绿蓝色健身对儿童青少年认知功能和学业表现的影响

一、研究证据综述

基于上述内容可知，儿童青少年日常进行身体锻炼有助于改善其认知功能，进而对学业表现也产生效益，而绿蓝色空间暴露同样对认知功能和学业表现具有积极意义，由此我们引入的问题是：在绿蓝色空间中进行适宜参数（强度、类型和时间）的身体活动或锻炼干预，是否有助于进一步提高认知功能效果？由于该领域研究在近些年才得到有效发展，直接针对儿童青少年群体探讨这一命题的实证研究还鲜见报道。但部分针对年轻成年人，以及针对儿童青少年情绪状况的研究为我们带来了许多建设性的意见。

（一）绿色空间中锻炼有进一步改善效果

Rogerson 等（2015）募集了 12 名年轻成年人（平均 27.8 岁），进行受试者内实验设计，样本在实验室内跑台上进行了 3 种视频环境下的运动（自然环境、建成环境和对照组），在自然环境中，样本进行热身活动后测试定向注意力（采用数字广度测验）作为前测，之后进行 15 分钟 60% VO^2max 的跑台运动（边跑边欣赏大屏幕上投影的自然中森林、湖水等绿蓝色景观视频），并在过程中的 4 分 30 秒、9 分 30 秒和 14 分 30 秒进行 3 次主观疲劳努力程度测试（RPE），结束后即刻进行第 2 次定向注意力测试作为后测，测试结束后马上进行 85% VO^2max 的力竭强度的跑台运动（同样欣赏绿蓝色景观视频）并记录达到力竭退出的时间，在此过程中的第 2 分钟和第 4 分钟进行两次主观疲劳努力程度测试。建成环境暴露组的测试流程与自然环境组一致，只是 15 分钟 60%VO²max 的跑台运动（边跑边欣赏城市街道两旁建筑的视频），而对照组只对着空白屏幕无视频。3 组测试间隔 7 天以上，最长时间为 21 天。重复测量方差分析结果显示，自然环境暴露组不仅定向注意力运动后改善效果显著优于建成环境组（$F = 6.267$，$p = 0.007$，$\eta p^2 = 0.363$），且 15 分钟 60%VO²max 的跑台运动过程中整体主观努力程度要低（差异性不显著），85%VO²max 的力竭强度跑台运动维持时间也较长（差异性不显著）。

Wooller 等（2018）针对 50 名样本（平均 27.2 岁），基于受试者间设计，随机分成"休息组""仅锻炼组""锻炼＋欣赏自然环境视频组""锻炼＋聆听森林中自然环境声音（鸟鸣、虫叫和山泉流水声等）组"以及"锻炼＋欣赏自然环境视频＋聆听自然环境声音组"，各组处于相同的实验室环境，后 4 组锻炼强度均为 40%最大预估功率输出（EPPO）强度的 5 分钟功率自行车。分别在试验前、功率自行车结束后即刻、结束后 5 分钟和 10 分钟 4 次测量样本的整体压力状况和情绪状况。结果显示，运动结束后 10 分钟与结束后 5 分钟未产生进一步的压力状况和情绪状况改善效果。一系列（5×2）双向重复测量方差分析结果显示，3 个自然环境条件的组运动后 5 分钟对整体压力状况和情绪状况改善效果要显著优于"休息组"，"仅锻炼组"与"休息组"差异性不显著。在压力状况方面，"锻炼＋聆听森林中自然环境声音组"效应量分析结果为 $t = 3.2$，$p = 0.005$，$\eta^2 = 0.54$；"锻炼＋欣赏自然环境视频组"为 $t = 5.8$，$p < 0.001$，$\eta^2 = 0.79$；"锻炼＋欣赏自然环境视频＋聆听自然环境声音组"为 $t = 4.5$，$p = 0.001$，$\eta^2 = 0.69$。这提示我们"视觉"要素的重要性似乎要强于"音觉"要素。在情绪状况方面，"锻炼＋聆听森林中自然环境声音组效应量分析结果为 $t = 4.4$，$p = 0.001$，$\eta^2 = 0.68$；"锻炼＋欣赏自然环境视频组"为 $t = 5.4$，$p < 0.001$，$\eta^2 = 0.76$；"锻炼＋欣赏自然环境视频＋聆听自然环境声音组"为 $t = 2.9$，$p = 0.009$，$\eta^2 = 0.49$。这一研究提示我们"视觉"要素的重要性似乎也要强于"音觉"要素。

Mackay 等（2010）对澳大利亚堪培拉地区 100 名户外运动爱好者进行了一项准试验研究，这些样本各自进行一次不同的户外运动，项目包括公路自行车(14 男 8 女)、跑山(11 男 7 女)、户外定向(14 男 3 女)、乡村跑(9 男 7 女)、户外水边拳击运动(1 男 10 女)、山地自行车(6 男 3 女)、湖中皮划艇(1 男 1 女)、郊区丛林步行(3 男 2 女),对现场的绿化质量进行评估,进行户外运动前 5 分钟基于量表测试样本的焦虑状况,户外运动后休息 5 分钟再次测试焦虑状况,采集受试者运动强度自评、运动持续时间等数据,分层线性回归分析显示,在控制年龄性别等协变量的前提下,焦虑状况前测、运动强度、运动持续时间和绿化质量 4 个自变量预测焦虑状况后测水平的模型中,绿化质量变量的系数($\beta = -0.22$,$p = 0.02$)要比运动强度($\beta = 0.00$,$p = 0.97$)和持续时间($\beta = -0.13$,$p = 0.20$)大,显著性水平更高。也有研究的预期结果并不理想,如 Reed 等(2013)募集了 75 名英国儿童(11~12 岁),每名样本完成 2 次 1.5 英里(分别为城市建成环境和乡村自然环境)的限时跑(10~20 分钟),并在跑前和跑后分别测试自尊得分、主观努力程度(RPE)和主观愉悦程度,重复测量 t-test 结果显示,两种环境条件下跑后均能显著改善儿童的自尊心且与环境条件不存在交互效应,在乡村自然环境中自尊心改善效果更优($t = 0.22$,$p = 0.97$),主观努力程度($t = 1.4$,$p = 0.15$)和愉悦性程度($t = 0.32$,$p = 0.76$)也较好,但差异性均不显著。

(二)绿色空间暴露与锻炼的改善效果探析

上述研究都通过对照试验研究证实了在绿色空间中进行锻炼,有助于进一步改善精神健康和认知功能。然而,绿色空间暴露和身体活动或锻炼,哪者对认知功能的改善效果更佳? 绿色空间中是否绿色质量越好或锻炼强度越大,对认知功能的改善效果越好? Han(2017)报道了一份极具价值的随机对照试验研究,这项研究根据绿色空间改善认知功能的两个主流理论,即注意力恢复理论和压力缓解理论,分析绿色健身对注意力和压力(考虑到指标敏感性,采用"情绪"这一实时精神状态指标反映压力)的改善。该研究募集了 116 名平均 20.85 岁的大学生(标准差 1.14 岁),随机分成 4 组,分别在两条 400 米直线距离的道路(两条道路位于一所大学的校园内,一条道路两边为建筑,另一条两边为茂密的树木和绿化景观,两条道路平行分布)进行步行和慢跑两种身体活动，即 2 种环境条件×2 种活动强度。采用身体活动加速度计对身体活动数据以及计算机软件对道路两旁的绿化进行量化测量，在步行或慢跑前后采用量表进行情绪状况和注意力指标的前测和后测。在绿色空间和身体活动影响情绪状况和注意力恢复的方差分析模型中，"可视绿化率"解释了 17.9% 的方差（$Pillai's\ Trace = 0.179$，$F = 2.524$，$p = 0.012$，$\eta p^2 = 0.179$），而"身体活动"解释了 9.2% 的方差（$Pillai's\ Trace = 0.092$，$F = 2.524$，$p = 0.322$，$\eta p^2 = 0.092$）。这提示了在协同效应中"可视绿化率"比"身体活动"更加重要。同时结果还发现在绿化空间中低强度身体活动（健身走）比中等强度身体活动（慢跑）对改善注意力和缓解压力的效果更好，注意力恢复和压力缓解不存在交互效应。

二、研究现状述评

绿蓝色健身改善儿童青少年认知功能和学业表现的实证研究文献，尤其是对照试验研究的文献不多，还未检索到的研究群体为中学及以下的儿童青少年群体文献。虽然目前部分研究针对年轻人群展开，但儿童青少年群体的研究还鲜见报道。此外，目前的研究还未涉及学业表现，这可能和学业表现的指标往往敏感性不高，很多研究对选择这一指标较为谨慎有关。如之前所述，学业表现并非认知功能的简单反映，受到混杂因素干扰较多，建议今后可选取阅读能力、计算能力等指标进行探索性研究。另外，目前针对蓝色空间的研究还未见报道，是今后亟待加强的方向。相比于绿色空间，蓝色空间在城市景观空间中相对更依赖于天然的条件，城市居民接触更多的是绿色空间，然而现有研究证实，蓝色空间暴露对于改善人体情绪状况，缓解抑郁、焦虑和压力状况具有极佳的效益。加强蓝色空间暴露的协同效应研究，有助于丰富相关成果，为应用实践奠定基础。绿蓝色健身改善儿童青少年认知功能和学业表现的研究虽然目前还未取得丰富的成果，基于实证研究也很难提炼出相关核心观点，然而，目前针对绿蓝色健身改善人体精神健康的实证研究已取得了丰富的成果，因此本书基于当前相关研究进行系统归纳，提炼出重要的核心观点，可为今后绿蓝色健身改善儿童青少年认知功能和学业表现的研究提供参考和借鉴。

（一）绿蓝色空间暴露与身体活动的效果差异

这一核心观点的依据一方面来源于 Han（2017）针对认知功能的随机对照试验所得的直接证据，还来自很多针对人体精神健康状况的对照试验研究所得的证据（Mackay & Neill，2010；Han，2017；Wooller et al.，2018；Rogerson et al.，2016），同时近年来许多横断面研究也揭示绿蓝色空间长期暴露与居民的精神健康状况（抑郁、焦虑和压力）的相关性往往高于身体活动水平（Thompson et al.，2011；Honold et al.，2016；Zijlema et al.，2018）。随机对照试验的证据往往呈现了短时或一次性暴露的证据，而横断面研究则更能反映长期暴露状况。

（二）绿色和蓝色空间的效果差异

这一核心观点目前还缺乏儿童青少年认知功能指标的直接证据，但近年来一些针对绿蓝色空间暴露、身体活动或锻炼和人体精神健康关系的研究文献中，无论是对照试验研究还是横断面研究均揭示蓝色空间的改善效果更加明显（White et al.，2010；Gascon et al.，2015；Foley & Kistemann，2015），同时也得到了一些 Meta 分析结果的最终支持（Barton & Pretty，2010）。甚至视觉神经科学研究发现人体大脑视觉神经"蓝—黄视野"的敏感度要优于"绿—红"视野，"蓝色视野"对于人体精神健康的恢复效果要优于"绿色视野"（Mullen，2002）。

（三）绿蓝色健身不同强度的效果差异

这一核心观点的依据一方面来源于 Han（2017）针对认知功能的随机对照试验所得的直接证据，还来自目前很多有关绿蓝色空间中锻炼改善人体精神健康状况的相关关系和因果关系研究（Mackay & Neill，2010；Stubbs et al.，2016）。这些研究揭示，在绿蓝色空间中进行中低强度锻炼要比高强度锻炼更能发挥协同效应，其原因在于人体大强度运动时过度运动负荷的刺激会使大脑更多地应对人体代谢产物的刺激，减弱视觉神经接受绿蓝色空间视野的刺激，进而改善精神健康状况（Pretty et al.，2005；Mackay & Neill，

2010)。因此,在绿蓝色空间中中低强度锻炼时往往更能同时发挥身体锻炼和绿蓝色空间暴露的双向调节,增加效益。

（四）重视个体因素的影响

绿蓝色空间暴露、身体活动或锻炼与儿童青少年认知功能关系的研究中,噪声敏感性、亲自然性、亲动物性,以及样本日常绿蓝色空间暴露水平和身体活动水平等都是需要考虑的个体因素。分析和控制这些个体因素的意义在于,很多分析结果如果不有效地控制这些个体因素的干扰,往往得出不正确的结论。如近期有一份绿蓝色健身对成年女性精神健康改善的随机对照试验研究发现,在不控制样本噪声敏感性的前提下,发现郊区森林公园的改善效果要好,而在控制样本噪声敏感性的前提下,城市绿地公园和郊区森林公园的改善效果一致,无显著性差异(Ojala et al.,2019)。有研究发现,对于亲自然性高的个体,自然环境特征越好的环境暴露对精神健康改善效果越好(Mayer et al.,2009;Gidlow et al.,2016),具有亲动物性的个体在自然环境中能够看见野生动物(如鸟、松鼠)对其改善效果好,也有研究发现亲动物性高的个体在绿蓝色空间中遛宠物有助于进一步改善精神健康效果(Colfer & Weerasuriya,2006;Townsend 等,2010)。此外,也有研究指出,样本人群日常的绿蓝色空间暴露水平和身体活动水平可能对精神健康改善形成补偿效应。如住所及周边或日常能够接触到绿蓝色空间较为充分的样本可能对绿蓝色空间暴露的敏感性较低,而日常身体活动水平较高的个体可能对身体活动或锻炼干预的敏感性较低(Roberts et al.,2016;Grunewald et al.,2018)。针对个体因素研究的另一个意义在于,有助于基于个体日常不同锻炼类型、身体活动水平、环境清洁癖好、噪声敏感性、亲自然性偏好、亲动物性偏好和环境色彩偏好等个体因素设计具有针对性的认知功能干预方案。

第七节　本章小结

绿蓝色空间暴露和身体活动或锻炼有助于改善儿童青少年认知功能和学业表现。在住区或校园规划设计中,增加绿化植被、水体景观要素的设计和建设，虽然初期投入较大，但对儿童青少年认知功能和学业表现具有长期的积极意义。今后的研究应强化对绿蓝色空间暴露水平测量的广度和深度，细化不同的绿蓝色空间要素，增加对城市规划和景观设计应用价值的建议。

相比于单一的锻炼或绿蓝色空间暴露，绿蓝色健身可能有助于进一步提高儿童青少年的认知功能改善效果。基于当前有限的直接证据和结合绿蓝色健身改善人体精神健康的相关研究结果，本书提炼出绿蓝色空间暴露可能比身体活动对儿童青少年认知功能改善效果更佳，蓝色空间可能比绿色空间对儿童青少年认知功能改善效果更佳，绿蓝色健身中低强度可能比高强度的改善效果更佳等观点。

第三章 住—职场所绿蓝色空间暴露、职员身体活动对工作表现的影响

第一节 引 言

职员具有好的工作表现(job performance)可以给雇主带来好的收益,对社会发展具有积极意义,同时长期较好的工作表现有助于职员个人的事业发展,提高自我价值认同感和生活幸福感(Bouckenooghe et al.,2013;Siengthai & Pila-Ngarm,2016)。因此,如何促进职员工作表现一直是人力资源研究领域的重点方向。改善职员工作表现的手段主要包括组织干预和个体干预:组织干预有奖励、考核、拟定新制度和建立淘汰机制等;而个体干预包括了认知教育、学习培训、参与决策(增加工作控制感)和工作调整等(Awa et al.,2010)。这些干预手段的研究日趋成熟,但也呈现出后期动力缺乏等问题,如不可能不断通过增加奖励来改善职员工作表现,这将导致沉重的运营成本,也不可能对所有员工或个别员工不断升职来进行激励(Leiter & Maslach,2003;Jabeen,2011)。近年来,两种非药物干预手段因其低成本、效益长期性的特点受到研究者关注,一是身体活动或锻炼干预(Low et al.,2007;Sjogaard et al.,2016);二是绿蓝色空间暴露(Lottrup et al.,2013;Korpela et al.,2017)。绿色空间是指由绿色植物草坪、地表植物、灌木和乔木等组成的空间,这一概念既包括了森林、山体等自然环境中的绿色景观,也包括了城市绿地或公园等绿色景观,同时部分研究也涉及了室内盆景或其他绿植营造的绿色空间;蓝色景观则是指水体景观,包括了从小尺度空间的水

池、喷泉，再到中等尺度的人工湖或自然湖泊，甚至到大型的海洋景观以及江和河流等大小不一的流动水体景观（Ulrich et al.，1991；Van den Berg et al.，2003）。广义的研究中绿蓝色景观常常以综合的自然环境出现，甚至部分研究涉及了绿蓝色景观的图片、画等对职员工作表现影响的研究（Nordh et al.，2011；Han et al.，2017）。

闲暇时间或工作间歇的身体活动或锻炼中，绿蓝色空间暴露均有助于改善职员工作表现，这得到了丰富的横断面相关关系、纵向追踪和对照试验研究的因果关系等研究证据的支撑。有意思的是，许多"因果关系"研究证据揭示，在绿蓝色空间中进行身体活动或锻炼有助于进一步改善人体精神健康状况，促进认知功能尤其是注意力疲劳的恢复，效果要好于单一的身体活动、锻炼干预或者单一的绿蓝色空间暴露（Rogerson & Barton，2015；Wooller et al.，2018）。因此，"绿蓝色健身"和"绿蓝色健身房"等概念在许多研究中被提及。部分研究发现，绿蓝色健身对工作表现（如缓解工作压力、促进认知疲劳恢复、增强创新力等）的改善也具有这一额外效益（Tyrväinen et al.，2014；Han，2017）。

然而，当前国内无论是身体活动或锻炼干预，还是绿蓝色空间暴露改善工作表现的研究均未有效开展。因此，本章对工作表现的相关指标进行归纳，对身体活动或锻炼和绿蓝色空间暴露改善工作表现的相关研究进行综述，并提炼出要点对研究现状进行述评。这有助于为今后国内该领域研究的理论框架、方法学参考和研究选题切入提供积极的建议。同时，针对国际上该领域研究中工作表现指标还未有效梳理出体系，本书对现有研究中出现的相关指标进行整理归纳，也可为今后该领域的研究提供参考。

第二节　工作表现指标归纳

一、注重工作产出的指标

对现有文献进行整理和归纳发现，与工作产出密切相关的工作表现指标常见的包括生产力（productivity）、工作效率（work efficiency）和创新力

(creativity)等。这些强调工作产出的工作表现指标由于与个人、企业或组织的效益相挂钩，因此是早期的研究中比较受关注的指标（Low et al.，2007；Commissaris et al.，2016）。早期的研究中生产力是工作表现中最为常见的指标，如单位时间内的产能、产量或者工作量。对于生产力的定义，社会科学常将其解释为人类对自然界物质的改造以满足自身生活需求的能力（李金算，2004）。

（一）传统生产力概念的局限性

近年来，越来越多的研究指出了传统生产力概念的局限性：一是过于强调人的主观能动性，片面地将生产力定义概括为人对自然界物质的改造，以人类需求为主导，忽略了人与自然的相互依赖、和谐共存，因此更多的研究建议使用"生态生产力"这一概念；二是生产力的概念开始跳出过于注重投入和产出的关系，越来越倾向于社会生产力是一个集生产创新、过程稳定性、内涵品质和产品质量以及服务功能于一体的综合概念，而非单一的投入和产出比或绩效的考量（许光伟，1997；陈向义，2005）。

（二）生产力概念的热点指向

随着生产力定义的嬗变，近年来"社会生产力"呈现出两个主要的热点指向：一是"生态生产力"的概念，强调了人类社会的发展应该是人与自然和谐相处、良性互动的"绿色生产力"；二是不再单一地关注最终的"绩效"，越来越关注生产过程稳定性、员工倦怠感、生产效率、幸福感和自我价值感实现等（张术环和王环，2005；朱沁夫，2007；王学荣，2013）。

虽然生产力这一概念应用广泛，但直接测量生产力可行性却较低，原因在于注重"产出"的生产力并非职员生产能力的简单反映，容易受到生产手段、生产工具和组织环境等因素的影响（Kemppilä & Lönnqvist，2003；Miller et al.，2009），此外在绿蓝色空间暴露改善职员工作表现中应用的敏感性较低。一些客观测量的生产力指标如相同时间内的业务量往往受到市场整体环境变化的影响，服务行业单位时间内的营业额也容易受到周末、假期、突发公共卫生事件和国内外整体经济发展趋势等的影响。此外，很多知识密集型行业的生产力很难量化测量(Kemppilä & Lönnqvist,2003)。当前研究中更多应用"工作效率"来间接反映,常见的工作效率指标包括出勤率、有效工作时间、出错率或投诉率、生产或工作速率以及员工离职率等,也有许多研究基于主观量表进行生产或工作能力的自我评定(Haynes,2007、2007)。

（三）"创新"概念的生产力新内涵

随着"创新"越来越成为当前社会发展的驱动力量,"创新力"已成为当前生产力研究的核心内涵之一。创新力是指产生新思想,发现和创造新事物的能力,在实际应用中是指流利地解决问题的能力或提出独创的、创新的、新颖的解决方案(Amabile,1989;McCoy & Evans,2002)。

当前具有创新力越来越成为衡量人才的重要依据,优秀的创新型人才具有创造新概念、新理论,更新技术,发明新设备、新方法,创作新作品的能力。创新过程的几个主要阶段包括(Plambech et al. ,2015):(1)准备:当一个人将他的注意力转移到一个特定的事情上,并开始收集信息和调查问题,这都很有趣,能引起好奇心。(2)孵化:有意识的工作停止,注意力被引导到其他的事情,而在不知不觉中创造的过程继续。无意识的扫描是基于个人的、视觉的和感官的品质。(3)想法:当新的想法突然出现在脑海中的那一刻,在准备阶段所做的工作变成具体的和有意识的想法。(4)评估:当逻辑和理性的思考重新决定时,这种洞察力是否有价值,是否值得追求。

二、与工作相关的心理健康指标

虽然"生产力""工作效率""创新力"等指标的应用起步较早,也更能突显社会价值的"投入—产出"关系,然而,随着人力资源管理领域针对工作表现不再单一地关注最终的"绩效",越来越关注人的主观心理体验,"工作满意度""工作幸福感""工作压力"或"自我效能"等指标的应用越来越多。

自我效能(self-efficacy)指人对自己是否能够成功地进行某一成就行为的主观判断,它可以看成是职员基于自身的能力对工作过程的控制或驾驭能力,对工作结果是否能成功的判断。"工作压力"和"自我效能"两个指标较为紧密,当职员处于较低的自我效能时,往往意味着较大的工作压力,降低了工作满意度和幸福感。有时虽然职员具有足够的自我效能，但长期沉重和过大的工作量也容易导致职员形成畏惧心理，面临工作压力的困扰。"工作满意度""工作幸福感""工作压力"或"自我效能"等与工作相关的职业心理健康指标虽然不能像"生产力""工作效率""创新力"等指标那样有效反映工作效益，但随着当前对大众职业心理健康愈发关注，其也越来越受到研究者的重视。

三、综合性指标：职业倦怠与敬业度

（一）职业倦怠

20 世纪 80 年代，一些研究者观察到戒毒服务志愿者从最初充满热忱，到后期开始慢慢地丧失动力、激情并逃避志愿服务，同时 Maslach 等也在医护人员中提出"职业倦怠"这一规律，并开始系统地进行研究，相关测量工具也被开发出来，如早期的 MBI-HS 和 MBI-ES 量表（Lee & Ashforth，1996；Hätinen，2008）。"职业倦怠"一词发展至今，已成为人力资源管理领域的"核心词语"。

职业倦怠是一种与工作相关的心理综合征，包括了情感耗竭（emotional exhaustion）、工作态度冷漠（depersonalization）和个人成就感缺乏（lack of personal accomplishment）3 个维度（Lee & Ashforth，1996）。早期的职业倦怠研究主要针对人类服务行业，如医护人员、教师、服务员等，后来随着测量工具的完善，如开发出 MBI-GS 量表，目前职业倦怠的研究对象已经涉及大多数职业领域的研究。

职业倦怠这一概念涵盖范围广，职员一旦呈现出情感耗竭、工作态度冷漠和个人成就感缺乏 3 个维度的倦怠现象，将直接影响其工作表现（job performance）。职员一旦出现情感耗竭，将降低其工作投入（job engagement）、工作效率（work efficiency），对工作缺乏情感也导致其缺乏创新力（creativity）（Bakker & Costa，2014）。而工作态度冷漠容易导致工作事故、降低客户或对象的服务质量甚至产生纠纷，个人成就感缺乏则反过来进一步加重情感耗竭和工作态度冷漠，引起离职现象的产生（Salvagioni et al.，2017）。此外许多研究发现，长期职业倦怠容易导致人体抑郁、焦虑等精神健

康障碍以及增加失眠、食欲改变、疲劳、感冒、头痛和肠胃不适的概率，增加职员的病假率和休养时间（Mohren et al.，2003；Melamed et al.，2006；Peterson et al.，2008；Hakanen & Schaufeli，2012）。因此，职业倦怠程度的加剧将直接影响职员的生产力，如果职业倦怠程度加剧超过了职业的承受力，将容易导致离职现象产生，即使通过调整未发生离职现象，职员也很难再恢复至初期充满精力和工作高投入的状态，多数未能够以其全部能力和精力应对工作（Hätinen，2008；Salvagioni et al.，2017）。因此，从社会整体考虑，职业倦怠是一个影响社会生产力和社会发展的重要议题。

由于职业倦怠事关社会生产和社会发展，因此针对职业倦怠的干预研究一直是人力资源管理领域的研究热点。从干预主体的层次划分，目前职业倦怠的干预包括了个体干预、组织干预和个体—组织综合干预3种。个体层次的干预主要包括目标调整、压力应对改变、社会支持、身心放松等，而组织层面的干预主要包括工作任务调整、奖励刺激、调整评估和监督、增加工作控制或提高决策参与水平等（Maslach & Goldberg，1998）。现有针对干预实证研究的系统综述发现，职业倦怠干预中，组织干预的效果要好于个体干预，而个体—组织综合干预的效果最佳（Maslach & Goldberg，1998；Awa 等，2010）。然而，许多成熟的干预方案虽然见效快，如适宜的绩效奖励刺激、工作任务调整等，但也存在着高成本、难以长期持续以及容易对现有成熟的管理体系产生冲击等缺点，许多研究开始寻找一些辅助性的干预手段。如研究发现，身体锻炼有助于改善职员的抑郁和焦虑等精神健康状况，缓解情绪耗竭，促进身体健康而降低病假率（Carson 等，2010），改善认知功能从而提高创新力（Colzato 等，2013；Frith 等，2019）。因此，身体锻炼是一种方便、经济和长期有效的干预手段。近年来，越来越多的研究证据揭示，工作场所绿蓝色空间暴露有助于改善人体抑郁、焦虑等精神健康状况，缓解职业倦怠（Stigsdotter 等，2003；Lottrup 等，2013）。

（二）敬业度

"敬业度"（work engagement）是"倦怠"的反义词。敬业度涵盖的3个维度成分与"倦怠"相同。倦怠被形容为一种情绪耗竭、玩世不恭和效率低下的综合征，而敬业度是指精力充沛、积极参与和有效参与工作的状态（Leiter & Maslach，2003）。

四、三类指标各自的优势与不足

基于本书的归纳，将当前文献中常见的工作表现指标归类成注重工作产出的指标、与工作相关的心理健康指标和综合性指标 3 类，3 类指标在具体应用时有其各自的优势和不足。

（一）注重工作产出的指标

选取生产力、工作效率和创新力等注重工作产出的指标与企业、单位和社会效益直接挂钩，研究结果具有较好的社会价值，也容易引起受益对象的关注和重视。但在身体活动或锻炼、绿蓝色空间暴露改善工作表现的研究中选用注重产出的工作表现指标需要关注指标的有效性和敏感性。这些注重产出的工作表现指标容易受到生产或工作手段、工具等的影响，同时也容易受到上下游产业和特殊时期社会规律的影响，尤其是在一些横断面研究或时间较短的纵向追踪研究中。此外，这类注重产出的工作表现指标在干预或对照试验研究中需要考虑干预周期是否能足够引起工作产出指标的显著变化，许多职业或工作需要长时间的干预才会引起产出的变化。同时，注重产出的工作表现指标往往也容易忽视职员的主观心理体验，容易缺乏必要的人文关怀。"工作满意度""工作幸福感""工作压力"或"自我效能"等与工作相关的心理健康指标在身体活动或锻炼、绿蓝色空间暴露改善工作表现的研究中敏感性较好，往往能够在短时干预研究中或对照试验研究中捕捉到显著的变化，在横断面或纵向追踪研究中也往往受限较少。

（二）工作相关的心理健康指标

相比于注重产出的工作表现指标，"工作满意度""工作幸福感""工作压力"或"自我效能"等更具人本主义精神，更关注职员的主观心理体验。然而，与工作相关的心理健康指标由于不能直接与效益挂钩，因此对这些研究结果的重视需要建立在政府部门、雇主和职员必要的认知基础上。

(三)综合性指标

"职业倦怠"和"敬业度"这两个综合性指标针对前两类指标分别关注产出和主观心理体验的局限性,利用3个维度有效地对两者进行了互补,因此更全面。然而,职业倦怠和敬业度这两个综合性指标在具体应用时也存在着指标敏感性问题,这是由于当前职业倦怠和敬业度的主要测评量表题目表述形式是基于受调查者回顾过去一段时间的自评,因此在短时干预研究中使用受限,常用于横断面研究、纵向追踪研究和长周期的对照试验研究。

第三节　绿蓝色空间暴露与工作表现

长期或短期的室内、户外绿蓝色景观暴露有助于职员工作压力的缓解、注意力疲劳的恢复、自我效能的提升以及增强职业满意度和幸福感。基于当前报道的文献归纳发现,目前绿蓝色空间暴露与工作表现关系的研究中,工作表现指标多以与工作相关的心理健康指标为主,而注重工作产出的指标以及职业倦怠、敬业度等综合性指标较少。注重工作产出的指标较少的原因可能在于生产力指标量化测量困难和指标受到的混杂因素干扰较大,在横断面研究中很难捕捉到显著的相关关系;而职业倦怠、敬业度等综合性指标可能由于指标的敏感性不高,限制了对照试验研究尤其是短时干预中对这些指标的选取。下面分别对绿蓝色空间暴露影响工作表现的潜在路径,绿蓝色空间暴露与职业心理健康、生产力、职业倦怠和敬业度的相关研究进展进行阐述。

一、影响路径和暴露方式

(一)潜在的影响路径

绿蓝色空间暴露影响工作表现的路径涵盖的范畴较广,但对当前文献进行归纳分析,相关路径主要包括以下3个方面。

1. 住、职场所绿蓝色空间暴露有助于改善职员身体健康，促进工作表现

绿蓝色空间中往往具有很多的植物，植物有助于改善空气质量，许多特定的植物也是净化空气污染物的有效工具，室内或室外有助于增加住、职场所的空气负离子浓度，改善人体健康（Llewellyn & Dixon，2011；Jasmin 等，2012；Sinicina 等，2015）。

2. 住、职场所绿蓝色空间暴露有利于改善职员的精神健康，提升工作表现

众多研究证实，绿蓝色空间暴露可有效缓解职员的工作压力，改善长期累积的抑郁和焦虑状况（Gascon 等，2018；Wendelboe-Nelson 等，2019）。工作场所公共绿色空间往往是员工交流频繁的空间，这有助于增进员工凝聚力和提高团队意识（Burke，2010；Hui & Aye，2018）。而住区绿蓝色空间是职员闲暇时间（工作日下班后、周末和假期）释放压力、增进家人和邻里交流的理想场所（Thompson 等，2016；Jennings & Bamkole，2019）。

3. 住、职场所绿蓝色空间暴露有助于改善职员的认知功能，激发创新思维，促进工作表现

目前绿蓝色空间暴露改善人体认知功能的机制主要基于注意力恢复理论。注意力恢复理论认为短时接触绿蓝色空间有助于维持或恢复人认知能力中的注意力，即集中注意力的能力。注意力恢复理论认为，绿蓝色空间对于人体注意力从定向注意（自觉注意）向不定向注意（无意识注意）转变存在有效的诱导性，不定向注意（无意识注意）的主要特点为人体无需努力对相关干扰因素产生的冲动进行抑制，因此不易产生疲劳，利用该注意方式的转换，有助于使人体从认知疲劳中得到恢复（Kaplan，1995；Wells，2000）。

但综合而言，绿蓝色空间暴露影响工作表现还涵盖了其他一些更为复杂的路径和机制。为了帮助读者理解，我们引用了图 3-1 和图 3-2 来进一步解释绿蓝色空间影响职员工作表现的路径。

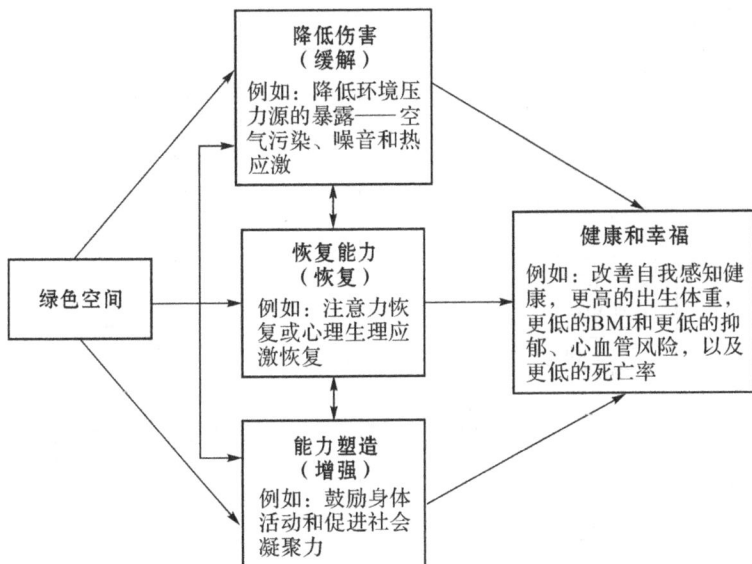

图 3-1　绿色空间影响健康、幸福之间的 3 个潜在路径

注：图片译自 Markevych et al.，2017。箭头代表假设的影响模式，每个领域的特定路径可能影响其他领域的一个或多个特定路径。

（二）绿蓝色空间不同的暴露方式

目前，对于绿蓝色空间暴露影响职员工作表现的研究中，绿蓝色空间暴露方式主要包括以下几个方面。

1. 工作场所的室内暴露

这一类型的暴露方式主要是指室内绿植、水池、盆景以及室内小型绿化空间的绿蓝色景观要素接触影响职员工作表现。许多研究发现，室内绿植、水池、盆景以及小型绿化空间有助于缓解职员压力，提高工作满意度，促进身体和认知疲劳恢复，提高工作效率和激发创造力（Pretty，2004；Stone，2006；Kwallek et al.，2007；Nieuwenhuis et al.，2014）。

2. 工作场所透过窗户可视的户外绿蓝色景观要素的视觉刺激

这一类型的暴露方式主要是指职员在工作间歇透过窗户可以看见室外的植物、草坪、河流或湖水等绿蓝色景观要素来短暂放松，促进注意力集中能力、身体

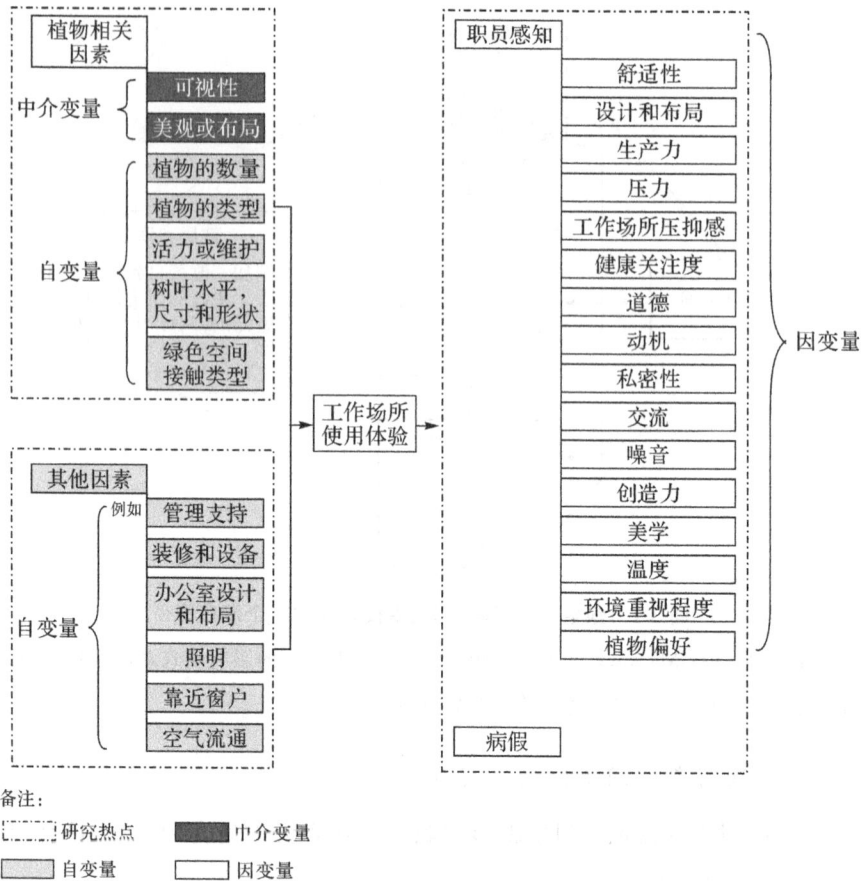

图3-2　工作场所室内环境中植物等要素影响职员健康和工作表现的框架模型

注：图片译自 Smith et al.，2011。

疲劳和认知疲劳的恢复。许多研究发现，工作场所透过窗户可以看见室外绿蓝色景观有助于缓解职员工作压力和职业倦怠，提高工作满意度和幸福感，同时激发创造性思维（Lottrup et al.，2013；Honold et al.，2016；Li & Sullivan，2016）。

　　3.闲暇时间的绿蓝色空间暴露

　　这些类型的暴露方式是指每天下班后在住所及周边的绿蓝色空间暴露。住所及周边的绿蓝色景观要素有助于职员下班后的休闲放松，缓解职员压力，提高工作满意度、身体疲劳和认知疲劳的恢复，提高第二天的工作效率并激发创造力；

此外，周末或假期接触郊外或距离较远的大型公共绿地空间、森林公园以及相关自然景观也有助于职员身心的深度放松，缓解过去一周累积的压力、身体疲劳和认知疲劳（Korpela & Kinnunen，2010；Murel，2013；Po-Ju & So，2017）。

4.每日住所和工作场所间通勤区间的绿蓝色空间暴露

一些研究发现，每天上班和下班路途间的绿蓝色空间暴露，日积月累，也对职员的压力缓解和幸福感具有积极意义（Zijlema 等，2018）。

二、绿蓝色空间暴露与职员工作性心理健康

住、职场所绿蓝色空间暴露对职员工作表现影响的研究最常见的是对职业性心理健康影响的研究。2013 年，Murel 在其硕士学位论文中对自 1990 年到 2013 年间发表的有关绿色空间和健康关系研究的同行评审论文进行了广泛检索后归纳得出，在所有研究中的健康议题涉及了压力缓解、精神健康（抑郁、焦虑等）、认知疲劳恢复、温度舒适性、幸福、身体健康、整体健康、注意力疲劳、身体活动。其中压力缓解、认知疲劳恢复和注意疲劳这 3 项与工作表现直接相关的研究占 30％，其中在对照试验研究中基于效应量的分析，多数研究支持绿色空间暴露有助于缓解压力、促进认知和注意力疲劳的恢复（见图 3-3）。

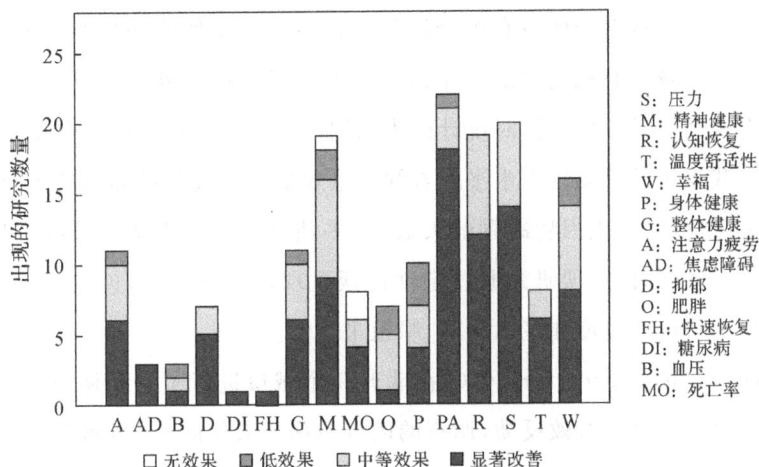

S：压力
M：精神健康
R：认知恢复
T：温度舒适性
W：幸福
P：身体健康
G：整体健康
A：注意力疲劳
AD：焦虑障碍
D：抑郁
O：肥胖
FH：快速恢复
DI：糖尿病
B：血压
MO：死亡率

□ 无效果　■ 低效果　□ 中等效果　■ 显著改善

图 3-3　不同健康指标出现频率及改善效果统计

注：图片译自 Murel，2013。

（一）横断面研究

绿蓝色空间暴露与职业心理健康的横断面研究为我们带来了众多相关关系证据。Lottrup 等（2013）针对 439 名瑞典成年人（文中未标出总样本平均年龄，但样本特征中给出了压力高和压力低两组样本的平均年龄分别为43.2 岁和 37.6 岁）开展了一项横断面研究，基于问卷调查样本的工作压力（EuroQol 量表测量）、工作场所满意度（1～5 分，5 级评定）和工作场所绿化感知（3 级评定，1－工作场所透过窗外不能看见任何绿化且没有机会接触绿化；2－工作场所透过窗外可以看见绿化但没有机会接触绿化；3－工作场所可随时接触到优良的绿化）。采用 t 检验和 ANOVA Ⅲ型分析（调整了年龄和社会经济水平等混杂因素）结果发现，工作场所绿化感知好的样本（$F = 6.99, p < 0.0001$）工作压力显著低于感知差的样本。

Kasaba（2019）针对瑞典斯德哥尔摩的 Kista ICT 中心 59 名 25～64 岁员工展开了一项横断面研究，同样采用 EuroQol 量表测量样本的工作压力感知水平，对样本工作场所内的绿色空间暴露水平进行 4 级评定（1－工作场所透过窗外不能看见任何绿化且身体没有机会接触绿化；2－工作场所透过窗外能看见绿色景观但身体没有机会接触绿化；3－工作场所透过窗外不能看见绿色景观但身体有机会接触绿化；4－工作场所透过窗外能看见绿色景观且身体有机会接触绿化），同时统计样本的因病缺勤率。经过统计分析后发现，样本自我报告的感知压力水平随着绿色景观暴露等级的增加而增加，但生产力损失（更少的个人因病缺勤的天数）似乎随着绿色景观暴露等级的增加而有所改善。同时，这项研究通过定性访谈发现，工作场所绿色景观的缺乏一定程度上可以通过增加室内盆景、绿植来补偿。

Grahn 和 Stigsdotter（2010）在瑞典 9 个城市进行了邮寄调查，共有 953名受调查者完成了有效反馈，调查的内容包括个人年龄、性别和职业，对喜欢城市绿地空间原因的不同维度（宁静、空间、自然、丰富的物种、庇护、文化、景色和社会交往）进行等级评估，并对自己的主观压力感受进行等级评估。经过因子分析和逻辑回归分析发现，人们普遍喜欢城市绿地空间最主要是因为宁静,之后依次是空间、自然、丰富的物种、庇护、文化、景色和社会交往。而与样本主观压力感受相关性最强的是庇护维度的主观评定。这表明了城市绿地宁静的属性是吸引大众的主要因素,而绿地提供了周边居民短暂的"庇护"场所,转移了人们对日常"压力源"的注意力从而有助于缓解工作压力。

此外,Dravigne 等(2008)的横断面研究发现工作场所内绿色空间暴露与职员的整体工作满意度、生活质量自我评定等存在积极性相关关系。Gilchrist 等(2015)的横断面研究发现工作场所的窗户可以看见绿色景观的样本呈现出更高的幸福感。Degenhardt 等(2011)的横断面研究发现对情绪控制要求越高的样本,日常前往工作场所绿色空间放松恢复的频率越高。

(二)纵向追踪研究

相比于横断面研究,纵向追踪研究为我们呈现出了随时间变化的相关性。Gray(2018)开展了一项纵向追踪研究,他们对 12 名成年人(10 名男性,2 名女性,平均年龄 29.75 岁)的办公室进行了绿化景观要素的布置,样本在其中办公 24 个月后进行回顾性访谈,多数样本均表示办公室绿化后对其工作满意度、幸福感的提升具有积极意义,且效果在绿化后 3 个月达到最佳。但这项研究也存在着样本量较少和研究结果缺乏翔实数据支撑的不足。

然而,也有纵向追踪研究更支持相比于工作场所的绿蓝色空间暴露,住所周边的绿蓝色空间感知对职员工作压力的缓解和幸福感的提升更具价值。如 Korpela 等(2017)募集了芬兰 841 名(平均年龄 47.1 岁)成年人进行了一项为期 1 年的纵向追踪,首先在 2013 年春天采集样本的基线数据,内容包括工作场所、住所周边的自然环境暴露自我评定,同时采集了样本幸福感、工作活力和工作创造力的自我评定,并采集样本的性别、年龄、工作自主性、同事和社会支持等混杂因素作为变量纳入分析模型,1 年后在 2014 年春天采集第二次数据。经自回归交叉滞后路径模型分析发现,闲暇时间的自然环境暴露(住所及周边)对预测样本的工作活力,随着时间的推移样本对住所周边的花园和庭院的使用与幸福感呈现出一定的正相关,而工作场所的自然环境暴露与所有变量均无显著性相关。这提醒了我们,如果职员日常上班期间忙于应付工作,则可能无暇顾及工作场所的绿蓝色景观,这降低了工作场所的绿蓝色景观配置的价值,因此工作场所除了配置绿蓝色景观,还应从制度上安排职员一定的间歇时间来接触绿蓝色景观要素。

（三）对照试验研究

对照试验尤其是随机对照试验研究为我们提供了可靠的"因果关系"证据。Smith 等(2011)在英国爱丁堡的一个跨国金融服务租住点开展了一项对照试验研究,他们将租住的一层楼的办公室作为对照组,另一层楼的办公室作为试验组,试验组开始干预后所有办公室增加了绿色植物的配置,干预时间为 6 个月。在干预前和干预后,对两组办公室的员工(最终有效 224 人)进行 2 次邮件的调查,调查内容包括工作压力、工作效率的李克特 5 级自我评定,结果发现办公室绿化植物配置可显著降低职员的工作压力水平,但对工作效率的自我评定改善不显著。

Ojala 等(2019)选取了瑞典 83 名 30～61 岁成年女性在周一至周五下班后到城市街头小型绿地、公园和城市森林公园 3 种绿色空间进行 15 分钟静坐观赏和 30 分钟步行,分别在静坐前(时间点 1)、静坐后即刻(时间点 2)和步行后恢复至安静状态(时间点 3)测量样本的压力和认知疲劳状况,同时控制样本人群的噪声敏感性、亲自然性等个体因素,结果发现下班后职员进行绿蓝色空间暴露有助于缓解工作压力,促进认知疲劳恢复,其中森林公园的效果最佳。

三、绿蓝色空间暴露与职员工作产出

虽然相比于与工作相关的心理健康,绿蓝色空间暴露对职员产出影响的研究可能存在着混杂因素多、工作产出指标敏感性较低和不同研究中证据一致性较弱等问题,但基于现有的研究证据看,更多的研究还是支持绿蓝色空间暴露对职员产出的积极意义。

（一）纵向追踪与对照试验研究的优选性

从现有的文献归纳得出,在横断面相关关系研究中,更多的研究更愿意选择与工作相关的职业心理健康指标,如工作压力、工作满意度和幸福感等。

因此,绿蓝色空间暴露与职员工作产出的实证研究更多选择了纵向追踪和对照试验研究设计。

如澳大利亚的一家律师事务所搬到绿化空间更优的办公场所后,1年内该律师事务所的员工请假率显著下降(Miller et al.,2009)。Kwallek等(2007)进行了办公室色调影响职员工作效率的对照试验研究,他们募集了90名样本(67名女性,23名男性,平均年龄33.2岁,标准差为11.5岁),依据他们的年龄、打字速度等测试分配至3组中,每组的年龄和打字速度无显著差异,确保对他们的打字任务测试不会造成影响。3组样本分别分配至以白色为主、以红色为主和以绿蓝色内饰为主的办公室,在3个办公室中样本连续4天(星期一至星期四),每天8小时(上午九时至下午五时)都在执行相同的(同样的顺序和时间框架)办公室打字任务。每天每位样本允许有2次15分钟的休息和1次1小时的午餐休息。每天获取样本打字任务表现(单位时间内的打字数量)和打字正确率。分析发现,室内色彩对职员生产效率的影响取决于个体的刺激筛选能力以及暴露于室内色彩的时间。相比于白色和红色为主色调,绿蓝色色调中个体刺激筛选能力高的样本任务表现显著差于以白色和红色为主色调的样本,但个体刺激筛选能力适中的样本在绿蓝色色调的办公室中任务表现最优,3种色调刺激筛选能力低的样本任务表现无显著差异。在错误率方面,白色色调的样本要显著低于红色色调和绿蓝色色调。这提醒我们,绿蓝色空间暴露可能对环境刺激筛选能力适中的个体改善工作表现的效果最佳,而对环境刺激筛选能力过高或过低的样本效果不佳。

(二)绿蓝色空间暴露与职员工作产出研究中的"创新"思维

出于当前社会对"创新"发展的高要求,越来越多的研究开始关注绿蓝色空间暴露与职员的工作活力、创造力关系的研究。创造性被定义为产生新颖的、有用的想法,从而可能会产生解决方案。研究证实,创造性思维可能的有效激发途径是注意力转移和自然低压力唤醒(Atchley et al.,2012)。自然对积极情绪的影响以及相对应的对洞察力和发散性关联思维的积极影响被认为是提高创造性任务绩效的一种有效机制(Shibata & Suzuki,2002、2004)。

　　检索现有的文献发现,在具体应用时创造力指标的选取也存在着一定的困难,即个体的创造力很难有效评价,没有具体的尺度和标准。因此,当前检索到的实证研究文献中只有几份定性访谈的研究。Plambech等(2015)对17名不同年龄、性别和职业的丹麦创意、设计界专业人士进行了半结构化访谈,结果表明,样本反映多接触自然中绿蓝色景观的确具有增强创造力的作用,大自然是通过提高求知欲,促进身心放松和思维灵活性,促进他们接受新观点、新理念和新思想,从而激发创造性思维。

　　McCoy和Evans(2002)展开了一项研究,他们首先基于前人研究,将自然环境激发人体创造性思维的要素分为自然、挑战、自由、支持、和谐、威胁和探知7种属性,然后拍摄了各种工作场所的图片38张,募集了24名白领样本进行独立评分,分析结果后确定了预测激发创造性思维的5个独立的环境特征,包括:(1)复杂性视觉细节;(2)自然环境的观点;(3)充分利用;(4)少用冷色;(5)较少使用人造或复合表面材料。其他的研究也给出了一些自然环境激发人体创造性思维的机制,如Makhmalbaf和Do(2007)认为接触自然环境激发人体创造性思维主要得益于其为个人提供了暂时远离工作和生活的环境,通过注意力转移增强了人的冷静和平和,从而激发创造性思维。Byron等(2010)的Meta分析认为具体的机制应该是大自然中的绿蓝色景观要素具有使人注意力转移的吸引力,接触到新的绿蓝色景观要素后在低压力状态下容易使人产生新思维、新观点。Elsbach和Hargadon(2006)则认为具体的机制是接触大自然有助于刺激人的好奇探索欲,在放松的状态下新景象容易在探知的过程中增强自我效能,激发创造性思维。

四、绿蓝色空间暴露与职业倦怠、敬业度

　　相比于工作性心理健康和工作产出性指标,职业倦怠和敬业度是更为综合性的工作表现指标。然而,正是职业倦怠指标的综合性,使得在具体应用时该指标存在着敏感性和可操作性低的问题,因此在绿蓝色空间暴露与职员工作表现的关系研究中很少应用。2019年,Wendelboe-Nelson等发表了一份长篇系统综述,他们广泛检索了此前已经发表的关于绿蓝色空间暴露与成

年人精神健康关系的实证研究论文,只检索到 1 份文献针对绿蓝色空间暴露与职业倦怠的关系作研究。这份研究是 Jung 等(2015)开展的一项对照试验研究,该研究只是采用了职业倦怠上最为常见的量表 MBI 中的其中一部分维度来进行工作压力的测量,因此严谨意义上说其更像是一个自然环境暴露改善工作压力的对照试验的研究。因此,Thompson 等(2019)也指出,虽然目前还鲜有研究直接提高自然环境或绿蓝色景观暴露缓解职业倦怠的有力证据,但现有众多研究已经证实自然环境或绿蓝色景观暴露对于缓解工作压力、促进认知疲劳的恢复和主观幸福感的提升,对绿蓝色空间暴露缓解和改善职业倦怠和敬业度的各个维度具有乐观的预期。

第四节　绿蓝色健身与工作表现

一、身体活动或锻炼改善工作表现的潜在路径

目前,针对身体活动或锻炼改善工作表现并无具体的直接路径,其原因在于身体活动或锻炼改善工作表现并非一对一的映射关系,而是通过具体的几个分支路径间接地影响着工作表现。(1)科学合理的身体活动或锻炼干预有助于改善职员的精神健康状况,降低抑郁和焦虑状况,缓解压力,提升生活幸福感和工作满意度(Du-Plessis et al.,2013;Sonnentag et al.,2017)。(2)科学合理的身体活动或锻炼干预有助于提高职员对工作的自我效能感,增强自身对该工作过程控制和预期结果的自信心,这也在一定程度上有助于缓解职业压力和降低长期的焦虑状况(Higgins et al.,2014;Mailey & Mcauley,2014)。(3)科学合理的身体活动或锻炼干预有助于缓解职员的认知功能疲劳,提高注意力集中能力,这有助于增强职员的工作专注度和工作效率(全明辉等,2014;Lubans et al.,2016;高淑青,2018)。(4)科学合理的身体活动或锻炼干预有助于促进职员身体健康、降低病假等缺勤率、增强身体的抗疲劳能力,这也是长期维持生产力水平的一个重要保障(Fonseca et al.,2010)。

由此可以看出,身体活动或锻炼改善工作表现的潜在路径较多。这不同于身体活动或锻炼改善人体精神健康和认知功能,很多选择性或特异性的改

善效果可以从一些具体的心理、生理机制得到解释。而身体活动或锻炼改善工作表现的潜在多路径机理决定了该领域研究指标多、指标敏感性低、不同研究结果一致性差和不同地区或群体间具有差异化特征等问题。

(一)身体活动或锻炼与工作产出和职业心理健康

规律性的身体活动或锻炼有助于提高职员的工作效率、促进生产力、增强创新力，这得到了众多横断面相关关系、纵向追踪和对照试验因果关系证据的支撑。部分研究显示，即使在工作间歇进行适度的身体活动或锻炼干预，也未发现因为其占用了工作时间而减少生产力，反而有助于提高工作效率，加强职员的创新能力。在横断面研究方面，Puig-Ribera 等(2015)针对西班牙高校内 557 名办公室职员进行了社会人口学、身体活动和工作效率(采用 Work Limitations Questionnaire-WLQ 指数测量)的横断面研究，多元线性回归分析发现，日常身体活动水平越高的样本呈现出更好的工作效率(Co. = 0.40, $p < 0.05$)。Fonseca 等(2010)针对巴西国内 620 名青年职员的横断面调查发现，职业身体活动越高的群体，即体力劳动为主的群体日常缺勤率较高。这项研究反映了高职业身体活动对职员生产力水平长时间维持的负面影响。曾有学者在新加坡 928 名全职员工(21~65 岁)的横断面调查发现，未达到 WHO 身体活动推荐量标准的样本因病请假的概率更高(OR=2.51, p < 0.05)。此外，也有许多对照试验研究揭示，通过合理的身体锻炼干预能够有效地缓解职员的工作压力(Wang et al. ,2013)、降低长期累积的疲劳感(Ekkel & de Vries,2017)、增强员工的自我效能和幸福感、提高工作效率和工作满意度等(Frew & Bruning,1988;Dutke et al. ,2014)。初期，身体锻炼干预促进社会生产力的相关研究主要集中在教师、白领、研发人员和管理者等典型的脑力劳动人群，但近年来针对一些体力劳动人群以及特殊人群的干预研究也支持这一结论。如 Lidegaard 等(2018)邀请了丹麦 250 名清洁工，其中 116 人最终参与了试验，被随机分入锻炼干预组(57 人)和对照组(59 人)。经过每周 2 次有氧运动、为期 12 个月的干预后发现，有氧运动干预可提高清洁工的工作能力，促进他们每日身体的恢复和工作的主观努力程度。

即使是体力劳动强度更大的建筑工人，Gram 等（2012）针对 67 名建筑工人每周 3 次、每次 20 分钟锻炼的研究也发现，建筑工人的有氧能力显著提高，但可能由于样本量受限，虽然样本的日常工作能力有提高以及日常肌肉酸痛程度有缓解的趋势，但并未达到显著性的程度。

（二）身体活动或锻炼与职业倦怠、敬业度

身体活动或锻炼改善职业倦怠也得到了众多研究证据的支撑。Ten Brummelhuis 和 Bakker（2012）针对 74 名员工连续追踪 5 天，获得 356 个数据，调查样本的人口社会学变量、每日下班后的身体活动状况和第二天上班的敬业度（采用 Utrecht Work Engagement Scale-UWES 测量）情况。多水平分析模型结果表明，下班后身体活动水平较高的样本呈现出更好的敬业度（Co. ＝0.218, $p<$ 0.05）。横断面研究方面，Olson 等（2014）针对 149 名美国明尼苏达州内科住院医师的身体活动和职业倦怠程度的研究发现，日常身体活动能够达到身体活动推荐指南的样本具有更低的职业倦怠程度（OR＝0.38, 95％, CI：0.147—0.99）。Carson 等（2010）针对 189 名幼儿园教师的横断面调查采用结构方程分析模型，显示日常闲暇时间身体活动较少的幼儿园教师具有更高的职业倦怠（情感耗竭）、更高的请假现象和离职意愿。Puig-Ribera 等（2015）针对 557 名办公室静坐办公人群的调查研究发现，样本人群更高的身体活动水平与其更高的幸福感和工作效率显著相关。在纵向追踪研究上也取得了很多有力的证据支持：Lindwall 等（2013）进行了一项基于大样本量的长期纵向追踪研究，针对 3717 名平均年龄为 46.9 岁的成年人进行了为期 6 年（2004—2010 年，采集了 4 个时间点的数据）的纵向追踪研究发现，6 年间身体活动量水平低者的职业倦怠程度增加速率要高于身体活动量水平高者。在对照试验研究方面则得到了众多"因果关系"证据的支撑。如 Dreyer 等（2012）将 81 名高校教师随机分成高强度锻炼干预组（61 人）和对照组（20 人），在基线评估之后，干预组接受为期 10 周的运动锻炼干预，锻炼内容包括：有氧运动（骑自行车、爬楼梯、跑步机跑步）和抗阻力训练（重量训练）。运动干预方案是由研究小组设计的，有氧锻炼和抗阻力训练隔天交叉

进行。10周后进行后测，发现10周的高强度锻炼干预有助于缓解高校教师的职业倦怠情绪。Adhia等(2010)在不同公司总共1120名的志愿者中筛选出60名管理层人员(21～50岁)，随机分成实验组(30人)和对照组(30人)，实验组进行了30个小时的瑜伽练习(每天75分钟)和25个小时的瑜伽哲学理论讲座。理论讲座包括瑜伽生活方式的定义和4种瑜伽(Raja瑜伽、Karma瑜伽、Jnana瑜伽和Bhakti瑜伽)的含义，分析生活中真正的快乐的意义、Ashtanga瑜伽的步骤、Vedant中特定的普遍性意识和中心主题等。为了避免霍桑效应对实验组的影响，对照组也接受了工作之余同等小时数的身体活动干预和生活中的成功因素讲座(基于现代思想而不是瑜伽)。理论讲座的主题是一组包括成功和幸福，态度的重要性，自我形象，良好的关系与人相处，目标设定，力量潜意识思想、沟通、动力和领导力。这个组的练习是快速练习如点跑、弯腰、身体转动、手腿的动作等等。最终对比分析发现，相比于单一的身体活动干预，采用瑜伽生活方式干预可有效缓解这些管理者职业倦怠的程度。

二、绿蓝色健身概念的兴起

近年来许多随机对照试验研究揭示，在优良的自然环境中如绿地、公园、湖边、森林等进行身体锻炼，将进一步改善精神健康、缓解工作压力和提高工作表现，效果也要优于室内锻炼或单纯地在绿蓝色空间中静态放松(Thompson et al.,2011；Barton et al.,2012；Rogerson et al.,2016)。因此鉴于身体锻炼与绿蓝色景观暴露改善人体健康的增强效应，出现了"绿色健身"(Green-Exercise)、"蓝色健身"(Blue-Exercise)等概念(Barton et al.,2012；Foley & Kistemann,2015)。

三、绿蓝色健身改善工作表现增强效应的"因果关系"证据

Wooller等(2018)募集了50名平均27.2岁的成年人，随机分成"单一休息组""单一锻炼组""锻炼结合观看自然景观视频组""锻炼结合聆听自然声音组(包含鸟鸣、流水等声音)"以及"锻炼结合观看自然景观视频＋聆听自然声音组"，各组均位于相同的实验室环境里进行中等强度锻炼。结果发现，后

3 组样本的压力状况缓解和情绪状况的改善要优于"单一休息组"和"单一锻炼组"。Rogerson 和 Barton(2015)则将 12 名年轻成年人(平均 27.8 岁)在实验室内跑台上分配至自然环境(边跑边欣赏大屏幕上投影的自然中森林、湖水等绿蓝色景观视频)、建成环境(边跑边欣赏城市街道两旁建筑的视频)和对照组(只对着空白屏幕、无视频),对前测和后测数据进行重复测量,方差分析显示,相比于其他两组,自然环境视频暴露组样本的注意力集中能力显著改善。

此外,Tyrväinen 等(2014)选取了 77 名平均年龄为 47.64 岁的成年人(71 名女性和 6 名男性),让他们在周一至周五下班后到城市街头绿地、城市普通绿地公园和城市森林公园 3 种绿色空间优良程度不等的环境中先后进行 15 分钟静坐观赏和 30 分钟步行。分别在静坐前(时间点 1)、静坐后即刻(时间点 2)和步行后恢复至安静状态(时间点 3)测量样本的主观压力、认知疲劳恢复等,结果发现,相比于城市街头,城市绿地公园和城市森林公园均可显著缓解样本压力,促进认知疲劳恢复,尤其是后者效果更显著,步行后的改善效果要优于单纯的静坐。Han(2017)将 116 名大学生(20.85±1.14 岁)随机分成 4 组,分别进行 2 种环境条件与 2 种运动强度的 4 组排列组合试验,其中环境为 2 条 400 米长的平行分布校园道路(其中一条道路两边分布建筑,另一条两边布满绿植),运动为步行和慢跑。研究结果表明,在协同效应中"观看绿植"比"身体运动"起到的作用更为显著,在绿化空间中采用步行(强度较低)比跑步(强度中等)对注意力和压力的改善效果更优,但注意力的恢复与压力的缓解不存在交互效应。

四、绿蓝色健身改善职员工作表现的研究现状述评

(一)绿蓝色空间暴露的效果差异有待进一步验证

至于绿色空间和蓝色空间暴露对缓解压力、促进疲劳恢复的效果差异,早期的研究结果多数支持绿色空间,但这可能受到了早期研究中蓝色景观的选择多为城市区域的小面积湖水、水池,吸引力以及水质清洁度等不足的影响(Ulrich et al.,1991;Van Den Berg et al.,2003)。

　　当前的研究证据开始支持蓝色景观的效果更优。目前更多的研究证据认为蓝色空间对于改善人体的精神健康效果要优于近似条件下的绿色空间（White et al.，2010；Barton & Pretty，2010；Ekkel & de Vries，2016）。

　　目前的研究证据多来自横断面研究、心理学图片/照片偏好测量研究。Korpela（2010）针对1273名15～75岁的人展开了一次邮件调查，让受试者对16种环境类型的精神状况恢复性体验的效果进行评估，结果发现，城市空间中滨水空间的恢复性体验效果要好于绿色空间，但要差于城市外围的自然区域（面积广阔林区、小型林区、风景优美田野和草地，小规模的自然状态如河谷、湿地、灌木丛等）。Wheeler等（2015）针对英国31672名各年龄段人的研究发现，住在海边、日常蓝色空间暴露更为充分的群体整体健康（包含心理健康、精神状况如幸福感等）自评状况要比住在山地、草地等绿色空间暴露水平充分的群体更好。

　　Nordh等（2009）拍摄了某城市74处"袖珍公园"的照片（住宅区、建筑旁等小型绿地空间），募集了52名志愿者（平均年龄26岁），每位志愿者对72张照片依次评估，对每张照片观看15秒后利用量表对自己的主观感知恢复程度进行测量，完成后间隔2分钟再观看下一张照片，利用计算机软件计算每张照片的硬景观（建筑、水泥等）、草地、高度较低的景观地表植被、景观灌木、开花植物、树木、水体景观的面积比和绿地空间整体大小。分层线性回归分析结果显示，预测志愿者观看每张照片的感知恢复程度的预估系数，最大的为绿地空间，其系数为1.444，其次为水体景观（0.802），之后依次为景观灌木（0.048）、树木（0.027）、高度较低的景观地表植被（0.019）、开花植物（0.015）和草地（0.015）。由此体现了水体景观在城市袖珍公园中对居民的精神健康改善的价值。White（2010）招募了40名18～63岁的受试者，让他们对120张照片的偏好程度（包好自身的喜好和感知恢复程度）进行评估，这120张照片按照建筑、绿色植物和水生环境的比例组成大体分成了9类，9类的偏好度排序为水生—绿色、水生、绿色—水生、水生—建成、建成—水生、绿色、绿色—建成、建成—绿色、建成（其中比例较高的成分排名靠前），除了水生—建成和建成—水生差异性未达到显著性水平，其他前一种类型的偏好都显著高于后一种类型。这份研究提示了水生环境的偏好度要显著高于绿色空间，且似乎绿蓝色空间适宜的比例比单一成分的偏好度要好。

Völker 等（2018）对德国科隆和杜塞尔多夫两个城市 4 个公共活动空间（每个城市 1 个绿色空间和 1 个滨水空间）的 111 名休闲市民进行了定性访谈，访谈从体验性、活动性、象征性和社交性 4 个方面捕捉休闲者的主观感知，经分析发现，绿色空间有利于居民的活动属性和社交属性，而滨水空间中的要素更容易引起人的直接感知，更有利于建立起情感联系、凸显自我感和场所依赖感，体验属性和象征属性要强于绿色空间。Han（2007）对 274 名大学生进行了感知恢复效果评估，让他们观看 6 种主要的陆地生态群落（desert, tundra, grassland, coniferous forest, deciduous forest, and tropical forest）的照片，并考虑了要素的复杂性、视野的开阔性和环境的水特征 3 类干扰因素，从评估结果看，相同类型陆地生态群落照片中开阔性视野的效果要比不开阔视野好，具有水特征的效果要比没有水特征的好。

更有力的证据来自对照试验研究。Karmanov 和 Hamel（2008）开展了一份对照试验研究，目的是验证经过精心设计的优良的城市居民区对人们精神健康的改善效果不亚于乡村的自然环境，结果印证了研究目的。然而这份研究中城市居民区刚好选取的是一个人工景观湖，虽然研究者的目的并非比较绿蓝色空间的效果差异，但反而提醒了我们：城市居民区精心设计的蓝色空间改善居民精神状况的效果并不亚于乡村自然环境，凸显了蓝色空间的价值。

此外，有一些研究提出了补偿效应，即认为日常暴露于绿色空间较为充分（住区、工作场所等周边绿地、公园较为优良）的群体可能对蓝色景观视野较为敏感，改善效果较好；而日常暴露于蓝色景观较为充分（如居住在湖、海边）的群体对于绿色景观视野较为敏感，改善效果较好（Nutsford et al., 2016；Maria et al.,2019）。因此，虽然目前对于绿色空间和蓝色空间暴露的效果差异还存在争议，但基于许多研究的结论可知蓝色景观的价值。因此，在住、职场所的景观设计中，应重视水体景观的营造，虽然建设初期投入较大，但对职员具有长远的改善工作表现上的效益。

（二）混杂因素的控制有待进一步深入

无论是在横断面、纵向追踪还是在对照试验研究中，对混杂因素的有效控制都是研究结果可靠性保证的重要方面。基于当前报道的文献，本书将混杂因素归纳成以下几类。

1. 样本的人口社会学变量

样本的性别、年龄、职业、婚姻状况和经济收入等是模型分析中常见的人口社会学变量。研究发现，女性比男性对绿蓝色空间暴露的敏感性更强。年龄较大的成年人要比低龄段成年人对绿蓝色空间暴露的敏感性低。在职业类型方面，以脑力劳动、高职业压力为特征的职业群体对绿蓝色空间暴露缓解职业压力的效果更明显。

2. 个体特征因素

在绿蓝色空间暴露影响职员工作表现方面，不同职员个体特征因素的差别所造成的改善效果差异值得引起关注与考虑。该领域主要包含噪声敏感性、好奇性心理、亲自然性及亲动物性等个体特征因素。

3. 环境特征因素

对绿蓝色空间暴露改善职员工作表现，我们也需要考虑样本环境特征因素。环境特征因素包括样本日常暴露特征和当前环境的差异化特征。样本日常暴露特征如住、职场所周边的绿蓝色空间质量，通勤区间的绿蓝色空间暴露以及日常闲暇时间是否有郊游的习惯都会影响到样本对绿蓝色空间暴露缓解工作压力、改善认知功能和促进工作表现的敏感性。目前，暴露的绿蓝色空间范围大小、卫生情况、视野中的人群数量、绿植类型组成等均被纳入环境的差异化特征要素。

4. 样本日常活动轨迹的时空特征

样本日常活动轨迹的时空特征也是需要考虑的重要混杂因素。许多工作场所周边具有优质公园等极佳的绿蓝色空间，但并未发现这些绿蓝色空间对于职员的工作表现具有显著的改善作用，其原因在于很多职员日常沉浸于工作或缺乏工间休息，下班后也是第一时间赶回家中，因此日常活动轨迹鲜有涉及工作场所周边的绿色空间(Korpela at al.,2017)。一些研究发现,基于主观报告和 GPS 技术等客观追踪得出的样本身体活动和不同空间停留时间、频率和活动强度等信息,所得出的绿蓝色健身改善精神健康、认知功能的显著性要强于单一以住所、工作和学习场所为中心点的不同尺寸缓冲区进行绿蓝色空间暴露评估的研究。目前对日常活动轨迹的时空特征的测量或评估常见的手段包括:(1)选用尺寸较大的缓冲区,避免遗漏重要的绿蓝色空间暴露(Amoly et al.,2014;Browning et al.,2018;Cherrie et al.,2019);(2)构建绿蓝色空间暴露指数,如根据样本人群可能涉及的绿蓝色空间位置进行加权,不同位置根据可能的时间分配比例进行权重赋值(Cherrie et al.,2019);(3)基于样本的主观回顾获取日常可能前往的绿蓝色空间频率、累积时间和活动强度等信息(Faber & Kuo,2009;Taylor et al.,2011);(4)基于智能手机、GPS 结合身体活动加速度计技术进行客观追踪等(Ward et al.,2016)。

5.不同工作表现指标的具体干扰因素

对于不同工作表现指标的选取,混杂因素的控制可能也存在不同。对于注重产出的工作表现指标,生产的工具、手段等因素需要加以考虑。而针对工作满意度、幸福感等,物质奖励和职务晋升等需要有效考虑。而对于职员倦怠和敬业度等综合指标的研究,需要考虑过去一段较长的时间中各种因素的变化(职业倦怠、敬业度的测量量表往往是基于作者回顾过去一段时间的主观评定)对样本测量结果可能造成的影响。

然而,在进行混杂因素的控制时还需要根据实际进行选取。这些混杂因素的选取需要基于扎实的对相关文献的阅读,以及研究者自身对于研究目标、研究内容和过程的理解进行。

(三)绿蓝色健身的适宜锻炼参数有待进一步细化

对于绿蓝色健身改善工作的表现,适宜的锻炼参数是使改善效果最优化的基础。适宜的锻炼参数包括锻炼的类型、频率和强度,以及单次暴露的适宜时间、长期累积时间等。由于目前针对绿蓝色健身改善职员工作表现的报道还不多,还不能有效进行针对绿蓝色健身改善职员工作表现适宜锻炼参数的系统综述或 Meta 分析,然而,目前针对绿蓝色健身改善人体精神健康(抑郁、焦虑和过度压力应激)、认知功能的研究已归纳出较多的绿蓝色健身的适宜锻炼参数。由于职员压力和认知功能对于工作表现至关重要,因此可以给绿蓝色健身改善职员工作表现的研究提供一些重要的参考。

许多针对随机对照试验研究的系统综述发现:抗阻或力量训练似乎对改善抑郁症的效果较好(Singh et al.,2000;Motl et al.,2005;Blake et al.,2009;Lincoln et al.,2011;Chen et al.,2017),拉伸(瑜伽、普拉提等)或渐进性肌肉放松训练对改善焦虑的效果较好(Doris et al.,2007;Pa et al,2014;Klainin-Yobas et al.,2015;Cramer et al.,2018),而能量消耗总量较大的中等强度有氧锻炼对缓解压力具有较好的效果(Starkweather et al.,2007;Wang et al.,2010;Park et al.,2014)。中高强度的有氧锻炼对于精神健康的改善效果要优于低强度有氧锻炼,长期适度频率的系统身体锻炼(每周3～5次)对于精神健康的改善效果要优于频率过低或过高的身体锻炼习惯(Chekroud 等,2018;Stubbs 等,2018)。然而,许多研究指出,绿色健身或蓝色健身适宜采用低强度锻炼,在身体锻炼改善精神健康的基础上,人体不至于由于疲惫和应激干扰对绿色和蓝色景观要素的观赏,减弱环境心理疗法的效果(Prctty 等,2005;Mackay 等,2010)。Barton 和 Pretty(2010)的 Meta分析发现,在绿色和蓝色景观暴露中的身体锻炼,锻炼强度越高,压力缓解、焦虑状况改善的效果越差。此外,许多研究发现,在绿色和蓝色景观暴露中的身体锻炼,中低强度有氧锻炼对认知功能(注意力集中能力、认知疲劳恢复)的改善效果要优于高强度锻炼(Pretty et al.,2005;Mackay & Neill,2010;Han,2017)。

在时间参数方面,一些 Meta 分析发现,人进入优良的绿蓝色景观中在初期 20～30 分钟的压力缓解效果良好,之后效果逐渐降低(Barton,2010)。目前的研究更倾向于采用 30 分钟以内的短时间暴露、提高重复暴露频率的方案(Barton & Pretty,2010;White et al.,2019)。因此,一些研究指出,相比于距离较远的大型优良公园,更建议加强住宅周边的草坪和庭院绿化,增加居民的日常绿蓝色景观暴露频率（Honold,2016）。也有研究指出,从住宅的窗户视野里能够更多地观察到绿色景观,日积月累,对于精神健康的改善效果是显著的（Honold et al.，2016）。由此可推断绿蓝色空间暴露累积时间可能存在平台现象,即初期低值时随着暴露累积时间的延长精神健康改善效果提升,到达一定的平台期后效果将进入维持区间。而在长期高频率暴露和低频率单次充分暴露效果的对比方面,目前的研究证据更倾向于采用 30 分钟以内的短时间暴露、提高重复暴露频率的方案。

(四)研究结果的应用实践价值有待进一步加强

研究结果的应用实践价值主要体现在两个方面:一是对雇主或职员绿蓝色健身促进工作表现提炼出具体建议,二是为工作场所规划设计提供具体思路和素材。对于前者,基于现有研究,建议在挑选工作场所时,充分考虑绿蓝色空间的可及性和场所窗户的可视性。针对工作压力或工作量较大的职员,雇主可以将其办公位置安排在距离绿蓝色空间较近的地方。在每日的工作间歇安排上建议采用时间较短但次数较多的模式。而职员在绿蓝色空间中进行放松时,建议采用中低强度的身体活动以增强放松效果等。

该领域研究的另一个落脚点是住区,尤其是工作场所室内外的空间设计、景观设计提供有价值的设计思路和素材。然而基于现有文献,针对住、职场所绿蓝色空间暴露、绿蓝色健身与职员工作表现关系的实证研究还不多。现有的研究主要是基于横断面和对照试验设计,研究结果多停留在印证"相关关系"和"因果关系",对景观、空间设计的应用实践价值有限。因此,建议多进行一些基于心理学图片的偏好对比,在研究方法上多选取动线观察法、行动观察法、认知地图法等城市规划、景观设计学研究中常用的方法,这些方法的研究结果更具有规划设计的应用实践价值。虽然目前针对绿蓝色健身改善职员工作表现的研究还不多,但可以从绿蓝色健身缓解压力、改善认知功能的相关研究提炼出可行的思路。如 Taylor 等(2004)的研究发现,相比于不开阔视野,开阔视野绿色空间对注意力集中能力的提升作用更佳。Amicone 等(2018)基于同等开阔视野不同环境类型的研究得出,地表是绿植的比是水泥等其他地表材料的对认知功能的提升效果更显著,这些研究也为合理地进行景观规划设计提供了研究依据。Nordh 等(2009)基于心理学图片对比法,预测样本观看每张照片的感知恢复程度的预估系数,研究结果表明,即使现实条件中的绿地空间尺寸易受场地范围的限制,但有效使用水体景观将对人们的精神状况恢复具有较佳作用。另外,具有设计图案的景观灌木,也有助于使小型绿地空间改善精神健康和认知功能的成效得到增加。此外,具体设计手法也是重要的研究方面。如在袖珍公园里的中心点设计雕像、水景可以激发职员放松休闲时的好奇性心理,增强认知疲劳恢复效果;在小型绿色空间中的路径设计利用转角增加空间的广度和边缘/边际设计增强空间的深度等;在植物配置上注重景观的四季更替;在水体设计上巧妙利用水底蓝色铺砖进一步凸显蓝色景观灯等(Song et al.,2013;Song et al.,2014;Bärg,2019)。这些手法的具体实践均需要众多的研究进行证实。

对于上述两个方面,目前的研究还较为匮乏,这需要今后该领域更多的文献报道来推动该领域研究结果的应用实践。

第五节　本章小结

众多研究表明,住所和工作场所绿蓝色空间暴露对职员工作压力、认知功能及工作表现均有改善作用。在现有的研究中,工作表现的相关指标种类较多,本书将其梳理归纳为包括涉及工作产出的指标(生产力、工作效率与创造力等)、涉及工作相关的心理健康指标(工作满意度、幸福感等)及综合性指标(职业倦怠和敬业度)3 类,3 类指标各有其优势和劣势。绿蓝色空间暴露影响职员工作表现的路径包括改善职员身体健康、精神健康、认知功能和激发创新思维。在优良的绿蓝色空间中进行身体锻炼,将进一步缓解工作压力、提高认知恢复,效果也要优于室内锻炼或单纯地在绿蓝色空间中静态放松。基于现有文献,本书对绿蓝色健身改善职员工作表现的研究现状进行了述评,提炼出绿蓝色空间暴露的效果差异有待进一步验证,混杂因素的控制有待进一步深入,绿蓝色健身的适宜锻炼参数有待进一步细化,研究结果的应用实践价值有待进一步加强等建议。

第四章 绿蓝色空间暴露、老年人身体活动与精神健康

第一节 引 言

近年来，随着社会的发展，人们工作、学习和生活节奏加快，精神健康状况如抑郁、焦虑和压力应激等逐渐成为威胁大众健康的主要因素（Patel et al.，2018；祁双翼等，2019）。现代社会各年龄段人群的精神健康问题均有所加重，如老年人伴随着孤独、身体机能衰退、生活与经济自理能力下降，抑郁、焦虑和压力问题凸显（傅宏和陈庆荣，2015；刘晓芹，2015）。中青年承受着职场压力、增加家庭经济收入、赡养老人和小孩，长期心境焦虑、压力高和工作倦怠感强（Dreison et al.，2018；Allan et al.，2018）。而儿童青少年也面临着学业压力和成长过程中心理成熟度低等导致的精神健康问题（Trapp et al.，2016；Goodwin et al.，2017）。因此，近年来国际上针对人体精神健康非药物干预如身体锻炼和环境心理疗法的研究得到了快速发展，取得了一系列成果。

在运动健康促进领域，身体锻炼促进精神健康的研究不断深入，得到了众多横断面、纵向追踪和干预研究的"相关关系"和"因果关系"证据的支撑，研究证据不断深入至锻炼的类型、频率、强度和持续时间等参数领域（Stathopoulou et al.，2006；Doris et al.，2007；Bo et al.，2017）。

在环境心理学领域，人体精神健康的环境心理疗法（尤其是暴露于绿色景观如草坪、灌木和树木等植被以及蓝色景观如水池、喷泉、湖、江河和海洋

等)也得到了快速发展,众多研究已深入探讨了不同的环境类型、要素、距离和规模等环境特征与精神健康的相关性强弱和干预效果的差异(Völker & Kistemann,2011;Beyer et al.,2014; Reklaitiene et al.,2014;Gascon et al.,2015)。

近些年基于跨学科视角,人体精神健康非药物干预中锻炼与绿蓝色景观的交互与协同成为公共健康研究领域的热点,相关研究在近年呈现出爆发式增长(Gong et al.,2016;Rautio et al.,2018)。交互作用是指绿蓝色景观有助于吸引人们参加户外活动,促进健康,同时又进一步接触了绿色和蓝色空间,改善精神健康;而协同效应是指在优良的环境中如绿地、森林、滨水景观等进行身体锻炼,对精神健康的改善具有协同效应,将进一步加强改善人体的抑郁、焦虑和缓解心理压力的效果(Thompson et al.,2011;Barton et al.,2012; Astell-Burt et al.,2013; Zijlema et al.,2018)。

基于不同年龄段人群视角,中老年人的精神健康问题最为突出,公共健康危害最为显著。研究表明,英国每年因抑郁、焦虑等精神健康问题导致约700亿英镑的医疗卫生支出和生产力下降损失,其中医疗卫生支出的最主要群体为老年人,而主要的区域是城市(Gilbert,2016)。同时另一份 Mata 分析表明(Peen et al.,2010),全球城市居住者比农村地区居住者患焦虑症的概率高出 20%,而患抑郁症的概率高出 40%。因此,城市中老年人群将是今后该领域研究的主要目标群体。

本书从精神健康指标的相关维度和不同研究中的适宜测量方法,绿蓝色景观暴露身体锻炼改善精神健康的机制及相关研究进展,身体锻炼与绿蓝色景观暴露改善人体精神健康的协同效应等方面进行深入探讨。在此基础上重点关注精神健康干预中的适宜锻炼类型、强度、频率和持续时间,绿蓝色景观暴露改善人体精神健康的适宜环境类型、个体差异、效果衰退以及锻炼与绿蓝色景观暴露改善精神健康的协同效应和补偿机制等并进行深入探讨。这可为今后国内该领域的研究提供参考,有助于推动不同学科研究者聚焦于人体精神健康非药物干预中锻炼与绿蓝色景观的交互与协同研究。

第二节　精神健康常用指标、测量方法与具体路径

一、该研究领域中常见的精神健康指标

(一)相关指标

精神健康(mental health),也称作精神卫生,狭义的精神健康是指具有精神障碍的患者精神状况的恢复(彭少慧,2010;苏静静和张大庆,2016)。现代社会工作、学习和生活节奏快,压力源多,精神紧张,人们容易产生精神健康问题。随着人们对健康的要求不断提高,广义的精神健康不仅仅是指精神障碍患者的康复,而且是指人们精神状况的改善,如从精神状况不佳(但还未达到精神障碍的程度)的状态恢复到积极的情绪和心理状况(Wolf & Flora, 2010;徐晓波等,2017)。精神障碍包括精神类疾病如抑郁、焦虑、压力和精神分裂以及神经类疾病如痴呆、帕金森病,还有其他认知功能障碍如记忆力低下、注意力低下和执行力低下等。

而在身体锻炼与绿蓝色景观暴露改善精神健康研究领域,多数研究集中在抑郁、焦虑、压力 3 个维度的精神健康指标,少数研究也涉及认知功能(Townsend & Weerasuriya,2010)。其原因可能在于抑郁、焦虑、压力这 3 个维度的指标与身体锻炼或优良的环境暴露相关性较强和敏感性较好,容易在横断面相关关系分析或纵向追踪、干预研究中的因果关系检验中寻找到积极性的证据。而其他维度的精神健康指标尤其是认知功能则具有更明显的躯体性质,单纯进行身体锻炼或者环境暴露干预的改善效果不佳或敏感性不高。

抑郁症又称抑郁障碍,以显著而持久的心境低落为主要临床特征,是心境障碍的主要类型;焦虑症是以焦虑情绪体验为主要特征的心理障碍类型,焦虑的症状包括情绪性焦虑(过分担忧、紧张害怕、提心吊胆、恐惧或忧虑等)和躯体性焦虑(头晕、胸闷、心悸、呼吸急促、出汗、震颤、坐立不安等)两种;压力是指人在生活适应过程中的身心紧张状态,源于环境要求与自身能力间的不平衡而导致的非特异的心理和生理反应(Wolf & Flora,2010;Townsend & Weerasuriya,2010)。

（二）指标的应用

然而，对于抑郁和焦虑，多数研究并没有涉及抑郁症和焦虑症的确诊患者，更多的研究使用主观量表来测量抑郁和焦虑的状态或水平。尤其是在环境暴露与精神健康关系横断面研究中，由于所需的样本量较大，多数样本的抑郁和焦虑状况并没有达到临床确诊的标准。甚至越来越多的研究建议降低样本主观测量的工作量，使用抑郁和焦虑的主要表现来自我评定抑郁和焦虑状况，如常用积极性情绪（positive mood）和消极性情绪（negative mood）来对"当前和将来的担忧、恐惧等"进行自我评定焦虑状况（Gascon et al，2015；Gong et al.，2016；Rautio et al.，2018）。

此外，"压力"这一维度的指标在实际应用中存在较大的制约，其原因在于，对于多数人而言，日常工作、学习和生活中均存在着必要的压力，而压力的正性和负性很难界定，一定程度内适度增加压力能够促进工作、学习效率，而过于缺乏压力也往往存在着惰性的一面。因此，压力应激这一指标在现有的研究中并非常用指标。总体上说，抑郁和焦虑状况（并非需要达到临床确诊的程度）是身体锻炼与绿蓝色景观暴露改善精神健康研究中最为常用的指标维度。

二、指标的适宜测量方法

上述内容中针对精神健康指标的相关维度进行了全面系统的分析。然而，在具体的应用中，还需考虑研究实际来选用正确的测量指标及其方法。

（一）横断面、纵向追踪研究中指标的测量

首先在横断面研究中，一般选用经过研制和信效度检验，且经过许多研究广泛应用的量表进行主观测量，如抑郁、焦虑、压力和倦怠等精神健康常见指标。许多量表均具有长卷版和短卷版的区分。长卷版量表可以全面系统地评价抑郁、焦虑和压力等精神指标的各个维度，如状态抑郁和焦虑、特质抑郁和焦虑等（Gong et al.，2016；Rautio et al.，2018）。然而，在许多横断面、纵向追踪研究中，调查内容既包括了样本人群的个体信息、人口社会学和社会经济水平等协变量，也往往包括了相关性分析的其他自变量的测量，如建成环境、身体活动和锻炼动机测量，这些测量往往也需要采用主观量表进行。

同样这些变量的量表往往包含几十个题目，因此过大的调查工作量容易造成受调查者的负面情绪，影响测量结果，尤其是精神健康测量（Berg et al.，2010；Zijlema et al.，2018；Helbich et al.，2019）。为了方便测量，许多量表也往往开发出了10～15条题目的短卷版量表，降低调查者的总题目数，缓解受调查者的畏惧和负面情绪（Thompson，2007；Gascon et al.，2018）。

（二）干预研究中指标的测量

然而在干预研究（尤其是短时干预研究）中，利用主观量表测量抑郁、焦虑、压力和倦怠等精神健康指标存在较大的局限性。一方面，在于抑郁、焦虑、压力和倦怠等精神健康状况往往是长期应激造成的，在短时间内的干预研究中变化幅度不大或指标变化敏感性不高，尤其是一次性锻炼或景观暴露干预。目前，许多研究建议在干预研究中采用"情绪"（mood）这一指标来作为抑郁、焦虑、压力和倦怠等精神健康状况在短时间内干预的综合反应（Khoury et al.，2015；Hlubocky et al.，2016）。研究发现，测量人体瞬时状态的精神状况的"情绪"是短时精神健康干预的敏感指标（Barton & Pretty，2010；Norr et al.，2015；Zvolensky et al.，2016；Firth et al.，2017）。另一方面，抑郁、焦虑、压力和倦怠等精神健康测量量表的题目往往包含了很多针对过去一段时间的描述，如"过去一周您是否会经常失眠等"，显然包含此类描述性题目的量表并不适合用于短时间内的干预研究中（Huizink et al.，2016；Ahlander et al.，2016）。

近年来，越来越多的短时干预研究开始尝试应用生理学和生物化学指标更为敏感地捕捉精神健康状况的变化，取得了一系列的成果，如生理学指标中常见的心率（HR）、心率变异性（HRV）、血压（BP）等，其中心率变异性是应用最广泛的生理学指标。心率变异性（HRV）是指逐次心跳周期差异的变化情况，它含有神经体液因素对心血管系统调节的信息，是自主神经活动的敏感指标。HRV的相关指标如正常窦性心搏RR标准差（SDNN）、全程相邻RR期差的均方根（RMSSD）以及可以敏感反映自主神经系统平衡性的低频功率（LF）和高频功率段（HF）的比值，都被证明是身体锻炼和绿蓝色景观暴露改善精神健康研究的敏感指标(Beauchaine & Thayer,2015;林华等,2016;Park et al.,2017)。在生物化学指标方面,皮质醇、唾液淀粉酶、脑源性神经营养因子等生物化学指标也被证实是反映精神健康改善的有效指标,但相比于生理学指标,生物化学指标的研究较少(Kondo et al.,2018)。

三、身体锻炼改善精神健康的路径

越来越多的研究揭示了身体锻炼对人体精神健康(抑郁、焦虑和压力)的积极影响,相关机制包括了生理和生化机制(内啡肽、线粒体、雷帕霉素靶蛋白、神经递质和下丘脑—垂体—肾上腺轴以及肌体生热假说等);此外,相关研究还试图从心理学机制上来解释身体锻炼对精神健康的积极影响(如自我效能假说和注意力转移假说等);也有研究试图解释身体锻炼通过影响人体炎症、细胞因子、Toll 样受体、细胞因子、细胞脂肪组织和迷走神经等不同的过程来改善人体的精神健康状况(Mynors-Wallis et al.,2000;Pedersen,2011;Pedersen & Saltin,2015;Mikkelsen et al.,2017)(见图 4-1)。当前,国内外众多研究证实,规律性的身体锻炼是对人体精神健康障碍治疗极为有效的非药物辅助手段。

四、绿蓝色景观暴露与精神健康改善的相关路径

近年来,人体精神健康干预的非药物疗法除了身体锻炼,环境心理疗法的研究也得到了迅猛发展。众多横断面研究证实,长期暴露于优良的环境,如草坪、灌木和树木等植被构成的绿色景观以及水池、喷泉、湖、江河和海洋等构成的蓝色景观,对人体抑郁、焦虑和压力等精神健康状况具有积极意义(见图 4-2)。许多纵向研究表明,居民搬到绿蓝色景观更为优良的住区后,有助于改善其抑郁、焦虑状况,提高生活满意度(Alcock et al.,2014)。很多随机对照试验研究甚至发现,即使一次性充分地暴露于绿蓝色景观也对人体的精神健康具有积极意义。绿蓝色景观暴露改善人体精神健康的效果除了受到景观类型、质量、卫生和噪声等环境因素的影响,也受到个体对环境噪声敏感度、环境熟悉度或新鲜感以及探索性心理等个体因素的影响。

目前,针对绿蓝色景观暴露的研究主要涉及 3 种程度的接触,包括

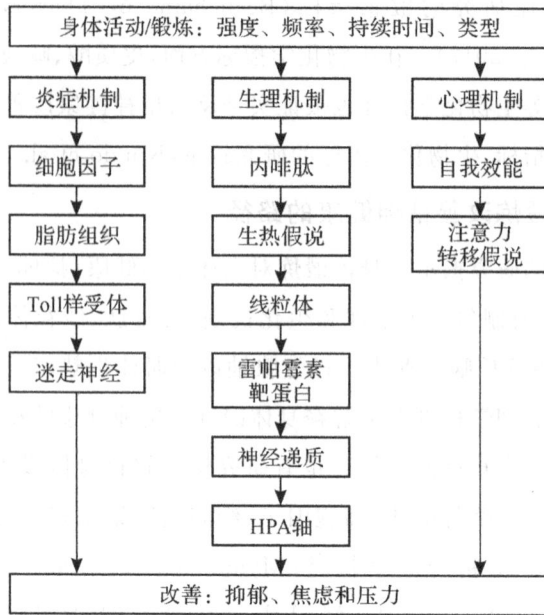

图 4-1　身体锻炼改善精神健康的机制框架

注：图片译自 Mikkelsen et al.，2017。

（Pretty，2004；Stone，2006）：(1)观赏绿色和蓝色空间，如透过窗户、书本、绘画或电视观看等；(2)在绿色和蓝色空间附近活动，如步行、骑车上班、阅读或者和公园里的朋友聊天；(3)积极参与绿蓝色景观，如园艺、森林徒步旅行、露营、树林里跑步、骑马、草坪上活动等。近年来，越来越多的研究开始探析与绿色和蓝色空间的接触程度对精神健康改善的效果差异。不同程度的接触对精神健康改善的效果也存在着差异。现有的研究发现，接触绿色和蓝色空间的程度越深，对精神健康的改善效果越佳（Nichols，2014；Wood et al.，2017；Ojala et al.，2019）。目前，针对绿蓝色景观暴露改善精神健康的理论包括了亲生物假说、注意力恢复理论、压力缓解理论、环境自我调节假设、生态模型和放松效应等。

然而在具体应用中，更多的研究跳出心理学框架，多路径解释绿蓝色景观暴露改善精神健康的机制。如 D'Alessandro 等（2015）和 Gladwell 等

（2012）认为，首先，绿蓝色景观暴露改善人体精神健康是直接通过视觉（视野中的绿色、蓝色景观要素的形态与布局）增加副交感神经活动诱导放松，缓解压力，改善精神健康；其次，绿色和蓝色空间往往代表着安静，降低了噪声的干扰，此外绿色空间中的鸟鸣、昆虫叫声和风吹树叶等自然环境特有的声调通过听觉进一步舒缓人的紧张情绪，缓解压力；最后，绿色和蓝色空间中空气清新、负离子浓度高以及草坪、植被和花朵等散发的气味等通过嗅觉，进一步增强了大脑的放松，能改善精神健康（见图4-3）。除了上述路径外，优良的绿色和蓝色空间有助于促进居民的户外身体活动，在增进身体健康的同时改善精神健康；优良的绿色和蓝色空间吸引着居民外出休闲、交流，降低了居民的孤独感，增进了社会凝聚力，也有助于改善居民的精神健康。Markevych等（2017）也提出了类似的路径来解释绿蓝色景观暴露改善精神健康的机制。

图4-2　以蓝色和绿色视野为主的空间

注：图片译自 D'Alessandro et al.，2015。

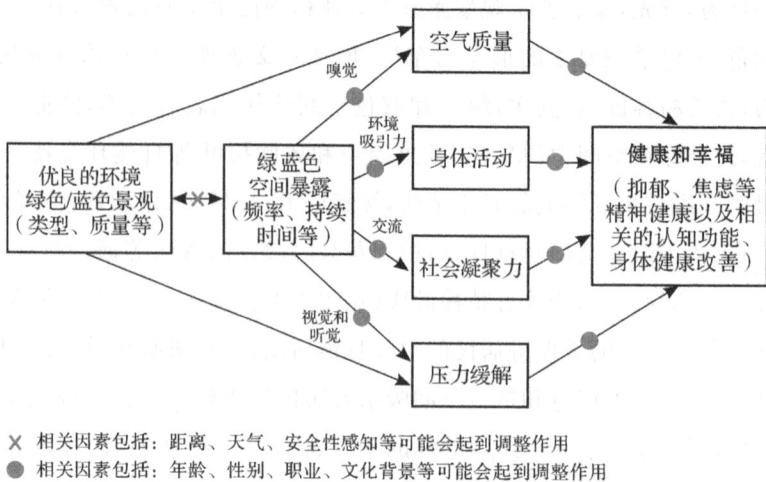

图 4-3 绿蓝色空间暴露改善精神健康多路径模拟

注：译自 D'Alessandro et al.，2015。

第三节　身体锻炼改善老年人精神健康的实证研究进展

一、横断面和纵向追踪研究

（一）横断面研究

身体锻炼与精神健康相关关系的横断面研究是基于一个时间点或较短时间内采集样本人群的身体锻炼与精神健康数据来分析两者的相关关系。横断面研究结果虽然不能达到干预研究中的"因果关系"证据的等级，但也存在贴近生活、具有较好的公共健康政策制定价值（Gebel et al.，2005；Chekroud et al.，2018）。此外，日常生活中人们的身体锻炼参数（类型、频率、强度和持续时间）并不能严格达到很多随机对照试验研究中的要求和严谨，也往往存在随机对照试验结果与横断面相关关系研究结果一致性差的问题。

众多横断面研究揭示，不同的身体锻炼类型、频率、强度和每次锻炼持续时间与精神健康状况的相关性呈现出特定的差异。无论在青少年、中青年人群还是老年人群,均得到了两者具积极性相关关系的证据。

1. 儿童青少年

Page 等(2010)针对英国 1013 名(平均年龄 10.95 岁)儿童青少年的横断面研究发现,那些每日静坐时间超过 2 小时(看电视、玩电脑等)的儿童青少年患有心理障碍的可能性更高。Holder 等(2009)针对 514 名 9～11 岁学龄儿童的横断面研究揭示,静坐时间较少的儿童对生活满意度较高。而 Russ 等(2009)针对 54863 名儿童青少年每日静坐时间与自尊心、自信心和社会适应能力的相关关系研究发现,样本个体每日电视时间每增加 1 个小时,其自尊心降低 8%。然而相比于静坐时间,在现有针对儿童青少年身体活动强度、类型和频率等参数与精神健康相关性的横断面研究中,似乎许多横断面研究并没有能够取得一致性的结论。来自早期的证据如 Calfas 和 Taylor(1994)对 11 份 11～21 岁青少年身体活动与精神健康相关关系横断面研究的 Meta 分析发现,青少年每周进行大约 3 次中度或剧烈的有氧运动有助于改善其抑郁状况,但与自信心、焦虑状况等其他精神健康指标无显著相关性。

近年来,许多横断面研究似乎也揭示基于横断面调查的青少年身体活动与精神健康的相关性并不显著(Amoly et al.,2014;Gong et al.,2016;Rautio et al.,2018)。其原因可能在于儿童青少年的精神健康问题积累呈现出极端化和快速消退两个方面的特征。儿童青少年正处于快速成长期,一方面,儿童青少年因为心理成熟度低,一些心理健康障碍容易演变成极端的情绪变化;另一方面,多数青少年的不良情绪变化呈现出形成快和消退快的特征,所以从横断面研究儿童青少年身体锻炼行为与精神健康的关系很可能不能得到显著的相关关系。

2. 中青年人群

中青年人群是社会生产的主力军,由于中年人群的身体机能、心理成熟度正处于人生中的峰值,相比于儿童少年和老年人,其精神健康状况往往较为稳定。但由于中青年人群面临着较大的工作压力,长期的职业压力积累容易导致较强的工作倦怠感(Du-Plessis et al.,2013;Sonnentag et al.,2017)。此外,中青年人群往往是家庭经济收入的主要来源,面临抚养子女和赡养老人的重任,往往由于家庭经济压力而处于长期焦虑的精神状态。因此,中青年人群的精神健康状况更多是工作压力和工作倦怠。

近年来,许多研究证实,身体锻炼有助于中青年人群缓解工作压力、降低工作倦怠感和促进工作效率。Sjøgaard 等(2016)在丹麦进行的 15 项随机对照试验研究(干预时间在 10～52 周之间,干预内容主要为针对不同行业量身定制的锻炼方案)发现,身体锻炼干预能有效改善包括办公室白领、牙医、工程师、实验室技术人员、医疗保健人员和战斗机飞行员等职业人群的精神健康状况,缓解工作压力、减轻工作倦怠感和促进工作效率。以往多数研究认为,身体锻炼干预缓解工作压力、减轻工作倦怠感主要适用于脑力劳动负荷大的工作人群,但许多研究发现,即使针对建筑工人、清洁工人等职业人群,干预研究结果也得到了积极性的结论(Sjøgaard et al.,2016;Lidegaard et al.,2018)。

3. 老年人群

随着年龄的增长,老年人身体机能逐渐衰退,疾病发病率上升,且许多老年人往往没有稳定的经济收入,容易长期处于生活压力困扰和精神焦虑状态。此外,许多低龄段老年人,由于刚处于退休的早期适应阶段,也常常面临着生活不适应等问题。老年人多参加身体锻炼,不仅有助于改善精神健康状况,也有助于促进与同龄人的社会交往,提高幸福感,这得到了众多横断面研究的证实。

如 Rosenberg 等(2015)针对美国圣地亚哥地区的 307 名老年人的横断面研究揭示,每日较长的静坐时间不利于老年人的精神健康。Mulasso 等(2016)针对 210 名意大利 65 岁以上老年人的横断面研究证实,每日身体活动水平更高的老年人呈现出更低的抑郁状况和孤独感以及更好的社会交往。Canivet 等(2015)针对 250 名法国老年人的横断面研究发现,身体活动水平较高的老年人海马区脑源性神经营养因子(BDNF)浓度要高于身体活动水平较低的老年人,更高的身体活动水平对精神健康状况具有积极意义。Stubbs 等(2016)针对 36 个低中收入国家,总样本量 178867 人的横断面研究发现,在样本人群中 18～34 岁、35～59 岁和 60 岁及以上 3 个年龄组中,60 岁及以上的老年人组中身体活动缺乏与高抑郁状况的相关性最为显著,尤其是在低收入家庭,身体活动缺乏与高抑郁状况的敏感性最强。

(二)纵向追踪研究

社会性纵向追踪研究在第一次横断面测量数据作为基线数据的基础上,通过观察相关自变量在一定时间对因变量影响的纵向延续性,增加了横断面研究证据的可靠性。相比于横断面研究,社会性纵向追踪研究的证据等级更为可靠,而相比于随机对照试验研究,社会性纵向追踪研究更加贴近社会实际,其研究成果也更具有社会政策制定价值(Gebel et al.,2005;Chekroud et al.,2018)。

近年来,身体锻炼促进精神健康的纵向追踪研究取得了丰富的成果。早期 Lee(2000)基于美国衰老纵向研究数据库(US Longitudinal Study of Aging,LSOA)的数据,分析了 7527 名老年人 1984—1990 年 6 年间的纵向追踪数据,基于 Cox 回归分析发现,1984—1990 年连续 6 年间身体活动自评等级较高的样本也具有更高的精神健康状况自评等级。此外,Balboa-Castillo 等(2011)针对 1097 名 62 岁及以上的老年人为期 6 年(基线数据取自 2003 年,追踪至 2009 年)的纵向追踪研究发现,相比于闲暇时间身体活动缺乏的组,身体活动充分的组的样本 6 年后具有更好的精神健康状况,情绪和情感状况更为良好。Hamer 等(2014)对 3454 名平均年龄为 63.7±8.9 岁的老年人进行为期 8 年(基线数据为 2003/2004 年)的纵向追踪研究,8 年后的分析发现,身体活动量充分的老年人具有更好的整体健康和精神健康状况。虽然相比于横断面研究,纵向追踪研究提供了更为可靠的证据,但分析现有的纵向追踪研究发现,其精神健康指标的丰富度、体系化较差,指标较为单一,许多纵向追踪研究中未能测量抑郁、焦虑和压力等不同维度的精神健康指标,指标也往往未能采用量表进行全面系统的测量。

二、干预研究

相比于横断面和纵向追踪研究,干预研究提供了更有可靠的“因果关系”证据,尤其是随机对照试验研究。为了获得严谨的“因果关系”证据,随机对照试验研究往往严格控制相关干扰因素，而且身体锻炼参数如频率、强度、类型和每次锻炼持续时间也得到了严格的控制，这使得随机对照试验条件似乎与现实生活中的人们的身体活动状态差异较大，往往使得很多随机对照试验的"因果关系"证据在横断面研究中得不到"相关关系"的支撑。但随机对照试验研究的优势在于研究结果往往具有"因果关系"证据的等级，而且很多运动处方、指南的制定往往需要基于随机对照试验研究证据的 Meta 分析结果支撑。老年人的身体锻炼强度往往较低，这使得身体锻炼类型成为老年人精神健康锻炼干预的重要参数。本书为了更好地分析不同的身体锻炼类型改善老年人精神健康的"因果关系"证据，在表 4-1 中罗列了现有检索到的针对中国老年人群的随机对照试验研究的代表性文献，由于能够检索到的文献中部分身体锻炼类型对中国成年人群的研究较少，为了进一步丰富研究案例，本书也纳入了部分与中国人人种特征相近的日本和韩国成年人群的研究案例。

　　基于表 4-1 的研究结果进行归纳分析，同时参考国外现有部分研究的结论，本书认为：系统的力量练习或抗阻训练对于抑郁状况改善的效果显著，其原因可能是抗阻或力量训练具有更大的肌肉刺激效果和更明显的本体感觉，这有助于提高人体的自我效能，从而更有效地改善人体的抑郁状况（Singh & Fiatarone Singh，2000；Motl et al.，2005；Blake et al.，2009；Lincoln et al.，2011；Chen et al.，2017）；系统拉伸练习（瑜伽、普拉提）或渐进性肌肉放松训练对于改善老年人的焦虑状况和缓解压力效果显著，其原理可能在于拉伸或肌肉放松训练可以通过放松或注意力转移来缓解焦虑状况和压力应激（Doris et al.，2007；Pa et al.，2014；Klainin-Yobas et al.，2015；Cramer et al.，2018）。同时近年来许多研究发现，如太极拳、气功等自主意识性较强的中国传统健身项目强调锻炼时的自主意识有助于通过注意力转移的心理学机制来缓解焦虑和压力，促进精神障碍的恢复（Chow & Tsang，2007；Tsang et al.，2008）；中高强度有氧锻炼，尤其是累积能量消耗较大的有氧锻炼对于人体的压力缓解具有较好的效果，其可能的机制是通过生理学机制（线粒体假说和生热假说）来缓解人体的压力状况（Starkweather，2007；Wang et al.，2010；Park et al.，2014）。

表 4-1　东亚地区老年人干预研究汇总

精神健康类型	锻炼类型	样本来源	干预设计	干预结果
抑郁症	有氧	Tsang (2003)	50 名抑郁症患者(对照组男性 17 人,女性 9 人;干预组男性 9 人,女性 15 人)随机分成干预组和对照组,干预组进行 12 周的气功锻炼。选用 GDS 量表进行两组样本抑郁症的前测、中测和后测	重复测量方差分析结果显示无显著性差异($p=0.145$)
		Chow et al. (2012)	68 名受试者(45 名男性,23 名女性)随机分成气功干预组(最终有效样本 34 名)和对照组(最终有效样本 31 名)。气功干预组进行为期 12 周的练习。其中前 8 周由导师带领学习,每周 1 次,每次 90 分钟。后面 4 周每周 1 次在家自行练习 90 分钟。选用 DASS-21(the simplified version of DASS-42)测量两组样本第 1、4、8 和 12 周的抑郁状况	Post-Hoc Contrasts 结果显示,12 周气功干预改善受试者的抑郁状况不显著($F=3.91, p > 0.05$)
		Chou Kee-Lee et al. (2004)	14 名抑郁症患者(男性女性对半)随机分成干预组和对照组,干预组进行 3 个月的太极拳干预(每周 1 次课,每次课 45 分钟,10 分钟热身,25 分钟练习和 10 分钟整理活动)。选用 CES-D 量表进行前测和后测	多元方差分析结果显示,干预组量表总分、躯体维度、负面情绪维度、人际交往维度和幸福感维度均优于对照组(p 均小于 0.05)
		刘宇等 (2012)	69 名 2 型糖尿病患者随机分成 2 组八段锦干预组(男性 14 人,女性 19 人)和对照组(男性 14 人,女性 22 人)。干预组进行 12 周的八段锦练习(每次 40 分钟,每天 2 次,每周 3～5 次)。分别在干预前、干预第 6 周和第 12 周,应用自评抑郁量表(SDS)评价两组患者抑郁症状	八段锦干预组自评抑郁均值显著低于对照组($p<0.05$)
		Gao et al. (2016)	50 名围绝经期女性(干预前均未参加过广场舞)随机分成广场舞干预组(26 人)和对照组(24 人)。广场舞干预组每周进行至少 5 次,每次 60～90 分钟的广场舞,为期 3 个月。选用 SDS 量表进行前测和后测	独立样本和配对样本 T 检验结果显示,干预前干预组和对照组抑郁状况无显著差异,干预后干预组显著优于对照组($p<0.05$)

续　表

精神健康类型	锻炼类型	样本来源	干预设计	干预结果
抑郁症	有氧	Tsang (2010)	82名老年抑郁症患者随机分成气功实验组（男性10名，女性28名）与对照组（男性6名，女性28名）。气功实验组进行16周气功训练（每周3次，每次30～45分钟）。两组选用GDS量表进行前测、中测和后测，同时进行追踪	中测（8周）和后测（16周）实验组抑郁状况均显著优于对照组（$p < 0.05$）。但干预后的第4周和第8周追踪测量显示，两组均无显著性差异
		Lam et al. (2012)	将389名有认知功能下降的老年人随机分成24式太极拳干预组（171人）和拉伸调理对照组（218人）进行为期1年的对照研究。干预组每次进行不少于30分钟，每周不少于3次的24式太极拳练习，对照组进行类似的拉伸调理。选用康奈尔老年抑郁量表进行前测和12个月的后测	结果显示，干预组与对照组后测12个月的抑郁状况和前测相比存在显著差异（$p < 0.05$）。相比于对照组，24式太极拳干预效果更佳
		Chan et al. (2014)	150名慢性疲劳综合征患者随机分成八段锦气功锻炼组与后补干预组。气功锻炼组进行16次，每次1.5小时，持续9周的气功练习。采用HADS量表测量干预前、干预后即刻以及干预后3个月的抑郁状况	重复方差分析结果显示，气功锻炼组能够显著缓解慢性疲劳综合征患者的抑郁状况（$p < 0.01$），即使干预后3个月仍显著低于后补对照组（$p < 0.01$）
		Woo et al. (2006)	招募44名老年慢性阻塞性肺病（COPD）患者进行为期12周，每周1次的干预。每次干预内容包括1小时的COPD康复知识学习、1小时的锻炼（由指导员带领），锻炼内容包括先进行热身、拉伸和有氧锻炼（跳舞）。每周回家后进行相同内容的锻炼3次	配对T检验结果显示，12周后老年COPD患者抑郁状况显著改善（$p < 0.001$）

续　表

精神健康类型	锻炼类型	样本来源	干预设计	干预结果
抑郁症	有氧	Liu et al. (2012)	132 名慢性阻塞性肺病（COPD）患者随机分成气功练习组、有氧锻炼组和对照组。气功锻炼组进行 1 周 3 次，每次 1 小时，持续 6 个月的气功练习。有氧锻炼组则由专人指导进行类似气功的呼吸练习和步行、球类游戏的有氧活动。对照组只接受锻炼促进健康的自我教育	单因素方差分析的 Bonferroni 事后检验结果显示，气功锻炼和有氧锻炼组可显著改善老年 COPD 患者的抑郁状况（$p < 0.01$）
		Watanabe et al. (2001)	33 名老年人（10 名男性，23 名女性）参加水中行走项目。水中行走干预 12 周，每周三在工作人员监督下水中自由行走。依据每个老年人走的速度和时间等参数计算每次能量消耗，按总的能量消耗高低分成 3 个区间：低能量消耗 2 组、中等能量消耗组和高能量消耗组	Kruskal-Wallis 测试结果显示，高能耗组的老年人抑郁（Droppleman's Profile of Mood States 日语版）状况要显著优于低能耗组（H = 6.0，$p < 0.05$）
		Wang et al. (2010)	34 名脑血管疾病患者随机分成太极拳干预组（最终有效样本 16 人，男性占 30.8%）和康复对照组（最终有效样本 13 人，男性占 23.5%）。太极拳干预组进行为期 12 周，每周 1 次，每次 50 分钟（10 分钟热身，30 分钟练习和 10 分钟放松）的太极拳练习。康复对照组的活动内容由两部分组成：第一部分是非抗阻训练（如步行和/或站立）；第二部分是利用运动器械和 Tubing Thera-Band 进行抗阻训练。这两部分分别需要大约 20 分钟和 60 分钟。因此，康复对照组的参与者参加了大约 80 分钟的康复疗程，每周进行 1 次，为期 12 周。利用 GHQ-60 日语版测试两组样本的重度抑郁状况	重复方差分析结果显示，太极拳组 12 周后的抑郁状况分数显著优于康复对照组（$p = 0.02$）
抑郁症	拉伸或渐进性肌肉放松	Roh (2016)	148 名女性进行为期 16 周的普拉提训练（热身 5 分钟、普拉提练习 40 分钟和整理活动 5 分钟）。选用 GDS 量表短卷版进行前测和后测	配对样本 T 检验结果显示，16 周的普拉提干预可显著改善女性老年人抑郁状况（$p < 0.001$）

续　表

精神健康类型	锻炼类型	样本来源	干预设计	干预结果
		Eda et al. (2017)	23 名女性第一天进行 1 次 90 分钟的静态休息，第二天进行 1 次 90 分钟的瑜伽干预。选用 POMS 测量老年人的第一天休息前后和第二天瑜伽锻炼前后的抑郁、焦虑、愤怒等心理状况	第一天 90 分钟静态休息结果显示，前测和后测抑郁状况无显著差异，而第二天 90 分钟瑜伽锻炼后比锻炼前抑郁状况显著改善（$p<0.05$）
抑郁症	拉伸或渐进性肌肉放松	Zhou et al. (2015)	170 名女性乳腺癌患者（25～65 岁）随机分成干预组与对照组。干预组从术后第二天开始进行 1 天 2 次，每次 30 分钟的听音乐，同时进行全身肌肉伸展放松，干预一直到出院。干预组和对照组选用 ZSDS 中文版抑郁量表进行前测和后测	T 检验结果显示，患者抑郁状况经干预后得到显著改善（$p<0.01$）
		Mia et al. (2015)	170 名女性（25～65 岁，多数在 50 岁及以上）乳腺癌根治术后患者随机分成音乐结合渐进性肌肉伸展放松干预组（85 人，46.80 ± 9.37 岁）和对照组（85 人，47.13 ± 9.58 岁）。干预组在常规医疗护理的基础上，从术后的第二天开始全身 16 个肌群（排除与手术部位关联的肌肉群）每天进行两次音乐疗法结合渐进性肌肉伸展放松练习直到出院。对照组只进行常规医疗护理直到出院。为避免干扰，干预组活动时被安排在离对照组距离较远的另一个病区进行。选用 ZSDS 中文版测量两组患者的干预前和出院前的抑郁状况	采用单变量一般线性模型对分析样本的抑郁分值在组、时间上的交互作用和差异。结果显示，干预组和对照组、时间交互 $F=6.91$，$p=0.009$。音乐疗法结合渐进性肌肉伸展放松训练可显著改善乳腺癌根治术后患者的抑郁状况
		Yu et al. (2007)	老年心力衰竭患者随机分成渐进性肌肉拉伸放松训练干预组（共 59 人，男性 33 人）和对照组（62 人，77.4±7.5 岁，男性 27 人）。干预组先进行 2 次，每次 1 小时的渐进性肌肉拉伸放松培训，第 3 周开始在家自行进行每周 2 次，每次 1 小	双向重复测量方差分析结果显示，干预前、第 8 周和第 14 周干预组和对照组抑郁状况均有所改善，干预组抑郁状

精神健康类型	锻炼类型	样本来源	干预设计	干预结果
抑郁症	拉伸或渐进性肌肉放松		时的渐进性拉伸放松练习(每次通过护士电话监督)。对照组采用注意力干预对照法,即每周也由护士打 2 次电话进行问候,并交流关于病情的内容。在干预前,第 8 周和第 14 周选用 HADS 量表测试样本人群的抑郁状况	况要显著优于对照组,组间交互分析表明存在统计学显著性差异($F=5.04, p<0.001$)
		Yu et al. (2007)	老年心力衰竭患者随机分成渐进性肌肉拉伸放松训练干预组(59 人,74.9±8.0 岁,女性 26 人)、常规锻炼组(32 人,73.0±7.6 岁,女性 23 人)和对照组(62 人,77.4±7.5 岁,女性 35 人)。渐进性肌肉拉伸放松训练干预组先参加 4 周的培训学习班,掌握全身 16 组肌肉群的拉伸放松方法后在家自行进行每天 2 次,持续 12 周的练习,每两周电话监督 1 次。常规锻炼组同时段进行 12 周的锻炼,锻炼内容包括热身、上下肢拉伸、抗阻训练和有氧舞蹈。对照组则由护士在 12 周内打 8 个安慰性电话(每 1～2 周 1 次)。在干预前,第 12 周干预后选用 HADS 量表测试样本人群的抑郁状况	重复测量方差分析结果显示:12 周干预后,渐进性拉伸放松组样本的抑郁状况改善效果显著优于常规锻炼组和对照组($\eta^2=0.061, p=0.009$)
焦虑	有氧	Chan et al. (2014)	150 位慢性疲劳综合征受试者(39.0±7.9 岁)随机分成八段锦锻炼组及后补干预组。气功锻炼组进行 16 次,每次 1.5 小时,持续 9 周的气功练习。使用 HADS 量表对干预前、干预后即刻和干预后 3 个月的焦虑情况进行测试	统计结果显示,气功锻炼对于慢性疲劳综合征患者的焦虑情况有明显改善作用($p<0.01$),在实验后 3 个月依然显著低于后补对照组($p<0.01$)
		Woo et al. (2006)	针对 44 位老年慢性阻塞性肺病(COPD)受试者进行共计 12 周,每周 1 次的干预。每次干预内容包含 1 小时的康复知识理论学习,1 小时由工作者带领的锻炼,锻炼内容由热身、拉伸和有氧锻炼(跳舞)组成。每周回家后进行相同内容的锻炼 3 次	T 检验数据表明,12 周后老年 COPD 患者焦虑得到明显缓解($p<0.001$)

续　表

精神健康类型	锻炼类型	样本来源	干预设计	干预结果
焦虑	有氧	Liu et al. (2012)	132 位慢性阻塞性肺病(COPD)受试者随机分为气功锻炼组、有氧运动组及对照组。气功锻炼组进行一周 3 次，每次 1 小时，持续 6 个月的气功练习。有氧运动组则由专人带领进行类似气功的呼吸练习以及步行、球类运动等有氧锻炼。对照组只接受锻炼促进健康的自我教育	单因素方差分析结果表明，气功锻炼和有氧运动组可显著缓解老年 COPD 患者的焦虑水平($p<0.05$)
		Watanabe et al. (2001)	33 名老年人(10 名男性，23 名女性)参加水中行走项目。水中行走干预 12 周，每周在工作人员监督下水中自由行走。基于不同个体老年人运动的速度与时间等参数计算单次运动的能量消耗，根据总能量的消耗高低划分出 3 个区间：低能量消耗组、中等能量消耗组和高能量消耗组	Kruskal-Wallis 测试结果显示，高能耗组的老年人焦虑(State Trait Anxiety Lnventory 日语版测试)状况要优于低能耗组，但没有达到统计学显著性水平
		Tsai et al. (2003)	76 名中老年人随机分成太极拳干预组(37 人，19 名男性，18 名女性)和静态生活方式对照组(39 人，19 名男性，20 名女性)。太极拳干预组每周进行 3 次，每次包含 10 分钟热身、30 分钟的太极拳练习和 10 分钟放松的太极拳练习课，为期 12 周的干预。采用 State and Trait Anxiety Inventory 测试干预前和干预后两组样本的焦虑状况	配对样本 T 检验结果显示，12 周后太极拳干预组焦虑状况要显著优于对照组($p<0.01$)
		Chow et al. (2012)	68 位样本(45 名男性，23 名女性，21～64 岁)随机分为气功干预组(有效样本 34 名)与对照组(有效样本 31 名)。气功干预组进行为期 12 周干预。其中前 8 周由导师带领学习，每周 1 次，每次 90 分钟。后面 4 周每周 1 次在家自行练习(90 分钟)	Post-Hoc Contrasts 结果表明，结束 12 周气功干预能够有效缓解样本的焦虑状况($F = 4.72$，$p < 0.05$)
	抗阻或力量训练	Wang et al. (2010)	34 位脑血管疾病患者随机分成太极拳组(最终有效样本 16 人，男性占比 30.8%)与康复对照组(最终有效样本 13 人，男性占比 23.5%)。太极拳组实施共计 12 周，每周 1 次，单次 50 分钟	

续　表

精神健康类型	锻炼类型	样本来源	干预设计	干预结果
焦虑	抗阻或力量训练		（含 10 分钟热身、30 分钟练习及 10 分钟放松）的太极拳干预。康复对照组主要由非抗阻训练（如走路和/或站立）与使用运动器械和 Tubing Thera-Band 进行抗阻训练这两部分组成。这两部分分别需要大约 20 分钟和 60 分钟。因此，康复对照组受试者进行了每次大约 80 分钟的康复训练，每周 1 次，为期 12 周。利用 GHQ-60 日语版测试两组样本的焦虑/失眠分数	重复方差分析结果表明，相比于对照组，太极拳组 12 周后的焦虑/失眠改善效果要更佳（$p=0.034$）
		Kimura et al. (2010)	119 名老年人随机分成力量训练组（65 人，其中女性 40 人）和健康教育对照组（54 人，其中女性 30 人）。力量训练组采用渐进性抗阻练习，每周 2 次，每次 1.5 小时（15 分钟热身、1 小时练习和 15 分钟放松），持续 12 周，共 24 次练习课。健康教育对照组的老年人接受每月 2 次、持续 3 个月的健康教育讲座，讲座内容包括"老化和认知功能""老年人防坠落""健康血管""老年人的步态模式""抗阻训练知识"。选用 SF-36 测量两组老年人干预前后的精神健康状况	双向方差分析结果显示，12 周的渐进性抗阻训练后相比于健康教育对照组，力量训练组可显著改善老年人的精神健康（组合时间交互 $F=4.402$，$p=0.038$）
	拉伸或渐进性肌肉放松	Mia et al. (2015)	170 位女性（25～65 岁，大部分在 50 岁及以上）乳腺癌手术后的受试者将随机分成音乐结合渐进性肌肉伸展放松组（85 人，46.80 ± 9.37 岁）及对照组（85 人，47.13 ± 9.58 岁）。干预组的内容是在常规医疗护理的基础上进行全身 16 个肌群的锻炼（排除与手术部位关联的肌肉群），每天进行 2 次音乐疗法结合渐进性肌肉伸展放松练习直到出院。对照组只进行常规医疗护理直到出院。为提升试验准确性，干预组活动时被设置在远离对照组的另外一个房间进行。选用 SAI 中文版测量两组患者的干预前和出院前的焦虑状况	一般线性模型统计结果显示，干预组与对照组、时间交互 $F=5.56$，$p=0.019$。音乐治疗与渐进性肌肉伸展放松训练的有机组合对于乳腺癌根治术后患者的焦虑情况有明显的缓解作用

续 表

精神健康类型	锻炼类型	样本来源	干预设计	干预结果
焦虑	拉伸或渐进性肌肉放松	Yu et al. (2007)	老年心力衰竭患者随机分成渐进性肌肉拉伸放松训练组（共 59 人，男 33 人）和实验对照组（共 62 人，男 27 人）。干预组先进行 2 次、每次 1 小时的渐进性肌肉拉伸放松培训，第 3 周开始在家自主完成每周 2 次、每次 1 小时的渐进性拉伸放松训练（每次均由护士电话进行监督）。对照组使用注意力干预对照法，即每周由护士打 2 次电话进行监督，并交流实时病情状况。在实验前，第 8 周与第 14 周采用 HADS 量表对患者的焦虑情况进行测试	重复测量方差分析数据表明，各组患者在第 8 周及第 14 周测试中的焦虑情况均得到缓解，其中干预组焦虑的改善效果要好于对照组，但组间交互分析结果显示焦虑情况没达到统计学显著性差异
		Yu et al. (2007)	老年心力衰竭患者随机分成渐进性肌肉拉伸放松训练干预组（59 人，其中女性 26 人）、常规锻炼组（32 人，其中女性 23 人）和对照组（62 人，其中女性 35 人）。渐进性肌肉拉伸放松训练干预组先参加 4 周的培训学习班，掌握全身 16 组肌肉群的拉伸放松方法后在家自行进行每天 2 次，持续 12 周的练习，每 2 周电话监督 1 次。常规锻炼组同时段进行 12 周的锻炼，锻炼内容包括热身、上下肢拉伸、抗阻训练和有氧舞蹈。对照组则由护士在 12 周内打 8 个安慰性电话（每 1~2 周 1 次）。在干预前，第 12 周干预后选用 HADS 量表测试样本人群的焦虑状况	重复测量方差分析结果表明：12 周干预后，渐进性拉伸放松对于受试者焦虑状况的缓解效果显著优于常规锻炼组及对照组（$\eta^2 = 0.064, p = 0.007$）

第四节　绿蓝色空间暴露改善精神健康的实证研究进展

一、横断面和纵向追踪研究

（一）横断面研究

绿蓝色景观暴露与精神健康关系的横断面研究的优势在于以一个时间点或较短时间内采集较大样本量的人群身体锻炼与精神健康数据来分析两

者的相关关系,对于公共政策的制定具有一定的价值。如 Berke 等(2007)针对 740 名美国华盛顿金县的老年人进行研究,发现邻近具有较好的绿色和蓝色景观步行环境有助于缓解老年人抑郁状况。Saarloos 等(2011)针对澳大利亚 5218 名成年人的横断面研究发现,住所周边缺乏优良的绿色和蓝色景观,尤其是住所周边具有较高的土地混合利用度如零售、商业和工业的老年人往往具有更严重的抑郁状况。Brown 等(2009)针对 273 名 70 岁以上的低经济水平的老年人的横断面研究发现,住所附近绿色和蓝色景观可视性更加优良的老年人的抑郁和焦虑状况较低。

也有针对国内老年人住区环境与精神健康关系的横断面研究。如 Helbich 等(2019)基于遥感图像,对北京 1190 名老年人住区及周边采用植被均一化指数(NVDI)测量绿色景观和水体归一化指数(NDWI)测量蓝色景观,并采用街景地图进行平视感知测量辅助,采用抑郁主观量表测量 60 岁及以上老年人抑郁状况,分析后发现住区及周边拥有较好的绿色和蓝色景观的老年人呈现较低的抑郁症得分。

早期的横断面研究中,绿色和蓝色景观多采用主观调查的方法,由受调查者针对其居住、工作和生活的空间中的绿色和蓝色景观质量、满意度等进行主观评定。近年来,随着地理信息系统技术、卫星遥感技术的发展和普及,越来越多的研究开始基于客观测量的手段进行绿色和蓝色景观暴露测量。然而,近几年很多研究开始呼吁重视绿色和蓝色景观暴露主观测量的价值。其原因在于采用客观手段测量的绿色、蓝色景观质量和距离感知等参数可能与居民对环境真正的感知存在差异。如采用 GIS 技术客观测量的公园、绿地、河流和湖泊的距离可能并不能与居民的便利性等同,而基于遥感技术的植被均一化指数或水体比例测量也不能与居民的绿色、蓝色景观质量的主观感知和满意度相等同,尤其是还需要考虑不同季节客观测量所得数据的差异。尤其是近两年来,许多研究专门进行了绿蓝色景观的主、客观测量与居民精神健康相关关系敏感性的比较,结果许多研究均支持主观测量更能反映居民真实的绿蓝色景观主观感知(何晓龙等,2019;Shatu et al.,2019;Godhwani et al.,2019)。

（二）纵向追踪研究

相比于横断面研究，纵向追踪研究提供了更贴近社会生活、更为可靠的研究证据。如 Cohen-Cline 等（2015）开展了一项有创新性的追踪研究：为了降低儿童青少年成长时期居住区域不同程度绿蓝色景观暴露程度的干扰，他们选取了 4338 名双胞胎成年人，应用遥感影像植被均一化指数测量他们住区周边的绿化景观暴露程度，然后两两配对（部分双胞胎中有一人退出），分成住区绿色空间高暴露组（基线年龄 38.7±16.4 岁）和住区绿色空间低暴露组（基线年龄 39.7±17.1 岁），进行了为期 6 年（2008—2014 年）的追踪，在调整相关协变量后发现，即使那些被试在儿童青少年时期出自同一个家庭，具有相同的绿色和蓝色空间暴露程度，成年后居住在绿色景观优良区域 6 年的被试，其精神健康状况显著优于绿色空间暴露较差的被试。De Keijzer 等（2019）从 2002 年开始至 2013 年，对英国 5759 名 50～74 岁老年人进行追踪，分析发现，住所附近具有更好的绿色和蓝色景观暴露将对老年人的精神健康具有积极意义。

此外，Alcock 等（2014）进行了一项研究，选取了 594 名搬到绿色空间更优良环境中居住的英国老年人（基线年龄 58.01 岁，追踪至 74.08 岁），同时选取 470 名搬到绿色空间缺乏的环境中居住的英国老年人（基线年龄 59.21岁，追踪至 74.13 岁），进行纵向追踪对比，发现搬至绿色空间更优区域居住的老年人具有更好的精神健康状况（见图 4-4）。Annerstedt 等（2012）针对24945 名瑞典人在 2000—2005 年的纵向追踪研究显示，居住在绿色空间质量更优的居民具有更好的精神健康状况，尤其是随着年龄的增大，相关性更加明显；相比于 18～38 岁低年龄段的成年人，63～81 岁年龄段的老年人邻里绿色空间缺乏对抑郁和缺乏幸福感等精神健康障碍具有更高的风险度。其原因可能在于老年人的日常生活空间主要集中在邻里，因此对邻里绿色、蓝色景观的敏感度更高。

二、干预研究

相比于身体锻炼促进精神健康的随机对照试验研究，由于绿色空间和蓝

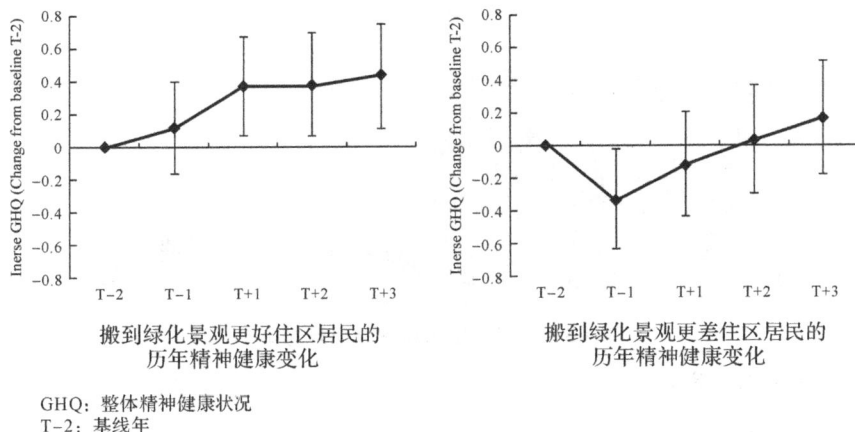

搬到绿化景观更好住区居民的
历年精神健康变化

搬到绿化景观更差住区居民的
历年精神健康变化

GHQ：整体精神健康状况
T-2：基线年

图 4-4　搬到住区绿化景观好和差两组居民精神健康状况变化对比

注：图片引自 Alcock et al.，2014。

色空间的对照组环境条件限制，因此有关绿蓝色景观暴露改善精神健康的干预研究很难达到严谨意义上的随机对照试验。检索目前的文献发现，很少有专门针对儿童青少年、老年人的干预研究，多数研究中涵盖了从 18 岁到老年不同年龄段的成年人群。如 Roe 和 Aspinall(2011)针对 123 名平均年龄为 50 岁的成年人进行乡村和城市绿色空间中步行改善情绪和认知功能的对比，发现在乡村绿色空间中步行对情绪和认知功能的改善效果要好于城市绿色空间，此外该研究还发现，无论是在城市还是乡村，干预前精神健康状况较差的成年人的改善效果要比精神状况优良的成年人更为显著。Rogerson 等(2016)针对 18~73 岁成年人进行了室内视野和室外视野有氧健身(功率自行车，见图 4-5)改善精神健康的差异的对比分析，混合方差分析结果表明，室外视野有氧健身对改善成年人的情绪效果更佳。同年，Rogerson 等(2016)针对 331 名参加周末公园跑(park run)的成年人(40.8±12.00 岁)跑前和跑后自信心、压力感知和情绪障碍状况的对比分析发现，无论是在海边沙滩、河边、文化遗产旁和草地，跑后均有助于提高自信心、缓解压力感知和减轻情绪障碍等。

上述研究均采用干预前后对比的方式分析研究结果，还没有达到严谨的随机对照试验的要求。为了进一步提高研究结果的可靠性，采用重复测量方

图 4-5　研究中室内和室外视野对比

注：图片引自 Rogerson et al.，2016。

差分析、混合线性模型等对协变量进行控制的干预模式进一步完善了"因果关系"的证据。如 Ojala 等（2019）选取了 83 名 30～61 岁成年女性在周一至周五下班后到城市街头绿地、城市普通绿地公园和城市森林公园 3 种绿色空间优良程度不等的环境中先后进行 15 分钟静坐观赏和 30 分钟步行，分别在静坐前（时间点 1）、静坐后即刻（时间点 2）和步行后恢复至安静状态（时间点3）测量样本的精神疲劳状况、自我效能状况以及血压等指标，通知控制样本人群的噪声敏感性、亲自然性等个体因素，结果发现，相比于城市街头绿地，城市普通绿地公园和城市森林公园两种不同优良程度的绿色空间均能改善样本的精神健康状况。有意思的是，在调整噪声敏感性和亲自然性因素后，3种环境中 3 个时间点的精神健康状况变化高度一致（见图 4-6），由此可以认为，噪声敏感性低、亲自然性较低的人群在绿化优良程度较低的城市绿地公园放松身心，也可以达到与森林公园一样的精神健康改善效果。

第五节　身体锻炼与绿蓝色空间暴露改善
精神健康的协同效应

由前述内容可知，规律性的身体锻炼有助于改善人体的精神健康，同时长期暴露甚至一次性充分暴露于绿色和蓝色景观也对人体的精神健康具有积极意义。近年来，许多随机对照试验研究揭示，在优良的自然环境中如绿地、公园、湖边、森林等进行身体锻炼，将产生协同效应，能进一步改善精神健

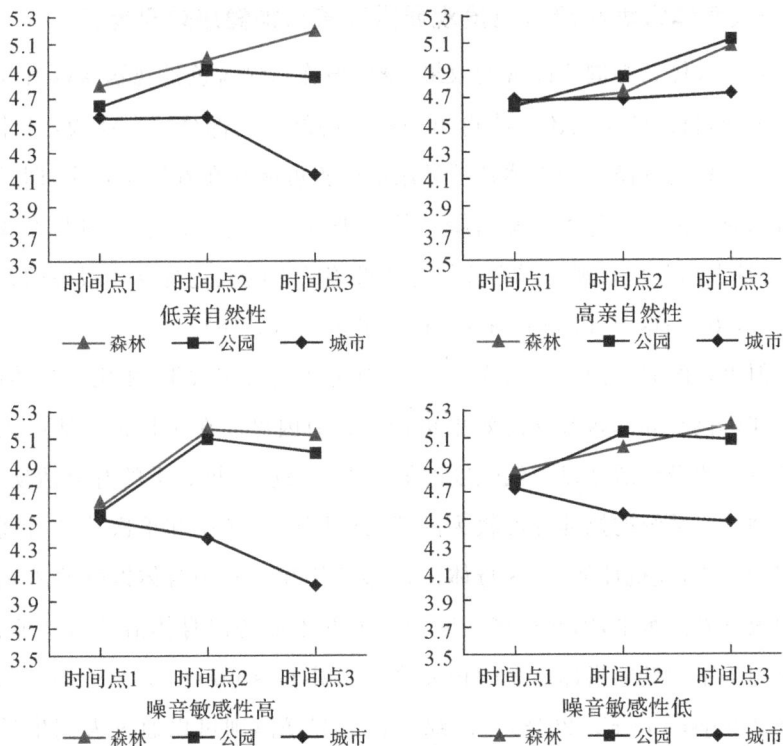

图 4-6　不同亲自然性和噪声敏感性个体精神健康改善效果对比

注：图片引自 Ojala et al.，2019。

康，效果也要优于室内锻炼或单纯地在绿色和蓝色空间中静态放松。近年来，鉴于身体锻炼与绿蓝色景观暴露改善人体精神健康的协同效应，出现了"绿色健身""蓝色健身"等概念。然而，研究身体锻炼与绿蓝色景观暴露改善人体精神健康的协同效应是一个非常复杂的议题，需要众多深入细致的研究证据来对这一议题进行全面充分的回答。下面将从身体锻炼和绿蓝色景观暴露改善精神健康的效果差异、景观暴露频率与单次持续时间、绿色健身和蓝色健身的适宜参数、绿色景观暴露和蓝色景观暴露的效果差异、效果衰退问题以及个体差异等方面展开叙述。

一、身体锻炼和绿蓝色景观暴露改善精神健康效果差异

对于人体精神健康改善的效果，身体锻炼和绿蓝色景观暴露两者间谁的效果更佳，目前的研究还不能得出一致性的结论。部分观点认为：身体锻炼和绿蓝色景观暴露对于人体精神健康的改善可能存在着补偿效应，即日常身体锻炼充分但绿蓝色景观暴露缺乏的人进行绿蓝色景观暴露的改善效果更好；而日常绿蓝色景观暴露充分但身体锻炼缺乏的人进行身体锻炼的改善效果更好（Roberts et al.，2016；Grunewald et al.，2018）。

但更多的研究倾向于认为，对于精神健康的改善效果，相比于身体锻炼，绿色和蓝色空间暴露改善的效果更佳。其原因可能在于日常生活中人们在闲暇时间的身体活动以中低强度的健身走、慢跑、广场舞类的有氧活动为主，抗阻训练或系统的拉伸练习较为缺乏，此外强度、频率和单次持续时间并无固定的模式，随机性强，这些身体活动参数往往达不到身体锻炼改善精神健康的敏感界值水平，因此很多横断面研究并不能得出身体活动与抑郁、焦虑和压力等精神健康指标显著的相关关系证据（Gascon et al.，2018；Ku et al.，2018；Gheysen et al.，2018）。而绿蓝色景观暴露则可以通过人们生活中视野不间断地接触绿色和蓝色景观对精神健康的改善发挥着持续性的影响。如 Zijlema 等（2018）的研究发现，人们每日上下班的通勤区间能够接触到优良的绿色和蓝色景观，每天上班和下班路途间的这一绿色空间暴露，日积月累下也对精神健康的改善具有积极意义。Honold 等（2016）的研究发现，日常生活时间多集中在家里的人群，从窗户里可以接触更多和更好的绿色和蓝色景观暴露的人群具有更好的精神健康状况。

基于现有的研究文献，本书认为身体锻炼和绿蓝色景观暴露改善精神健康具备其特有的优势。类型、强度和频率等参数达到阈值水平的身体锻炼对于抑郁状况和深度焦虑的改善可能要比单纯的绿色和蓝色景观暴露效果更佳。而绿色和蓝色景观暴露对于更为浅层的精神健康状况如压力缓解、情绪激发的效果可能要比人们日常生活中的强度偏低、类型单一，频率和持续时间随机性大的身体活动更能得到显著的"相关关系"证据的支撑。因此，针对

住区居民精神健康的干预，相比于身体活动干预的成本更高，绿化和水体景观建设一次性投入较高，但对居民长期的精神健康改善具有积极意义。

二、绿色健身和蓝色健身的适宜锻炼强度、类型和频率

除了上述探讨的绿色和蓝色景观暴露的频率与持续时间，身体锻炼参数（类型、强度、频率和单次持续时间）也是需要考虑的重要方面。"在绿色、蓝色景观中进行身体锻炼改善精神健康"这一命题的重要前提是，强度、类型和频率都应符合运动健康促进这一范畴，过高强度、不适宜身心健康的运动项目和过高的频率不仅不能起到改善精神健康的效果，相反还会形成消极影响。

（一）强　　度

绿色健身和蓝色健身的适宜锻炼强度，首先基于身体锻炼促进精神健康这一范畴进行分析。相比于低强度身体锻炼，中高强度的身体锻炼对于精神健康的改善效果更为显著，这得到了众多实证研究的证实。如 Stubbs 等（2016）针对 36 项实证研究、共涉及样本 3453 名成年人（含老年人，平均年龄40.0 岁，男性占 64.0%）的 Meta 分析发现，不同强度（低强度、中等强度和中高强度）身体活动对成年人的精神分裂均具有积极意义，但中高强度身体活动的效益最为显著。

然而，如果分析绿色健身和蓝色健身的适宜锻炼强度，则需要考虑协同效应。许多研究指出，人体在进行中高强度锻炼时，由于身体的疲惫和应激，往往不能有效顾及绿色和蓝色景观中的要素，由此绿色和蓝色景观对于人体精神健康影响的效果被削弱（Mackay & Neill，2010）。因此有相关学者表示，绿蓝色健身中应选取较低强度的锻炼，人们在绿色健身时不会因为锻炼强度过大而影响其接受绿蓝色环境的刺激效果，从而提升绿色健身的综合效果（Pretty et al.，2005；Mackay & Neill，2010）。Barton 和 Pretty（2010）的研究表明，在绿蓝色景观中进行运动，运动强度越大，精神健康的改善效果就越不显著。因此若进行强度较高的身体锻炼，建议在锻炼后延长在绿色和蓝色空间中的恢复调整时间，随着锻炼后身体机能的逐渐恢复，绿色和蓝色景观

要素对人体精神改善的程度加强，这有助于在身体锻炼改善精神健康的基础上，进一步提高恢复调整期绿色和蓝色景观的心理疗效（Thompson et al.，2012；White et al.，2019）。

（二）类　型

不同的身体锻炼类型对精神健康的改善存在特定的生理、心理和生物化学机制，这在之前的内容中已有阐述。在绿色和蓝色空间中进行身体锻炼，应选择强度较低的项目，最近许多研究指出，在绿色健身和蓝色健身中选择自我喜好的锻炼项目所产生的精神健康效益最为显著（Barton & Pretty，2010；Chekroud et al.，2018）。

（三）频　率

而对于绿色健身和蓝色健身的身体锻炼频率，目前的研究一致支持较高的频率能够进一步发挥精神健康改善的效果。其机制可能在于高频率的绿色健身和蓝色健身通过身体锻炼改善人体精神健康，同时由于增加了与绿色和蓝色接触的频率，能进一步改善人体的精神健康，这得到了一些横断面、纵向追踪和干预研究的证据支撑（Nutsford et al.，2013；Vogt et al.，2015；Krekel et al.，2016）。

三、绿蓝色景观暴露的单次持续时间与长期累积时间

探讨绿蓝色景观的适宜暴露时间应该从两个方面进行考虑：一是单次暴露于绿色和蓝色空间对精神健康的改善效果随着时间延长而发生的变化；二是长期高频率暴露和低频率单次充分暴露效果的对比。对于这两方面问题，已有研究展开了深入分析。

（一）单次持续时间

针对单次暴露于绿色和蓝色空间对精神健康的改善效果随着时间延长的变化，现有多数研究支持在一次性暴露中，人体的精神健康在暴露于绿蓝色景观初期效果明显，随着时间的推移，精神改善的效果会有所回落。如Barton 和 Pretty（2010）针对10份不同年龄段人群干预研究的 Meta 分析发现，随着时间的延长，不同研究中均呈现出精神健康改善效果逐渐衰退，无论是自尊心还是总体情绪等健康指标,在暴露后的 6 小时左右改善效果达到最低,之后进入相对低值区间的维持。然而针对单次绿蓝色景观适宜暴露时间的分析,还需要考虑空间内景观要素的多样性。多样性越高的绿色和蓝色景观在长时间的暴露中越容易由新要素和视野的新刺激而再次加强精神健康的改善效果。有系统综述文献指出,面积越大和景观要素多样性越高的绿色和蓝色空间越能起到单次充分暴露的精神健康改善效果(Bolund & Huhnammar,1999;Wolch et al.,2014;Ekkel & de Vries,2017)。甚至有研究指出,面积太小、景观要素过于单调的绿色和蓝色景观对居民的精神健康改善没有积极意义(Grazuleviciene et al.,2014;Reklaitiene et al.,2014)。

(二)长期累积时间

针对老年人长期暴露于绿蓝色景观中的精神健康,横断面研究为我们提供了长期暴露的敏感界值。White 等(2019)针对英国 19860 名成年人(其中含 16~64 岁成人样本 14667 人,65 岁以上老年样本 5193 人)的调查研究显示,每周暴露时间累积 0 分钟、1~59 分钟、60~119 分钟、120~179 分钟、180~239 分钟、≥300 分钟这 6 种区间的人群中,0 分钟、1~59 分钟和 60~119 分钟 这 3 组人群随着暴露时间的延长,精神改善的效果逐渐加强(OR 值逐渐增大),但每周累积 120~179 分钟这一群体,OR 值达到最大,最后的 180~239 分钟和≥300 分钟这两组群体基本维持不变。由上可知,英国成年人在长期的绿蓝色空间暴露中,改善效果先随着累积时间的延长而变好,后达到一定累积时间后将维持在一定水平区间。基于长期高频率暴露和低频率单次充分暴露改善效果的比较,当前研究证据更倾向于采用半小时以内的短时间暴露,提高重复暴露频率的方案。

四、绿色景观和蓝色景观暴露的效果差异

目前针对绿色景观和蓝色景观暴露对老年人精神健康改善的效果差异,如绿色景观和蓝色景观哪种视野对人体精神健康的改善效果更好,还缺乏统一的定论。

早些年,补偿效应得到了许多学者的支持,即平时接触绿色景观较多(生活、工作场所周边拥有优良充足的绿色景观）的人群可能会对蓝色景观视野的刺激更加敏感，蓝色景观的改善效果也更优；反之，平时接触蓝色景观较多（生活、工作场所周边拥有优良充足的蓝色景观）的人群可能会对绿色景观视野的刺激更加敏感，绿色景观的改善效果也更优（Nutsford et al.，2016；Maria et al.，2019）。有研究指出，早期的许多研究存在的问题是蓝色景观的选择多为城市区域的小面积湖水、水池，吸引力不足，且水域的面积和水质清洁度都未能凸显蓝色景观改善精神健康的价值（Ulrich et al.，1991；Van den Berg et al.，2003）。

近年来，越来越多的研究指出，水质清洁、必要的面积尺寸、周边环境卫生良好以及视野开阔的蓝色景观对于改善人体的精神健康效果要优于近似条件下的绿色景观（White et al.，2010；de Vries et al.，2016），这在许多横断面相关关系研究和纵向或干预"因果关系"检验中得到了验证（Barton & Pretty，2010；Foley & Kistemann，2015；Gascon et al.，2015）。视觉神经科学也提供了相关研究支持，较绿—红视野而言，蓝—黄视野对于大脑视觉神经的刺激更强烈，因此，蓝色视野能够给予人体精神健康更好的改善效果（Mullen，2002）。近年来许多系统综述或 Meta 分析也支持蓝色景观对于精神健康的改善效果。如具有代表性的是 Barton 和 Pretty（2010）对不同绿色和蓝色景观类型改善人体精神的效果差异的 Meta 分析归纳出的结果（见图4-7），显然，江、河、湖边的蓝色景观暴露对于精神健康改善的效应量最高，效果最为显著。

五、长期刺激导致的效果衰退问题

在绿色和蓝色景观中进行身体锻炼能改善精神健康，但绿色和蓝色景观、身体锻炼对于精神健康的改善两者存在交互与协同效应，都存在长期刺激导致效果衰退的问题，这在许多研究中已得到了证实（Alcock，2014；Ekkel & de Vries，2017）。许多研究发现，进入陌生的绿色和蓝色空间对于精神健康的改善效果要好于熟悉的绿色和蓝色空间，单次暴露于绿色和蓝色空间随着时间的延长，精神健康改善的效果也在衰退（Barton & Pretty，2010；Roe &

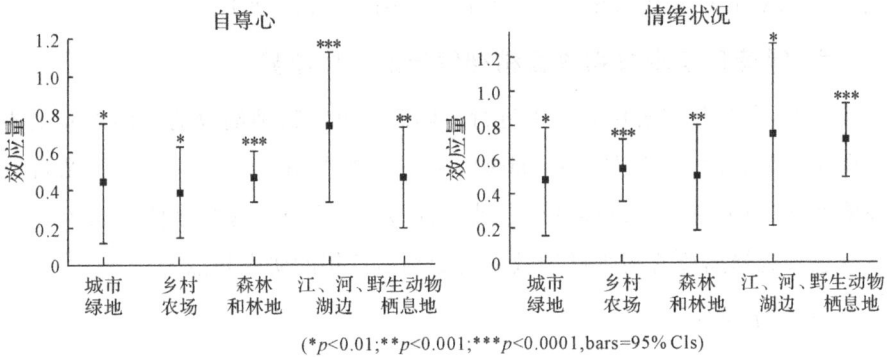

(*p<0.01;**p<0.001;***p<0.0001,bars=95% Cls)

图 4-7 不同绿蓝色空间类型改善精神健康的效果

注：图片引自 Barton & Pretty, 2010。

Aspinall,2011；Bell,2018）。搬入一个新的居住区域，初期住区及周边的绿色和蓝色空间对于人体精神健康的改善较佳，远期效果有所衰减。同样，长期稳定的身体活动模式（强度、类型和频率）对于精神健康的改善效果也存在衰退问题。

基于一些横断面和纵向追踪的研究揭示，若常年居住于同一住区且身体活动模式固定，那么绿色和蓝色景观与居民精神健康相关关系的敏感性要高于身体活动（Gascon et al.,2015；Dadvand et al.,2016；Völker et al.,2018）。此外，很多身体锻炼改善精神健康的干预研究中的身体锻炼参数均是在严格控制的条件下进行的，现实生活中的身体活动模式（强度、类型、频率和单次持续时间）往往与之相去甚远。这显示住区及周边绿色和蓝色景观规划、设计和建设具有长远的效益。

目前，国际上有部分研究开始提倡景观设计中多进行季节性景观（四季变化景观差异较大，如花开花落、色彩更替和萌芽落叶等）设计，也有研究证实了住区及周边的公园即使在冬季和春季绿色质量较差时期，仍然对居民的精神健康具有积极意义（Song et al.,2013；Song et al.,2014）。也有部分研究提出，在某一居住区域居住多年后更换居住区域，能增强相对陌生的绿色和蓝色景观对于人体精神健康改善的效果（Francis et al.,2012；Alcock et al.，2014；Van Den Bosch et al.，2015；George et al.，2015）。

六、绿蓝色景观暴露改善精神健康的个体差异

目前，在绿色和蓝色景观中进行身体锻炼改善精神健康的个体差异主要体现在 4 个方面：好奇性（curiosity）、噪声敏感性（noise sensitivity）、亲自然环境性（nature orientedness）和亲动物性（zoophilic）。这些个体因素差异对绿蓝色景观暴露改善精神健康效果的影响是近年的研究热点。

（一）好奇性

对于绿色和蓝色景观空间暴露改善精神健康的效果，我们需要区分个体好奇性差异。其原因在于对于好奇性高的个体，绿色和蓝色空间中需要有新鲜要素或陌生环境来不断激发环境新的刺激，此外，对于好奇性较高的个体，往往视野更开阔的绿色和蓝色空间暴露才能更好地改善精神健康（Lea，2008；Bell et al.，2018；Roe et al.，2019）。因此，好奇性高的个体可以多暴露于新环境、选择具有开阔视野的绿色或蓝色开敞空间来促进身心恢复，改善精神健康（见图 4-8）。

（二）噪声敏感性

许多研究认为，之所以许多优良的绿色空间（如乡村、山林和城市森林公园）对人体精神健康的改善效果要优于一般的公共绿地、公园和住区景观绿化，其原因在于乡村、山林和城市森林公园这些优良的绿色空间往往安静、噪声低，因此改善人体精神健康效果较好。许多研究发现，对于噪声敏感性低的人，日常在城市绿地、公园以及安静和绿化优良的森林公园进行身体锻炼，对精神健康的改善效果差异并不显著（Brown et al.，2015；Dzhambov & Dimitrova，2015）。因此，这些研究指出，与其花费巨资修建大型的城市森林公园，不如加强一般绿地和住区的景观绿化，同时控制城区交通噪声，对于居民的精神健康改善也具有极高的价值。

（三）亲自然环境性

个体亲自然性差异对户外绿蓝色景观中锻炼改善精神健康效果的影响也是近年的研究热点。许多研究认为，对于较低亲自然性的个体，暴露于住

图 4-8　不同视野比例及开阔程度的绿蓝色空间

区周边的绿地、公园和暴露于森林、山地等优良的自然环境对精神健康改善
的效果差异不显著(Mayer et al.,2009;Gidlow et al.,2016)。这些研究结论
的价值在于,对于个体亲自然性程度较低的城市居民,周末可能并非一定需
要前往距离较远但自然环境优良的森林、山地放松身心,多接触住区及周边
的绿地、公园,也能产生极佳的精神健康改善效益。而对于个体亲自然性程
度需求较高的个体,周末或假期前往距离较远但自然环境优良的森林、山地
放松身心有助于缓解接下来一段时间的工作、学习倦怠感,能对工作和学习
效率产生积极影响。

(四)亲动物性

亲动物性的个体差异也是近年来兴起的一个热点。亲动物性包括在绿
色和蓝色空间中遛宠物(如狗等)和接触自然环境中的鸟类、昆虫等动物。许
多横断面研究发现,相比于单纯散步的居民,日常经常外出遛狗散步的居民
具有更好的精神健康状况,尤其是经常暴露于绿色和蓝色空间中带宠物放松

身心,对于精神健康的效果更佳(Prosser et al.,2008;Kogan et al.,2017; Christian et al.,2018)。也有研究发现,在森林中骑马对精神健康的改善效果要优于单纯的身心放松(Pretty et al.,2007;Pedersen et al.,2016)。同时许多研究发现,暴露于优良的自然环境中,如果能接触到许多动物,如松鼠、鸟类、兔子等,将有助于进一步增强精神健康的改善效果(Colfer et al.,2006;Townsend & Weerasuriya,2010)。

第六节　本章小结

一、科学合理和规律性的身体锻炼有助于改善人体精神健康,但存在"选择性"促进差异

系统的力量练习或抗阻训练对于抑郁状况改善的效果显著,系统的拉伸练习(瑜伽、普拉提)或渐进性肌肉放松训练可能对于改善焦虑状况和缓解压力效果显著,中高强度有氧锻炼,尤其是累积能量消耗较大的有氧锻炼对于压力缓解具有较好的效果。而太极拳、气功等自主意识性较强的中国传统健身项目也被证实通过注意力转移机制可有效缓解焦虑和压力。

二、绿蓝色景观暴露有助于改善人体精神健康,但存在"个体性"差异

现有研究证据表明,长期或一次性充分暴露于绿蓝色景观均有助于改善人体精神健康。不同的绿蓝色景观质量、类型等影响精神健康受到个体因素如噪声敏感性、好奇性、亲自然环境性和亲动物性的影响。了解个体性差异有助于选择有针对性和个性化的绿色健身和蓝色健身方案。如噪声敏感性高的个体更注重选择安静的绿地公园放松身心,而好奇性高的个体更注意选择具有开阔视野的绿色和蓝色空间。

三、身体锻炼与绿蓝色景观暴露改善人体精神健康存在协同效应,但需关注"锻炼参数"差异

身体锻炼与绿蓝色景观暴露改善人体精神健康存在协同效应,有助于进一步加强精神健康改善效果。绿色健身和蓝色健身时应合理选择锻炼强度,避免过高强度降低绿蓝色景观视觉效应，减弱环境心理疗法的效果。建议在锻炼后延长在绿色和蓝色空间中的恢复调整时间，随着锻炼后身体机能的逐渐恢复，进一步利用恢复调整期增强绿色和蓝色景观的心理疗效。此外，较高频率的绿色和蓝色健身有助于增加绿色和蓝色景观的接触频率，从而改善精神健康。

四、身体锻炼与绿蓝色景观暴露改善人体精神健康存在效果差异和衰退效应，但完善住区绿色和蓝色景观仍具有长期的效益

类型、强度、频率和单次持续时间等参数达到阈值水平的身体锻炼对人体精神健康具有积极意义，但现实中大众的身体活动模式与之差距较大，强度低、随机性强，同时长期的绿色和蓝色景观暴露也存在效果衰退问题，但许多横断面研究揭示住区及周边绿色和蓝色景观暴露与精神健康的相关性要比身体活动更为显著。此外，也有研究提倡景观设计中注重季节性景观、增加四季景观的层次感，提高精神健康的改善效果。长期居住在某一住区后适时搬迁，新住区陌生的绿色和蓝色景观也有助于改善精神健康。

第五章 住区实体环境对居民身体活动的影响及与医疗支出的关联效应

第一节 引 言

近年来,许多前瞻性文献呼吁通过科学地规划设计人居实体环境促进居民身体活动,增进大众健康,进而在一定程度上降低社会医疗负担(Sallis et al.,2016;Guo et al.,2010)。由于人居实体环境建设和优化需要巨额资金投入,因此有关人居实体环境与居民身体活动关系的研究成果除部分应用于社会政策制定,在具体的建设和改造方面应用度不高。近十几年来,许多研究以身体活动为中介,探讨人居实体环境与居民医疗支出的相关关系,结果揭示人居实体环境建设和优化可以促进居民的身体活动,可在一定程度上降低居民的医疗卫生支出,这意味着这部分公共财政支出可产生二次社会经济效益,即降低社会医疗卫生支出,缓解公共财政负担,增加社会生产效率(Zapata-Diomedi et al.,2018;McKinnon et al.,2016;Sener et al.,2016)。从这一角度考虑,虽然人居实体环境建设和优化前期投入大,但远期效益将逐渐凸显。

通过科学的规划设计人居实体环境促进居民身体活动,进而缓解社会医疗负担这一关系链涵盖了3个变量,三者的关系需通过纵向演进和直联来阐述。纵向演进是指相关因素连锁效应中各个变量相继实现利益目标,呈现出向纵深延伸挺进的趋势。在纵向演进关系中,人居实体环境对居民身体活动的影响已得到国内外众多研究的证实。许多基于数理关系的实证研究揭示,活动设施布局合理性与多样性、步道衔接便利性、景观审美宜人性以及配套设施完善性等与居民的身体锻炼类型、频率、强度以及量存在显著的相关关系(Ewing et al.,2003;Ewing,2005)。该研究领域起步较早的国家已将部分研究成果应用于社会政策制定中,如澳大利亚新南威尔士州健康部2003年推出了塑造积极性居住区的交通和实体环境变化的"行动计划2003－2007"(Gebel et al.,2005)。美国密尔沃基和威斯康辛地区使用灵活政策来提出创建"邻里学校"的倡议,使邻里学校无缝隙地融入了居住区,用缩短学生上下学距离来增加步行或自行车通勤,也提供了当地居民参与锻炼的场地和空间(United States Environmental Protection Agency,2003)。与此同时,纵向演进中的居民身体活动可降低医疗支出也得到了越来越多研究的支持。

在公共健康领域,全球慢性非传染性疾病(NCDS)高发病率成为威胁大众健康的主要问题,同时也加重了社会医疗负担。许多研究证实,NCDS高发病率与大众身体活动不足的生活方式密切相关,一些基于多学科视角的研究提出,通过促进大众形成规律性的锻炼习惯来降低疾病尤其是NCDS的高发病率,可在一定程度上降低社会医疗负担(Cecchini et al.,2010;杨光和永富良一,2009;李文川和刘春梅,2016)。而许多直接分析人居实体环境与居民医疗支出这一纵向直联关系的研究也取得了一致性的结论(Zapata-Diomedi et al.,2018)。

本书广泛检索国内外相关文献,整理分析后发现,目前还未有针对人居实体环境对居民身体活动的影响及与医疗支出的关联效应的系统综述文献。最近,Zapata-Diomedi等(2018)整理了近些年发表的人居实体环境与居民医疗支出关系的实证研究,进行了文献综述,但综述文献只对当前一些报道的研究数据进行了简单罗列,未细致地探讨相关机制、发展的制约因素和对今后发展的展望。而国内还未出现该领域研究的文献报道。因此,本书通过对国内外文献的梳理,针对人居实体环境对居民身体活动的影响、居民身体活动与医疗支出的关系来阐述三者间的纵向演进,同时基于"成本—效益"分析探讨人居实体环境与居民医疗卫生支出间的关系,这既可丰富国际上该领域研究的系统综述,又可为今后国内该领域研究的起步提供前期的参考。

第二节　人居实体环境对居民身体活动的影响

一、研究领域的发展

人居实体环境与居民身体活动关系研究的萌芽诞生于环境心理学中有关外部环境对人体活动行为的影响（Alfonzo,2005）。环境行为学是环境心理学发展出的一个分支，相比于环境心理学，环境行为学的研究范畴要窄一些，是基于环境心理学理论，探讨环境与人的外显行为之间的关系，应用性更强（李文川和刘春梅,2016）。

（一）环境行为学的应用

环境行为学具有较高的应用价值，目前已在许多学科中得到了有效应用，最为广泛的应用是在城市规划学和建筑学，在公共健康领域中的应用主要是健康行为学研究（见图 5-1）。20 世纪中叶，心理学家勒温（Lewin）提出了环境行为学上著名的勒温公式：$B=F(P,E)$，在此公式（即模式）中，B 表示行为（behavior），F 表示函数，P 表示个体（personality），E 表示环境（environment），公式表明人的行为是个体 P 与环境 E 的函数，即行为随着个体和环境这两个因素的变化而变化，即人的行为是个体和所处环境共同影响的结果（李斌,2008）。目前，人居实体环境对居民身体活动影响的研究大都基于这一理论视角展开。对国际上该领域的文献进行搜索和整理后发现，人居实体环境与居民身体活动关系的研究在 2003—2005 年间出现急剧增长，尤其是 2003 年 9 月《美国公共卫生》和《美国健康促进》杂志均出版了实体环境、身体活动和健康关系研究的专刊，在公共健康研究领域产生了极大的影响。

（二）身体活动测量方法的发展

人居实体环境与居民身体活动关系研究的进展可以看成是实体环境和身体活动测量方法的进化史。身体活动的测量经历了从最初的观察法、问卷调查、日志等主观手段向计步器、单轴和三轴加速度计以及 GPS 定位追踪等客观测量手段的转变（Rainham et al.,2012;Oreskovic et al.,2012）。

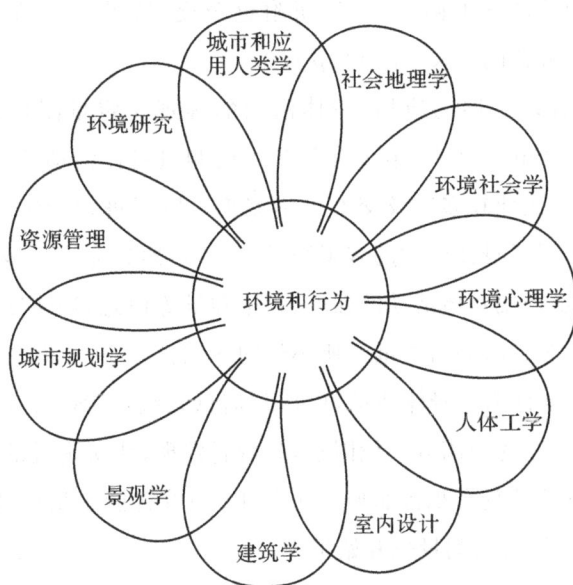

图 5-1　环境行为学涉及的研究领域

注：图片引自李道增，2014。

早些年通常利用观察法进行身体活动测量，其方法与内容主要为在选定区域内设置观察点，进而观察测量该区域中人的分布、活动强度、运动轨迹等。如 1993 年 Sallis 等（1993）的研究就发现，居民户外身体活动累积时间与住所到康乐设施（运动场、公园、游乐场）间的距离显著负相关。基于观察法进行居民的身体活动调查起源于规划设计领域，研究方式较适用于对新建或某一区域改造前的实地调查，但对基于多元统计分析的流行病学研究限制较大。

随着研究的发展，问卷、量表或日志被广泛应用。Giles-Corti 和 Donovan（2002）基于问卷调查发现，具有吸引力的公共户外空间可以增加居民日常身体活动量。Gomez 等（2004）通过多元逐步回归探讨居民户外身体活动（量表调查）和住所到开放活动场所间距离的关系，发现两者显著负相关，随着距离增加，体力活动量下降（$\beta = -0.317$，$p = 0.006$）。Evenson 等（2006）采用二元逻辑斯蒂回归探讨居民是否采用步行或自行车出勤（日志调查）与住所附近公交/轨道交通站点便利程度感知间的关系，两者间 OR＝1.90，$p < 0.05$。

此后，随着计步器的应用，身体活动的客观化定量测量得以实现。如 Mccormack 和 Shiell(2011)在基于计步器的测量身体活动的研究中发现，住所附近有公园、伙伴较多以及交通设施完善可以促进青少年的日常步行量。虽然计步器实现了身体活动的客观测量，但计步器只能提供步数这一单一指标，为了进一步挖掘身体活动的强度、频率和量等信息，加速度计得到了有效应用。如贺刚等(2015)对香港一所小学的 81 名 7～11 岁儿童以 Acti Graph GT3X 型加速度计测量身体活动，以地理信息系统(GIS)测量住所周围道路的长度、康乐设施的距离等环境因素，分析后发现，住所附近的康乐设施对香港儿童的身体活动具有积极影响。近年来，随着智能手机的普及，基于智能手机 App 的身体活动测量也开始出现。

（三）实体环境测量方法的发展

在该领域的研究中除了身体活动测量手段不断进步，实体环境的测量方法也在不断完善。早期，实体环境的测量以定性方法为主，如基于环境感知的自我报告、照片或图片的评价、专业人员现场评估以及访谈和认知地图等(Gebel et al.,2005;Saelens et al.,2003)。近年来，利用 GIS 技术定量测量实体环境指标实现了关系检验的定量化，使研究的准确性和科学性大为提高(Seliske et al.,2012;Norman et al.,2006)。最近，部分研究借助 GPS 和网络工具(如 Google Street View 和 Google Walkability)进行测量，且 GPS 和网络工具的可靠性和有效性已得到了许多研究的验证(Vargo et al.,2012;Clarkea et al.,2010)。本书对本研究领域中身体活动的测量手段的归纳如表 5-1 所示，对实体环境测量方法的归纳如表 5-2 所示。

表 5-1　该研究领域不同身体活动测量方法对比

测量手段	该领域应用的大体起步时间	解释	优点	缺点
观察法	1993 年左右 (Sallis et al. , 1993)	在特定的区域内设置一定的观察点，观察视野内人的空间分布、活动形式、强度等和行动轨迹	不用考虑受调查者的认知能力，适用于局部区域的研究，如观察某个公园、小区内人的活动	不适用于大样本量调查，采集的数据不精细，不利于深入研究
问卷调查	1992 年左右 (Leigh & Fries, 1992)	通过问卷设置身体活动类型、项目、频率、时间等要素的问题进行调查	可以进行大样本量调查，对受调查者认知能力的要求适中	基于主观的自我报告，数据为对自身身体活动情况的粗略判断，以定性数据为主，不利于定量分析
日志	1997 年左右 (Weston et al. ,1997)	预先设计好调查表格，让受调查者每天固定时间（如晚上睡前）记录当天的身体活动信息	可进行大样本量调查，对受调查者认知能力的要求适中。不容易丢失关键信息。调查表设计形象、轻松和活泼，可利用图示更直观表达。可连续反映一段时间（如 1 周或 1 个月）的身体活动信息	虽然相比于问卷调查可供挖掘的信息进一步提高，数据既可定性分析也可定量分析，但精确度不如量表
身体活动量表	1995 年左右 (Wolf et al. , 1994)	通过此前已经研制好的量表进行调查，量表一般会要求受调查者回顾过去一段时间（如 1 周）不同强度身体活动的持续时间	可大样本量调查，定量分析，区分低、中和高强度身体活动。在公共健康领域适用性高	对受调查者认知能力要求高。不同地区间应用涉及信、效度问题。目前的量表主要由欧美国家开发，虽然国内有研究已经进行了信效度检验，但总体上相对国内大众的认知难度偏高

续　表

测量手段	该领域应用的大体起步时间	解释	优点	缺点
计步器	2000 年左右（Bassett，2002）	将计步器佩戴在身上，如腰部、腕部或上臂等，客观记录受调查者每天的步数	相比于问卷、日志和量表，首次实现数据的客观测量。早期只有步数这一单一指标，后期随着技术进步，步数、步行速度等参数更加丰富	虽实现了客观测量，但身体活动强度等不能测量，不利于进一步深入分析。相比于问卷、日志或量表，相同成本的可调查样本量较少
加速度计	2005 年左右（Huddleston et al.，2006）	将加速度计佩戴在身上，如腰部、腕部或上臂等，长时间客观测量步数、步行速度、身体活动量、强度和能量消耗等参数	相比于计步器，精度大大提高。在步数等基本参数的基础上可定量测量身体活动强度、量等。国际上研究成熟，认可度高	操作技术要求高，研究成本高，样本量往往较少
智能手机 App/智能穿戴设备	2013 年左右（翁锡全等，2010）	智能穿戴设备可以智能计步、计算体能消耗、进行心率监控、智能监控睡眠质量、提供健康提醒等数据，并将这些数据与 iOS 或者 Android 设备同步 GPS 定位进行运动轨迹追踪、网络分享交流等。智能手机 App 功能主要包括 3 个方面：一是计算步数与能量消耗，二是基于 GPS 定位进行运动轨迹追踪，三是学习与交流	智能手机普及程度高，适用于大数据研究	信效度还有待更多研究的检验

表 5-2　该研究领域不同实体环境测量方法对比

测量方法	该领域应用的大体起步时间	解释	优点	缺点
观察法	1990 年左右 (Sallis et al., 1990)	观察者对目标区域进行目视观察，提炼目标区域的实体环境要素形态、分布、密度、距离以及环境质量等进行主观评估，分析可能影响居民身体活动的关键因素和特征	操作简单，对测试工具要求低，便于缺乏先进测量工具的研究者进行研究	受观察者的主观认知影响大，不同观察者间测量结果存在差异。不能真实反映居民对住区实体环境的实际感知
自我报告	1990 年左右 (Cheadle et al., 1992)	受调查者依据问卷或量表设置的内容回答自己对实体环境的感知情况	测量成本低，容易获取大样本量	对受调查者的认知能力和认真态度要求高，不同地区和年龄段人群的普适性差
评估	1992 年左右 (Sallis et al., 1990)	大体形式与观察法相似，但相比于观察法，观察内容需严格按照观察表的内容进行，且观察表针对不同观察者评估的信、效度已经经过检验	同一区域内不同观察点的评估可进行横向对比	观察表在文化差异和居住环境差异较大的区域普适性差，不能真实反映居民对住区实体环境的实际感知
认知地图	1998 年左右 (O'Laughlin & Brubaker, 1998)	使用某种工具材料，在纸上或图上将空间意象记录下来的方法，包括自由描画法、限定描画法、圈域图示法和空间要素图示法等	可用于儿童或者认知能力较差群体的实体环境测量	受调查者需要提前了解掌握，自由描画法和限定描画法对受调查者的绘图能力有一定要求。对图画的信息采集目前还没有统一的标准，受研究者的主观影响较大

续　表

测量方法	该领域应用的大体起步时间	解释	优点	缺点
GIS定量测量	2005年左右（Norman et al.，2006）	基于测绘部门提供的数字地图，应用地理信息系统软件进行密度、距离、便利性等参数的定量测量	实现了实体环境的客观定量测量以及借助地理信息系统强大的空间分析功能，极大地丰富了研究手段	研究者需具备一定的地理信息系统技术知识和使用能力，跨学科研究要求高。对测绘部门提供的数字地图的内容完善性和更新频率依赖程度高
GPS追踪	2005年左右（Rodríguez et al.，2005）	基于GPS定位器进行受调查者的户外空间位移追踪，分析受调查者日常活动的空间分布与热点区域。同时佩戴身体活动加速度计，结合GPS定位器的经纬度数据进行同一时刻匹配，分析受调查者不同强度身体活动的空间分布特征等	GPS技术在该领域中的应用使得针对受调查者接触实体环境中各种要素的频率、持续时间等微观测量更加精确	研究成本高，能测试的样本量有限
网络数字地图	2000年左右（Doyle et al.，1998）	利用网络数字地图如谷歌地图、百度地图和腾讯SOSO地图等测量实体环境中空间要素的信息、分布和密度	大大降低了研究成本，实现了跨区域的研究	对数字地图内容的完善性和更新频率依赖性强
网络街景地图	2012年左右（Vargo et al.，2012）	网络街景地图是一种在线实景地图服务，提供街道或其他环境的360度全景图像，身临其境的地图浏览体验。在实体环境测量中犹如身临其境，进行实地评估	研究成本低，实现了大尺度区域评估	对网络数字地图提供街景服务、提供街景地图区域的普及以及距离拍摄时间的长短要求较高

二、研究领域的转型

(一)研究视角的拓宽

人居实体环境与居民身体活动关系研究的初期,多基于环境行为学视角研究两者的相关关系。因此,初期的研究中有关实体环境指标的选取也多基于马斯洛需求理论来制定(见图 5-2)。如 Alfonzo(2005)借鉴心理学中著名的马斯洛需要层次理论,将影响人们步行行为的实体环境指标归纳成可行性、可到达性、安全性、舒适性和愉悦性这 5 种层次。而 Pikora 等(2003)所开发出的影响居民步行或自行车出行的实体环境评估框架中,一级指标中包括了目的地、功能要素、安全和景观审美 4 个二级指标。其中目的地的二级指标包括了是否存在相关设施,对应最基本的可行性。功能要素则涵盖了距离、路径和交通设施等可到达性要素,安全要素则与安全性相匹配。景观审美则涵盖了舒适性和愉悦性。

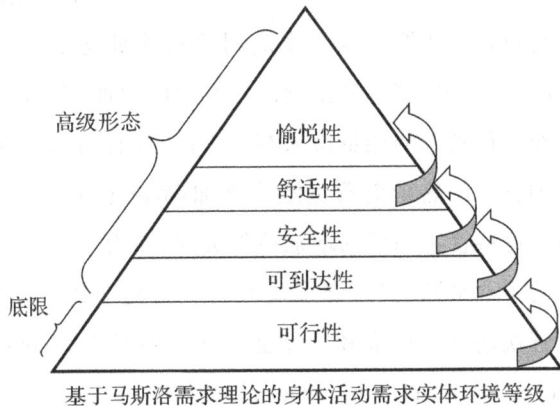

基于马斯洛需求理论的身体活动需求实体环境等级

图 5-2　基于马斯洛需求理论的身体活动需求实体环境等级

注:图片译自 Alfonzo,2005。

随着研究的深入,借助社会生态学模型在健康行为科学研究中的广泛应用,人居实体环境与居民身体活动关系的研究视角有所拓宽。社会生态学模型认为,人的健康行为受个体因素(人口学因素、心理认知因素等)、社会环境因素(社会经济、公共政策等)和实体环境因素等的共同影响,当多变量同时干预时效果最佳(伊向仁,2007;Stokols,1996)(见图 5-3)。借鉴社会生态学模型,近年来人居实体环境与居民身体活动关系的实证研究模型中一般会将个体因素、社会环境因素一同纳入模型,增加研究结果的有效性。此外,由于人居实体环境与居民身体活动关系研究的最终落脚点是居民健康,因此近年来针对三者关系的综合研究逐渐增多。

当前,全球慢性非传染性疾病发病率不断升高,流行病学研究显示,不健康的饮食习惯和身体活动不足是两个重要诱导因素。因此,近年来针对人居实体环境与居民健康关系的研究开始跳出身体活动环境这一范畴,综合食物环境的研究开始增多,研究视角进一步拓宽(French et al.,2001;McNaughton et al.,2008;Holt et al.,2009)(见图 5-4)。食物环境主要指在一定的地理区域内可以触及的食品零售店和食物零食类型。食品零售店包括以下几种类型:快餐馆、便利店、咖啡/甜甜圈店、杂货铺、超市、种族/专业商店(Booth et al.,2005)。作为实体环境的另一个重要组成部分,食物环境与居民尤其是儿童青少年肥胖发生率之间关系的研究在近些年得到了快速发展。在过去的 20 年里,家庭外出食品消费急剧增加,全球 2~18 岁的儿童青少年从快餐及其他餐馆的能量摄入翻了 3 倍,现有的趋势也表明含糖饮料消费和来自休闲食品的热量消费也随之增加(Wang et al.,2008;Piernas & Popkin,2010)。这些食物消费的增加值得关注,因为它们往往是青少年日常过多热量摄入的主要来源,现有许多研究已表明其不利于青少年健康,包括肥胖以及心血管疾病早期病症和 2 型糖尿病存在联系(French et al.,2001;McNaughton et al.,2008;Lindquist et al.,2000)。

(二)研究范式的转型

早期人居实体环境与居民身体活动关系的研究重心为实体环境主要影响因素筛选。常见的研究范式为基于线性回归和逻辑回归等多元统计分析方法探讨实体环境与居民身体活动之间的相关关系。这一范式的研究成果对于社会公共政策的制定具有一定的参考价值,但在规划设计领域的应用价值有限。

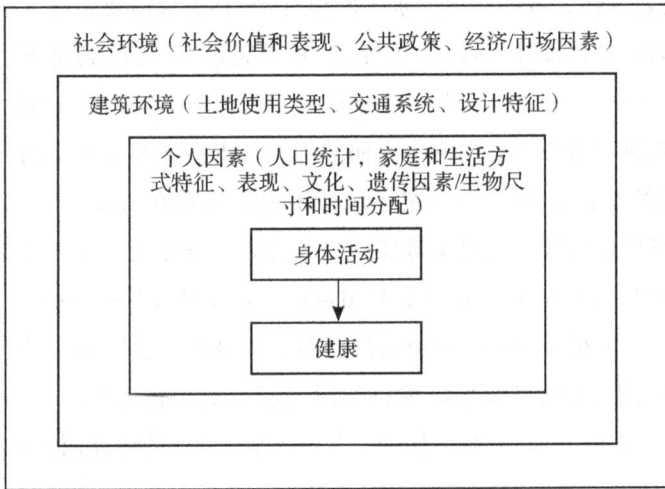

图 5-3　基于社会生态模型的实体环境与居民身体活动关系模型

注:图片译自 National Research Council,2005。

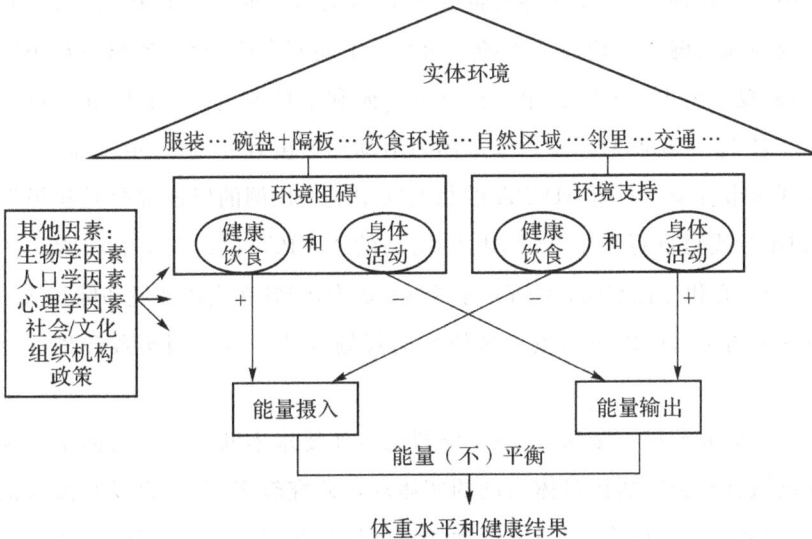

图 5-4　基于跨学科视角的实体环境与健康关系模型

注:图片引自 Wells et al.,2007。

随着规划设计领域的应用需求不断提高,研究成果需要指导人们在哪里进行改造、如何进行设计等,这时单纯的"相关关系"研究已满足不了该领域的发展要求(Gebel et al.,2005;Evenson et al.,2006;Mowafia et al.,2012)。因此,近年来研究重心开始向两个方向转型。基于多元统计分析的研究对变量的分析更深入细致,如评估特定区域范围内是否存在活动设施、设施的数量等级、环境评估等级以及政策等实施与改善居民身体活动和健康指标等的流行病学研究(Prince et al.,2012;Madsen et al.,2013;Torres et al.,2013)。尤其是 GPS 技术在该领域中的应用使得对人们身体活动所接触的实体环境中各种关键因素、密度以及暴露的持续时间测量更加精确(Rainham et al.,2012;Oreskovic et al.,2012)。如 Oreskovic 等(2012)的研究同时使用 GPS、GIS 和体力活动加速度计技术,对 24 名测试参与者使用 GPS 定位器和加速度计测量春、夏、冬 3 个季节的身体活动水平及其背景场所(每个季节测试 7 天,周一到周五和周末 2 天),最后将加速度计数据和 GPS 数据导入 ArcGIS 软件中进行处理,结果发现参与测试者日常大部分时间都待在家中,户外产生中到高强度健身活动的主要场地随季节不同而有所变化,冬季多在小区及周边,而夏季则更多发生在距离稍远的公园和空场地上。Rainham 等(2012)让 380 名 12～16 岁的青少年佩戴体力活动加速度计和 GPS 定位器 7 天,结果发现城市青少年日常 MVPA 的总时间中最大比例的组成部分是积极性通勤,如步行或骑自行车上下学,其他比例的 MVPA 主要的发生场所在居住区、购物中心和绿色空间。Chaix 等(2013)认为,GPS 在实体环境和健身活动关系研究中的应用可以说是该领域研究向规划设计领域应用实践转型的一大进步。

随着研究的进一步深入,对跨学科的合作要求不断提高。目前虽然规划设计领域针对影响居民身体活动的实体环境研究较多,但一直没有深入活动强度、频率和量的层次,而身体活动加速度计是客观测量活动强度、频率和量的重要手段。因此,规划设计领域应加强身体活动加速度计的使用。运动健康促进和公共健康领域一直未能系统应用规划设计领域认知地图、行动和动线观察以及语境差异等实体环境微观捕捉手段。该领域跨学科研究体系中不同学科均需吸收其他学科专长，丰富研究成果。

第三节　居民身体活动降低医疗支出的成本效益分析

一、研究的兴起和发展

（一）社会背景

提出重视健康的个体和社会经济效益这一观点由来已久，早在 1962 年就有经济学家提出了"健康是一种投资"的观点（李苒和赵立，2004）。但事实是，教育是一种投资的理念深入人心，尤其是中国历来重视教育对人发展的价值，而健康是一种投资的观点却相对滞后。

20 世纪 80 年代后，随着科技进步、社会发展和人们生活水平的提高，两个方面问题加剧了社会医疗负担：一是全球慢性非传染性疾病发病率逐年提高，二是人口老龄化问题，这两者联合加重了社会医疗资源的紧张和医疗费用支出的增加。

Wang 和 Dietz（2002）的研究发现，1979—1999 年间美国的 6～17 岁儿童肥胖率增加了 97％，糖尿病发病率提高了 65％，睡眠呼吸暂停发病率提高了 336％。近 20 年来，我国成年人的肥胖率显著升高，2002 年的超重、肥胖检出率分别为 9.6％和 7.0％，到了 2013 年就快速上升至 32.4％和 14.1％，我国成年人高血压患病率也是逐渐增加（见图 5-5）。2011 年，《柳叶刀》发表了 Schmidt 一项针对巴西人群的研究（见图 5-6），发现虽然巴西 1996—2007 年的近 10 年间包括肥胖、心血管疾病等慢性非传染性疾病发病率也呈快速上升的趋势，但分析后发现，许多慢性非传染性疾病的致死率并没有显著提高，部分甚至还有一定程度下降，背后是全国医疗费用的巨大投入使得致死率得到了维持，社会医疗负担严重加剧（Schmidt et al.，2011）。

（二）研究的发展

早期的许多研究直接探讨慢性非传染性疾病与医疗费用间的相关关系，如 Katzmarzyk 等（2000）通过横断面研究发现，加拿大 1999 年由肥胖、冠心病以及 2 型糖尿病等直接造成的医疗费用损失直接增加了 10％的公共财政

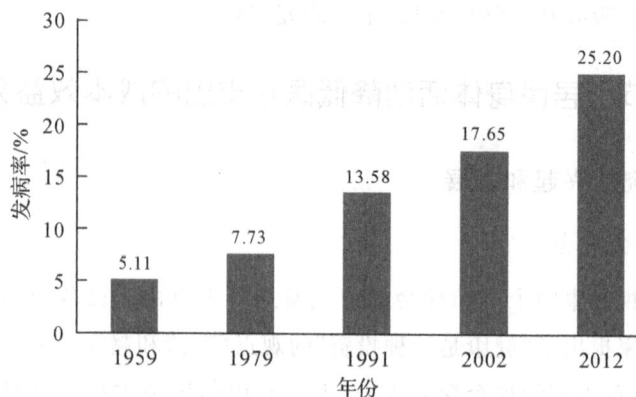

图 5-5　1959—2012 年间我国成年人高血压发病率对比

注：图片引自张梅和王丽敏，2016。

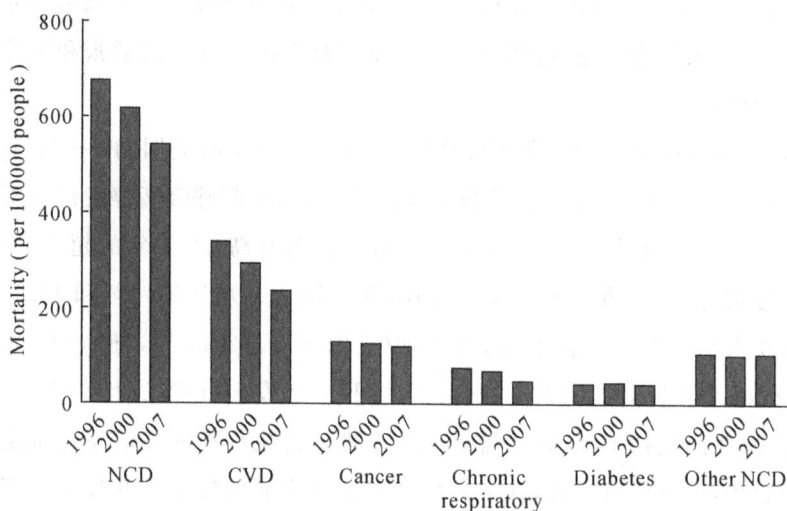

图 5-6　巴西 1996 年、2000 年和 2007 年部分慢性非传染性疾病致死率对比

注：图片引自 Schmidt et al. ,2011。

卫生费用负担。Finkelstein 等(2004)的研究发现，2003 年美国各州由慢性非传染性疾病所造成的医疗费用在 2.3 亿至 35 亿美元之间。慢性非传染性疾病发病率在全球急剧上升，全球大众身体活动普遍缺乏被认为是主要诱导因素之一。身体活动不足与医疗卫生支出关系的研究在 2000 年左右开始进入迸发期,此期间该领域的研究文献发表数量快速上升。表 5-3 对部分研究针对不同国家/地区居民因身体活动不足所导致的直接医疗成本进行了汇总。

表 5-3　部分国家因身体活动不足所导致的直接医疗成本估算

研究者	国家	估算年份	文献发表年份	直接医疗成本	占总卫生支出的百分比/%
Stephenson	澳大利亚	1993—1994	2000	3.77 亿澳元	1.2
Colditz	美国	1995	1999	240 亿美元	2.4
Katzmarzyk	加拿大	1999	2000	21 亿加元	2.5
Martin	瑞典	1999	2001	16 亿瑞典克朗	—
Katzmarzyk and Janssen	加拿大	2001	2004	16 亿加元	1.5
Allender	英国	2002	2007	10.6 亿英镑	1.5
Popkin	中国	2000	2006	13.5 亿美元	—

随着运动健康促进研究的发展,规律性身体锻炼的大众健康效应和缓解社会医疗负担的作用受到了人们的关注。规律性的身体锻炼不仅可以改善身心健康,降低相关疾病尤其是许多慢性非传染性疾病的发病率,提高生活质量,更是在一定程度上直接降低了个人的医疗费用支出和社会医保支付(Cecchini et al.,2010;李文川和刘春梅,2016)。随着研究的深入,直接探讨身体锻炼与大众医疗费用关系的研究逐渐增多。Garrett 等(2011)的研究发现,明尼苏达州政府每年的医疗支出中约有 836 万美元(平均每人 56 美元)是因人们不参加锻炼而产生的。Kelley 和 Kelly(2009)的研究基于美国西弗吉尼亚州 2005 年的数据,分析发现,如果身体锻炼缺乏人群减少 5%,医疗支出将降低 1.08 亿美元。此期间,有关身体活动、慢性非传染性疾病与社会医疗费用关系的理论框架增多(Rosenberger et al.,2005;World Health Organization,2004),代表性的文献是 Cecchini 在 2010 年发表于《柳叶刀》的文献(Cecchini et al.,2010)。近年来,许多基于大样本量进行的研究,其结果可直接为国家政策的制定提供决策依据(Khodaveisi et al.,2017;Wang et al.,2011)。

二、身体活动与老年人慢性非传染性疾病

(一)老年人身体活动或锻炼与骨骼、肌肉系统疾病

许多研究证实，身体活动或锻炼可有效预防或缓解老年人骨质疏松（Obrant et al.，1989）、肌减少或肌萎缩症状，也是预防老年人跌倒的有效干预手段（Tsuji et al.，2003）。

身体活动或锻炼在防治老年人骨质疏松、减少跌倒次数上有着重要的价值。有研究提示，渐进性力量练习能够防止老年人肌肉发生退行性变化，优化骨结构和功能，降低跌倒的概率（Obrant et al.，1989）。对于患病群体，研究指出，肥胖的老年人无论进行有氧运动或者力量练习都可以提高步态表现（Popkin et al.，2006；Ichiro et al.，2003）。然而也有研究发现，力量练习并不能改善骨质疏松患者的病情（Rosenberg et al.，2015）。相比传统的锻炼形式，拳击训练能更有效地增强步态功能以及机体耐力能力，以减少跌倒次数（Ichiro et al.，2003）。多种运动形式结合比进行单一种类的运动锻炼，对人体的影响更为积极。Williamson 等认为，65 岁及以上的老年人通过结合运动，显著地提升了其生理功能和肌肉力量，在身体姿势控制上表现得更为优秀，因而极大地降低了跌倒的可能性（Williamson 等，2015）。Nagai 等认为结合运动降低跌倒的次数是因为遏制了骨密质的流失，改善了骨的结构，并且丰富的身体活动形式有利于老年人长期坚持参与身体活动，对身体产生积极的影响，进而形成良性循环（Nagai 等，2018）。Papa 等认为，对老年人神经系统的积极影响，特别是提高了身体活动的节奏性，才是提高其步态速度、减少跌倒的主要原因（Papa 等，2017）。

综上所述，身体活动或锻炼通过优化老年人的运动系统，对骨骼结构、肌肉力量和关节韧带均有积极的影响，同时结合神经系统的改善，进而能够显著地预防跌倒骨折的发生。每种身体活动都有其特定的锻炼价值，任何一种运动都无法完全满足人们的健康需求。并且，这可能与干预的时间有一定的关系，往往短期内身体活动的影响是较为细微的。同时，结合运动更为显著的作用得到普遍的认可，但是结合运动的影响机制在认识上还没得到统一。

(二)老年人身体活动或锻炼与精神状况和认知功能障碍

一项关于患有轻度认知障碍的老年人的干预研究提示,有氧运动可以提高患者的认知能力,改善步态水平(Zheng et al.,2016)。这得到另一项研究的验证,Burge 等认为其内在机制在于有氧运动增加了患者的海马体体积(Burge et al.,2012)。Kwok 等认为帕金森症患者进行 4 周至 16 周不等的有氧运动,可以提高其肌肉力量,步态表现有着显著的改进(Kwok et al.,2017)。对比现有研究成果,未来可以进行患有多种慢性病老年人的跌倒研究,以提高研究的应用价值。

有氧运动不光可以增强老年人的认知功能,还可以显著地影响其精神状况,随着进行有氧运动的时间延长,对身心的作用更为明显,而且身体活动产生的效益,在一定程度上可以等同于药物手术的疗效(Zheng et al.,2016)。Blumenthal 等(1999)发现有氧运动在患有抑郁症的老年人参与运动的初期并不能表现出明显的影响,但在结合用药 10 个月后,其有着显著的表现。Babyak 等针对未使用药物治疗的患有抑郁症的老年人的运动干预研究,提示每周锻炼 3 次及以上,每次 40~60 分钟,持续 3 个月以上的有氧运动,无论通过纵向和横向对比均能得到显著的结果;而有氧运动在 3 个月以内,则效果不显著(Babyak et al.,2000)。Peeters 等发现 23 名女性仅通过 1 天的瑜伽干预,其抑郁程度就明显地降低(Peeters et al.,2018)。

有氧运动虽然被人们作为身体活动的主要形式,但是并不意味着其是缓解抑郁症的最优运动。Laske 等对 52 名老年人进行有氧运动干预的研究提示,经过 3 周的中等强度有氧运动后,实验组与对照组在抑郁程度上并没有显著的区别(Laske et al.,2010)。Wegner 等的一项关于患有多发性硬化症的老年人运动干预研究,提示 15 周以上的有氧运动后,患者的运动系统和泌尿系统功能得到显著提高,体内的血脂平衡得到改善,而且也减轻了抑郁的症状(Wegner et al.,2014)。另外,对照单一形式的身体锻炼,综合运动丰富的内容形式,给老年人更多合适的选择,例如瑜伽、普拉提,可以发展人的耐力、力量、协调等多种运动素质,加上该类运动通常以群体的方式开展,增加了社会交往,进而显著地减轻了老年人抑郁的程度(杨光,2008)。患有阿尔茨海默病、慢性疲劳综合征、慢性阻塞性肺病的老年患者,通过太极拳、气功等有氧运动结合拉伸训练,可以明显地减轻抑郁的状况;而且在停止运动后的 3 个月内,运动对保持心理健康的作用依旧维持在较高的水准上(Burge et al.,2012)。

身体活动或锻炼在减轻老年人压力水平、缓解焦虑程度上也有着重要的价值。力量练习在一定程度上可以缓解焦虑(杨光,2008)。但有的研究认为,有氧运动中的太极拳,相比力量练习,可以取得更好的缓解效果(Taylor et al.,2004)。有的研究发现患有精神分裂的老年人参加小组形式的有氧运动或者渐进式的肌肉放松活动,可以更好地缓解焦虑状况(Wang et al.,2014)。Wang 等的一项关于 170 名乳腺癌患者的运动干预研究,提示渐进式的肌肉放松练习结合音乐,可以对其焦虑产生积极的影响(Wang et al.,2014)。Davies 等的一项关于患有心力衰竭的老年人运动干预研究,提示进行渐进式肌肉放松练习,与拉伸练习、力量练习和有氧运动的混合运动相比,有着更好的表现(Davies et al.,2010)。而且,新兴的水中运动也表现出良好的干预效果;同时,相比运用一种运动,结合运动可以取得更好的效果(Peeters et al.,2018)。另有研究发现当患有抑郁症或焦虑的老年人进行身体活动时,伴有监督,会增强运动的影响(Laske et al.,2010;杨光,2008)。以思想层面影响为主的健康教育,缺乏身体活动,并不能表现出良好的干预效果。

综上所述,身体活动或锻炼可以有效减轻老年人抑郁症、焦虑等神经病症;即便在面对患有 2 种以上慢性病时,也有着积极的表现;采用有氧运动之外的运动形式、结合多种运动方法的结合运动可以取得更好的缓解效果,其机制可能在于运动干预主要以身体练习为主,同时增加了老年患者的社会交往,结合运动可以更全面地促进患者身体素质的发展,在对抗自身精神上的疾病时有着更坚实的前提,进而影响病症的发展。未来研究可以进一步扩展焦虑与其他慢性病复杂病症下的运动干预效益,以提供更多帮助老年焦虑患者的途径。

（三）老年人身体活动或锻炼与代谢综合征

身体活动或锻炼在控制老年人代谢综合征风险因素方面有着积极的作用。研究发现，有氧运动、力量练习可以增强患者上下肢的肌肉含量，降低身体内脂肪的比例；其中力量训练可以改善肥胖老年人的身体成分（包括肌间的脂肪），但是对于初始时过于肥胖的老年人影响不大（Morais et al.，2019）。Sheri 等对 28 名 1 型糖尿病男性患者进行 12～16 周的有氧运动干预后，发现其血脂的浓度明显下降（Sheri et al.，2016）。Kyu 等发现患有 2 型糖尿病的超重老年人，经过 2～3 个月中等强度的有氧运动后，内脏脂肪、腹部沉积的脂肪明显减少；这在力量练习中也是成立的（Kyu et al.，2016）。另一项关于患有多囊性卵巢综合征的老年人的运动干预研究也得出相似的结果，并且发现还可以促进患者排卵与胰岛素抵抗（Harrison et al.，2011）。有的研究发现，超重或肥胖人士进行步行、自行车、慢跑、举重等多种类型相结合的身体锻炼能显著地减轻体重（Popkin et al.，2006）。

糖尿病患者通过不同类型的身体活动或锻炼可以有效地抑制病情。Boule 等发现糖尿病患者进行 4 个月的有氧运动后，其身体素质、机体在胰岛素的需求程度以及内皮功能方面都产生了积极的变化（Boul et al.，2001）。Kyu 等发现，3234 个样本中参与有氧运动和控制饮食的组别，在 2.8 年后患 2 型糖尿病的风险降低了 58%（Kyu et al.，2016）。而不同种类的有氧运动对糖尿病患者的影响并无明显差异，均可以改善病情，例如间歇训练能改善糖尿病患者的身体状态，需要注意的是锻炼过程中对血糖的监控，以避免运动损伤（Popkin et al.，2006）。但是，MacLeod 等发现 220 名糖尿病患者通过有氧运动的干预后，受试者仅 LDL 值显著降低，身体成分别的方面并没有积极变化（Macleod et al.，2013）。Kyu 等认为力量练习仅仅是提高了个体的肌肉力量，并没有缓解 2 型糖尿病的病情（Kyu et al.，2016）。Sarnblad 等也持相似的观点，认为运动类型的不同对缓解其病情没有多大的区别，然而当力量练习和有氧运动共同干预糖尿病时，却有着良好的表现（Beraki et al.，2014）。Connelly 等发现通过 8～10 个月的结合运动，显著提高了 2 型糖尿病患者自身对血糖的控制(Connelly et al.,2013)。有的研究提示,糖尿病患者参与有氧运动和力量练习两者结合的运动,能产生更为显著的变化(Kyu et al.,2016)。需要注意的是,参与锻炼前应充分了解个人健康状况,当患有神经性疾病和足部疾病时,有氧运动和力量练习只会加重患者病情,造成额外的运动损伤(Peeters et al.,2018)。

运动疗法作为一种缓解老年人心脑血管疾病的辅助手段,对心脑血管功能的影响是不容小觑的。有研究提示,长期有规律的有氧运动能提高 HDL 水平,调节血脂水平,降低患心血管疾病的风险(Zheng et al.,2016)。但是目前对于力量练习在缓解高脂血症患者病症的影响上尚未得到统一认识(Babyak et al.,2000)。Taylor 等发现每周进行 2～5 次,每次 20～60 分钟,运动强度在 50%～80%最大摄氧量的有氧运动,同时辅之力量练习,可以有效地改善患者心血管机能,提高冠心病患者的生命质量,降低因冠心病导致的死亡率(Taylor et al.,2004)。

身体活动或锻炼可以有效地缓解高血压病症程度。有研究发现,不论患者进行有氧运动还是力量练习,都能在 HDL、血脂、全身血管阻力等与血压密切相关的生理指标上发生显著的变化(Zheng et al.,2016)。但也有研究认为,并不是所有类型的力量练习都能有效地降低血压(Peeters et al.,2018)。研究提示,动态力量练习和等距握力训练经过合理的调控后,可以显著地降压(杨光,2008)。当结合有氧和力量训练时,老年人的舒张压和平均血压在运动后一小时内显著降低,但运动后低血压的持续时间没有单一采用有氧训练的长(Cornelissen et al.,2011)。另一研究提示,有氧运动、不同形式的力量练习以及混合运动均能降低血压(Georgiades et al.,2000)。一项关于糖尿病患者的运动干预研究,同样得出了有氧运动可以降低患者血压的结论(Kyu et al.,2016),表明有氧运动对复杂病情也具有一定的作用。

综上所述,身体活动或锻炼在降低老年患者体脂的同时可以有效地增加肌肉的含量,使得身体成分趋向健康的比例,以降低代谢综合征的风险。另外,身体活动或锻炼干预的效果与患者的初始病症的程度有关。结合运动相比单一形式的身体活动或锻炼,能够更为有效地控制肥胖、糖尿病、心脑血管疾病、高血压病情的发展，但是力量练习对于糖尿病的干预效果并不显著。有氧运动往往需要较长时间的干预才能观察到明显的表现，但是是否存在一个阈值使得干预更具有准确性，这是未来研究的一个方向。可丰富患有不同慢性病前提下，身体活动或锻炼对肥胖老年人的干预研究，以提高面对不同个体时干预的效力。后期也可加强力量练习对于患有糖尿病的老年人的干预研究。

（四）老年人身体活动或锻炼与中风、癌症

不同类型的身体活动或锻炼在防治中风、癌症这类严重的慢性病上，也有一定程度的效果。Kyu 等研究发现，通过有氧运动可以加快患者机体的代谢，不光可以提高有氧能力，还可以从整体上提升人体机能，促进健康（Kyu et al.，2016）。中风患者在疾病的不同时期进行步行训练对于健康都是有效的，可以提高其步行的速度和距离（Papa et al.，2017）。患者也可以通过跑步机增进其步态功能（Kwok et al.，2017）。年龄较大的偏瘫患者参与力量练习，可以提高肌肉力量，有效地降低死亡率，提高生命的质量（Ichiro et al.，2003）。研究表明，有氧运动和多种运动相结合的混合运动也能对中风产生积极的影响。

在干预癌症方面，有研究发现，乳腺癌、心力衰竭患者进行音乐结合的渐进性肌肉拉伸放松练习，可以帮助提高心理健康水平，尽快从手术治疗恢复至正常的身心状态（Kyu et al.，2016；Janssen，2012）。Eliassen 等发现，269名癌症患者在经过 6 周、每周 9 小时的有氧运动和力量练习后，在有氧能力、肌肉力量、心理健康上都有显著的改善（Eliassen et al.，2010）。运动可以有效地消除患者的疲劳感，增加癌症治疗期间的信心，有利于提高药物治疗的效果（Pedersen et al.，2015）。我们可以得出结论：无论通过单一运动还是结合运动的形式对癌症进行干预，均可以对病情产生积极的影响，但是更多的是倾向于心理方面。

综上所述，有氧运动和结合运动，通过直接增加中风患者的身体活动量，改善其机体功能状态，但是可能是考虑到病情的特殊，关于力量练习的干预研究较少；另外，未有研究涉及在中风的不同阶段，身体活动所发挥的确切作用,特别是针对中风早期以及预防中风不同类型身体活动的功能价值。对于癌症患者的影响,身体活动或锻炼更多地倾向于促进其心理健康,结合药物手术等手段以取得更好的效果。

(五)老年人身体活动或锻炼与呼吸系统健康

身体活动或锻炼能够对患有呼吸系统疾病的老年人产生显著的影响。慢性阻塞性肺病患者在大强度的有氧运动,如步行和骑自行车后,可以改善肺功能,增强肌肉力量,提高个体健康水平;若结合音乐疗法,可以减轻运动带来的生理不适感,获得更为积极的缓解效果(Jaul & Barron,2017)。Turner等发现支气管哮喘患者在进行1周2次,强度为最高摄氧量的80%～90%,持续10周的游泳训练后,发病次数明显减少,有效地减轻了焦虑程度,有力地增进了个体的心理健康(Turner et al.,2011)。另一项通过高强度的有氧运动进行干预的研究,也得出类似的结果(Emtner et al.,1996)。有研究发现,通过力量练习也能产生类似的效果;并且,有氧运动和力量练习相结合的身体活动形式能够更为合理全面地促进患者康复(Blair & Morris,2009)。支气管哮喘患者通过中高强度的有氧运动,如跑步、骑自行车等,可以有效地遏制病情,目前未见力量训练以及结合运动对支气管哮喘的干预研究(Ding et al.,2016)。而对于运动锻炼干预囊性纤维化的研究,目前主要集中于儿童,发现有氧运动和无氧运动可以增强患者肺部功能肌力,提高其运动能力;少数关于成年人的实验发现,间歇运动可以加快痊愈的进程(Heck,2013)。

综上所述,中高强度的有氧运动和力量练习均能有效遏制呼吸系统疾病的恶化,而混合的运动形式可以取得更为积极的影响。日常生活中,老年人较少进行力量练习,对其进行相关的运动干预具有较大的研究意义。而对于老年人患有囊性纤维化的研究,虽然关于儿童的相关研究对前者具有一定的借鉴价值,但是两种群体在身心方面仍存在较大的差异,这应是未来的一个研究方向。

(六)老年人身体活动或锻炼与关节健康

身体活动或锻炼可以有效地缓解骨关节炎患者的疼痛,提高其生命质量。通过对膝关节、髋关节等患骨关节炎的主要关节进行有针对性的锻炼,如增强股四头肌肌力,可以减少关节软骨的损失,显著地提高患者的生命质量(Kwok et al.,2017)。骨关节炎患者通过单一类型的有氧运动、力量练习或水上运动也可以获得显著的干预效果(Williamson et al.,2015)。有研究提示,通过结合运动可以缓解关节疼痛,增强关节的肌肉力量,改善关节的相关功能。Zhang 等对 319 名类风湿性关节炎患者进行为期 1 年、每周 2 次、每次 75 分钟的结合运动干预后,发现除小部分患者出现病情恶化的现象,绝大部分受试者关节的功能趋向健康状态,身体机能得到了强化,整体表现出良好的态势;同时在有氧能力方面,也得到明显的提升(Zhang et al.,2010)。但是在关于身体锻炼与放射性关节损伤、全身炎症标志物的关系等研究中并没有发现类似的结果(Obrant et al.,1989)。Williamson 等认为,骨关节炎患者由于身体状态较难进行有氧运动等身体活动,适合通过休闲活动来缓解疼痛(Williamson et al.,2015)。有研究发现,无论何种类型的运动,经过短期的锻炼都无法得到显著的影响,提示应长期进行有氧运动、力量练习或结合运动,将其转化成生活习惯;还指出在进行身体活动或锻炼的基础上强化认知训练可以明显地缓解背部疼痛(Williamson et al.,2015)。

综上所述,不同类型的身体活动均可以改善骨关节炎患者的病症。其内在机制可能是通过增强关节周围的肌肉力量、恢复关节功能,来减轻骨关节炎症反应。长期有规律的运动是对骨关节炎干预效果的保证,但如何对身体活动进行优化,提高干预效率,降低时间、物质成本是未来的一个研究方向。

三、老年人身体活动或锻炼强度与慢性非传染性疾病

(一)抑郁症

患有抑郁症的老年人通过调整参与身体活动或锻炼的强度可以获得不同的影响。Blumenthal 等对抑郁症患者进行为期 3 个月的运动干预,发现同样是进行气功练习,锻炼的频率、强度不同,使得最终受试者的精神健康程度也有明显的差异;身体活动的强度和量越大,对抑郁症的改善作用也越大;并且在一定程度上可以缓解其焦虑症状(Blumenthal et al.,1999)。另一项研究提示维持较高的运动强度与运动量,可以影响心肌、肾脏、神经系统和内分

泌系统的生理功能，进而防止老年人各种慢性病的发生与发展（Papa et al.，2017）。由此可以看出，在干预抑郁症时选用较大强度的身体活动可以产生更为显著的效果。

（二）心血管疾病

不同身体活动强度均能缓解心血管疾病的病情。Taylor 等发现，即便是低运动强度例如步行，也有利于降低患冠心病的风险；提示当进行 150 分钟/周的中等强度运动或者 75 分钟/周的高强度运动会进一步减少冠心病的死亡率（Taylor et al.，2004）。在此基础上，Ding 等提示低强度的锻炼能有效地降低心血管疾病和心血管风险因子的流行率，当运动强度达 70～100 分钟/周时，流行率最低；但当继续增加强度时，不会有额外的效果（Ding et al.，2016）。流行病学研究一致发现，相比中等强度的身体锻炼，特别是当强度≥6MET 时，高强度的身体锻炼更能降低心血管疾病的风险（张展嘉等，2018）。有研究指出，终身锻炼与心血管疾病发病率两者之间存在曲线的关系，但总体上是随着锻炼年限的增长，心血管疾病的发病率呈下降的态势；还提到强度较高的身体锻炼影响人体的能量代谢和心血管适应，促进心肺的健康（杨光，2008）。同时，有研究提示所有强度的锻炼对于心脏代谢生物标志物都有益，包括腰围、受体蛋白、血清胰岛素等（Obrant et al.，1989）。由此可以得出，高、中和低强度的身体活动均能对患有心血管疾病的老年人产生积极的影响，并且存在反向关系。但是对于最大的有效强度的说法还没有达成统一。

（三）其他相关疾病

不同强度的身体活动在影响慢性堵塞性肺病、糖尿病和控制胆固醇、体重中都有良好的表现。Eid 等发现患有慢性堵塞性肺病的老年人经过高强度的身体锻炼后，在 6 分钟行走试验中距离提高了 52～76 米，在评价生活质量的 SGRQ 量表中分数提高了 8 分以上（Eid et al.，2001）。Salman 等发现患有轻度慢性堵塞性肺病的老年人进行 1 周 2 次、持续 6 个月的高强度身体锻炼，可以提高其运动能力、肌肉质量，提升自我认可，在一定程度上可以缓解其病症(Salman et al.,2003)。有研究发现,1型糖尿病患者在进行高强度的身体锻炼后,其自身对血糖的调节能力也得到了显著的提高(Sheri et al.,2016)。De Rezende等认为高强度的身体锻炼比中等强度的身体锻炼更能提高HDL、降低LDL和总的胆固醇浓度;其中当采用有氧运动进行干预时,血脂浓度随着身体锻炼强度的增加而下降;但是当运动强度达到＞85％1RM时,高强度的身体活动相比于运动强度为50％～80％1RM的中等强度,却无法获得更多的效果(De Rezende et al.,2015)。Connelly等提示,当运动强度为≥60％的最大摄氧量时,高强度的身体锻炼更能提高个体的舒张压、调节血糖和有氧能力,但是对收缩压、血脂和降低体重没有影响;而在控制体重上,高强度的身体锻炼对老年人的身体影响表现出相反的干预效果(Connelly et al.,2013)。有研究发现,在控制饮食后,高强度的体育锻炼可以更大程度地减轻体重(Popkin et al.,2006)。

由此可以得出,高强度的身体活动或锻炼在适用不同的慢性病时,表现出一定的相对性;高强度的身体锻炼更适用于对慢性堵塞性肺病、糖尿病、胆固醇和体重的干预;中等强度的身体活动较适用于对血脂的干预影响。

四、老年人身体活动影响医疗支出的实证研究综述

近20年来,身体锻炼降低医疗支出的对照试验研究得到了快速发展,研究向两个维度进行细化和延伸:一是身体锻炼的频率、时间和强度等与医疗费用间的关系强弱;二是身体锻炼对不同年龄段人群、不同病症人群医疗开支降低效果的差异。这些研究成果对于大众的运动健康促进和公共健康政策的制定具有重要的参考价值。

(一)国际该领域研究的发展历程

整理历年来该领域发表的对照试验研究文献后发现,研究历程大致经历了3个主要阶段。第一阶段主要为2000年以前的研究,此期间的研究主要分析身体锻炼对人们医疗开支降低的整体影响。此期间许多文献的研究结果对身体锻炼能够降低医疗开支持积极性观点,如Hatziandreu等(1988)针对1000人连续35年的追踪研究发现,有规律性锻炼习惯的人,每年(质量调

整生命年)平均可降低 78.1％的冠心病发病风险和节省 1138.3 美元的医疗开支。Ackermann 等(2003)对 1114 名 65 岁及以上的老年人的回顾性调查分析发现,不参加身体锻炼的老年人人均年医疗费用支出 1175 美元,而规律性参加身体锻炼的老年人人均年医疗费用支出 642 美元。但同样有许多文献得到了没有显著相关性的结果(Zapata-Diomedi et al. ,2018;李苘和赵立,2004)。

随着研究的深入,第二阶段的研究(主要为 2000 年以后发表的文献)开始更加关注体育锻炼对不同病症医疗开支降低效果的研究。研究者发现,相比于宽泛的研究群体,细化至针对不同病症患者的体育锻炼干预的对照试验研究结果取得了更具说服力的结论。此外,部分研究还得出了极具价值的研究结论。如 Nicholl 等(1994)的研究发现,体育锻炼降低医疗支出的研究并非适用于各年龄段群体,45 岁以下人群由于整体健康状况较好,很多医疗费用的产生并非因身体锻炼不足所造成,所以越低年龄段的人群研究结果一致性越差,而老年人显示出了比年轻人更好的适用性。由于人过中年之后,身体锻炼不足造成的非慢性传染性疾病发病的风险增加,体育锻炼的经济效益才能更加凸显。因此,目前许多研究一致建议该领域研究的群体限定在老年群体。

2010 年后,该领域的研究逐渐进入第三阶段,开始关注不同锻炼强度对不同病症患者降低医疗支出的效果检验,取得了更为可靠的研究成果(Guo et al. ,2010;杨光等,2010)。

虽然经过近 20 年的发展,该研究领域取得了丰硕的成果,但临床医学中对身体锻炼的价值并未体现出应有的重视。Sallis(2009)就认为,虽然我们对规律性的身体活动能够降低慢性非传染性疾病发病率和致死率已取得足够可靠的证据,也清楚地认识到大众身体锻炼不足会增加社会医疗负担,但全球的医学界对相关病人展开运动干预的实践是极其少的。因此,提高全社会对体育锻炼的个体健康效应和社会经济效益的认知具有重要的价值和意义。

(二)国内该领域研究的发展现状

对国内现有的文献进行梳理后发现,目前对该领域的研究尚处于起步阶段。多数文献是介绍国外研究的综述性文献(李苘和赵立,2004;司荣贵,

2004；梁思雨和杨光，2014），杨光（2008）针对该研究领域还出版了一部专著。国内针对该领域的实证研究并不多。如杨光和永富良一（2009）针对日本仙台鹤谷地区904名老年人进行了37个月的前瞻性队列调查，发现体育锻炼对于改善老年人生理机能，提高运动能力，降低跌倒骨折的发生率，抑制医疗费增长起到重要的作用；李文川和刘春梅（2016）针对1006名上海60～79岁老年人的研究发现，有锻炼习惯的老年人的医疗支出显著低于无锻炼习惯的老年人，周累积体育锻炼时间是影响老年人医疗支出的关键因素。其原因可能在于国内研究该领域的学者数量较少。本书对不同阶段具有代表性的实证研究文献进行了汇总，如表5-4所示。

表5-4　不同年份报道的实证研究文献汇总

研究者	发表年份	样本人口学特征	方法	研究结果
Hatziandreu et al.	1988	1000名35岁健康成年男性连续追踪30年	使用成本—效益法分析锻炼预防冠心病的健康和经济效益。依据闲暇时间每周身体活动是否在2000kcal及以上将样本分成运动和不运动两个队列。观察两个队列样本从35岁到64岁的30年间冠心病发病率、预期寿命，以及质量调整后的预期寿命。以健身跑步为例来计算身体锻炼的成本、受伤率、坚持时间和时间花费。与锻炼、受伤和冠心病治疗直接和间接相关的费用都计算在内	有规律性锻炼习惯的人，每年（质量调整生命年）平均可降低78.1%的冠心病发病风险和节省1138.3美元的医疗开支
Leigh & Fries	1992	1558名美国银行退休人员，平均年龄68.5岁，连续追踪12个月	——	每周超过100分钟的锻炼平均每年节省直接医疗成本460美元

续　表

研究者	发表年份	样本人口学特征	方法	研究结果
Munro et al.	1997	10000 名 65 岁及以上的老年人	招募教练员分区域对 10000 名老年人分组进行每周 2 次，为期 1 年（实际干预 44 周）的跑步机跑步锻炼。依据该地区的统计资料，分析干预前每 10000 名 65 岁以上老年人每年因冠心病、高血压、脑血管疾病、糖尿病、骨折和精神障碍这 6 种疾病导致的死亡人数、住院次数、医疗费用。与 10000 名样本干预 1 年中的这些疾病所导致的死亡人数、住院次数、医疗费用进行对比	对 10000 名样本进行为期 1 年的干预，项目总耗费为 854700 英镑，而这一年中这批样本因这 6 种疾病导致医疗费用与统计数据相比降低了 601000 英镑。虽然还有将近 250000 英镑的锻炼干预成本未能抵消，但是换来了每 10000 人少死亡 76 人，少住院 230 次的公共健康效益
Georgiou et al.	2001	99 名 55～64 岁老年慢性心衰竭患者被分成两组队列（锻炼干预组 50 人，对照组 49 人）	先进行连续 14 个月的干预，观察成本效益。之后连续干预追踪 15.5 年，观察生存率	规律性参加身体锻炼的慢性心衰竭患者预期寿命平均增加 1.82 年，每年节省医疗开支 1773 美元
Robertson et al.	2001	240 名 75 岁及以上老年人，被分成干预组（121 人）及对照组（119 人）	干预组脚踝负重每周至少步行 3 次，在第 1、2、4、8 周进行家访，6 个月后再进行 1 次强化家访。连续追踪 1 年	干预组比对照组人均跌倒概率降低 46%。对照组有 5 人因跌倒住院。干预项目人均花费 1803 新西兰元，干预人均节省医疗开支 155 新西兰元

续　表

研究者	发表年份	样本人口学特征	方法	研究结果
Robertson et al.	2001	80 岁及以上女性随机分成干预组(116 人)和对照组(117 人)	干预组进行每周 3 次、每次 30 分钟的步行训练,连续追踪 2 年。统计两组受试者两年中的摔倒次数、因摔倒引起的医疗开支	结果发现,对照组两年中引起受伤摔倒次数为 77 次,而干预组为 33 次。干预组平均减少 1 次摔倒的项目成本为 265 新西兰元,而 1 次中等严重程度的摔倒需医疗费用支出为 426 新西兰元
Schnelle et al.	2003	4 个养老院中的 190 名尿失禁患者。随机分成干预组和对照组	观察者进入养老院,采用单盲的方式对尿失禁老年人进行观察 6 个月,得出人均尿失禁次数,作为基线标准。之后进行每天上午 8 点至下午 2 点间、持续 2 小时(每周 5 天)的低强度干预锻炼,持续 8 个月	干预组尿失禁概率降低 10%,但没有观察到明显的医疗费用降低
Ackerm-ann et al.	2003	1114 名 65 岁及以上老年人	采用回顾性队列研究过去 3 年参加社区锻炼项目是否能够降低医疗卫生支出	不参加身体锻炼者每年人均医疗费用达到 1175 美元,但进行规律性身体锻炼者每年人均医疗费用仅为 642 美元。在调整年龄、性别、登记日期、合并症指数、参加前支出和利用水平的差异后,相对总体而言,每周参加固定锻炼项目 1 项及以上者可降低医疗费用支出 20.7%

续　表

研究者	发表年份	样本人口学特征	方法	研究结果
Tsuji et al.	2003	27431 名日本国民（40～70 岁）	对样本连续追踪 4 年，测量其步行量和医疗开支	每日步行 1 小时以上的样本平均医疗开支比步行 30 分钟的人少 42 美元
Lee et al.	2007	70 名间歇性跛行患者	分成两组进行对照试验研究，即传统治疗与药物组和运动干预组。连续追踪 3 年	相比于传统治疗和药物组，干预组节省医疗开支 1780 英镑，人均节省约 54 英镑
杨光和永富良一	2009	904 名 70～96 岁的日本仙台地区老年人	依据下肢肌肉力量、站立体前伸、起立行走计时测试、10 米最大步行 4 项指标的综合成绩区分不良组、普通组、良好组、优秀组	不良组（男 532.9 美元，女 426.5 美元）、普通组、良好组、优秀组（男 351.9 美元，女 272.9 美元）人均医疗开支逐渐降低，差异具有显著性
杨光等	2010	2730 名日本仙台地区 70～96 岁老年人	对样本人群依据锻炼强度、锻炼频率和每次持续时间进行分级	每周 3 次及以上持续时间 30 分钟高强度锻炼的老年人要比 3 次以下的老年人每月人均医疗开支节省 100 美元
李文川和刘春梅	2016	选取上海市 60～79 岁老年人 1006 名，其中有规律体育锻炼 794 人，对照组 212 人	采取医保账户数据采集与问卷调查相结合的方法，对被调查者锻炼前后的医疗支出进行比较和分析	锻炼前后降低幅度平均为 487.15±589.46 元，其中男性老年人为（473.50±548.55）元、女性老年人为（501.08±628.86）元

第四节　人居实体环境与医疗支出折算关系的实证研究综述

近 10 年来，越来越多的研究结果表明，住区及周边活动设施设置多样性、分布情况、步道结合便捷性、环境美观性以及配套设施完善性均会对居民的身体活动类型、频率、强度等产生影响，从而对他们的健康产生影响（Sallis et al.，2016；翁锡全等，2010）。该领域的许多研究成果极具应用价值，如社会政策制定、住区规划设计标准等。

一、社会政策制定

对当前国内外的文献进行整理后发现，该领域的研究成果目前主要应用于社会政策制定参考。如澳大利亚新南威尔士州健康部推出的塑造积极性居住区的交通和实体环境变化政策以及美国密尔沃基和威斯康辛地区使用灵活政策来提出创建"邻里学校"倡议（Gebel et al.，2005）。

二、住区规划设计

该领域的研究成果在城市建设、规划设计等领域的具体应用进展缓慢。如美国的"设计下的积极生活"项目，该项目在 2001 年由罗伯特伍德约翰逊基金会资助成立，由北卡罗来纳大学公共健康学院进行管理，目的是根据该领域的研究成果应用于居住小区的环境改造，但项目成立以来发展较为缓慢，其中主要的原因是环境的建设和优化所需资金较大，大面积实施会增加公共财政压力（Sallis et al.，2016；Brennan et al.，2012）。

该研究领域的成果应用中这一制约因素愈发凸显，近年来许多研究开始关注人居实体环境的建设投入促进居民的身体活动，进而降低公共医疗费用支出的成本—效益分析。Zapata-Diomedi 等（2018）对 2011—2014 年间发表的有关人居实体环境、居民身体活动与医疗支出实证研究的文献进行了整理和归纳，其中一份研究发现，土地利用多样性有助于居民步行量的增加，多样性每增加 1 个标准差，居民人均健康医疗费可降低 7.74 澳元，而另一项研究结论则为 5.68 澳元，同时也有研究发现，某区域街道路灯的数量从 315 个增加到 783 个能显著改善居民的身体活动量，带来区域内居民人均 7.51 澳元的健康经济效益收获。而 Koohsari 等（2014）的研究则发现，研究区域内单位面积每增加 10 个交叉路口，收获的健康经济效益为人均 14.81 澳元。Giles-Corti 和 Donovan（2002）的研究则发现，研究区域内每增加 1 个健身活动设施，居民人均健康经济效益收获 69.83 澳元。此类研究的价值在于它为政府部门的决策提供了非常翔实的数据支撑，这有利于政府部门针对居民身体活动改善而进行人居实体环境设计和建设的投入与社会经济效益的成本—效益预估。通过对文献的搜索发现，探讨改善人居实体环境与社会医疗费用关系的文献并不多。虽然 2001 年 Ulrich 就发文系统阐述了通过城市人居环境的合理规划设计促进居民身体锻炼，进而降低社会医疗负担的观点，但此后该领域研究进展并不迅速，其间偶尔有学者发文提出这一观点（Srinivasan et al.，2003；Boarnet et al.，2008；Lee & Maheswaran，2011），但到了 2010 年后，该领域基于研究数据的实证研究文献才逐渐增多（Guo et al.，2010；Zapata-Diomedi et al.，2018）。虽然目前的研究文献总体不多，但显然这是一个极具社会价值的研究方向。

三、老年人是社会医疗资源主要占用群体

目前全球老年人口比例逐年增加。由于老年人身体机能衰退，各种病症发病率上升，因此，老年群体是社会医疗资源的主要占用群体，随着老年人口比例的上升，全球社会医疗负担不断加重。许多流行病学研究显示，老年人群体性锻炼干预对降低医疗支出效果明显，而为了促进老年人身体锻炼，除提高自身认知外，营造适宜的人居实体环境也是重要途径（Etman et al.，2014；Etman et al.，2016）。从现有的文献来看，目前人居实体环境、居民身体活动和医疗卫生支出间关系的研究主要围绕老年人口展开。许多研究发现，规律性的身体锻炼能够降低居民医疗支出这一结论不适用于 45 岁及以

下的年轻成年人,较适用于老年人,因为年龄较小的成年人日常医疗费用支出很多并非由于身体活动不足导致的慢性非传染性疾病,而老年群体中,由身体活动不足导致的慢性非传染性疾病产生的医疗费用较多,使研究结果更加可靠(Nicholl et al.,1994)。因此,当前该领域研究中的概念模型和逻辑框架也主要围绕老年群体进行阐述。

四、小　结

基于现有的文献分析发现,一是目前研究多为流行病学研究,对政策制定的参考价值大,但在规划设计领域应用度不高,应加强主观调查与GPS 客观追踪结合的影响机制研究,提炼实体环境的关键因素和特征,为规划设计提供具体的设计标准和素材。二是老年人是社会医疗资源主要占用群体,也应是主要研究群体,但目前的研究对老年人医疗支出没有进行疾病类型的细化和筛选。传染病、意外伤害等与缺少锻炼无明显相关证据的疾病所产生的医疗费用不应归入探讨范围,而应正确分类、挑选医疗费用数据以提高研究结果的准确性与真实性。三是国内研究还需深入,尽可能实现数据客观化测量,加强多元统计分析,探讨人居实体环境建设投入与医疗支出效益的数量关系,凸显利于促进居民身体锻炼的人居实体环境建设投入的必要性和经济性。

第五节　国内该领域研究的现状、机遇与挑战

基于中国知网、万方数据库和维普期刊数据库,以"环境"、"实体环境"、"建成环境"、"活动"、"身体活动"、"体力活动"(国内对 Physical Activity 也常译作体力活动)、"健身"、"锻炼"、"体育"等关键词进行组合搜索。将不同年份发表的论文情况汇总,如表 5-5 所示。

表 5-5　国内学术期刊数据库搜索的不同年份汇总

年份	论文总数	综述性文献数	实证研究文献数				研究者所属领域		
			实体环境与身体活动均为主观测量	身体活动客观测量	实体环境客观测量	全部客观测量	体育学	规划设计学	公共卫生与健康学
2010	2	2	0	0	0	0	1	0	1
2011	0	0	0	0	0	0	0	0	0
2012	3	1	2	0	0	0	0	1	2
2013	6	4	2	0	0	0	3	1	2
2014	10	7	2	0	1	0	7	2	1
2015	14	4	7	0	1	2	7	7	0
2016	11	7	2	0	2	0	8	3	0
2017	17	5	8	0	1	3	13	3	1
2018	1	1	0	0	0	0	1	0	0

　　欧美国家针对人居实体环境与居民身体活动关系的研究在 20 世纪 90 年代开始系统地展开，相比于此，国内学术期刊针对该领域的研究则从 2010 年左右开始有报道。初期，许多系统介绍国外研究进展的综述文献在国内学术期刊被大量报道，具有代表性的是《体育与科学》在 2014 年第 1 期中组织了系统介绍该领域研究的专题。此后，国内学术期刊报道的实证研究文献逐渐增多。尤其是最近几年，基于 GIS 技术的实体环境客观测量、基于加速度计的身体活动客观测量以及基于 GPS 技术的定位追踪也相继出现（贺刚等，2015；全明辉等，2017）。Brownson 等(2006)指出，将科学研究应用到公共健康服务的路径一般要经过"发现""转化""传播""改变"4 个阶段。"发现"阶段包括调查影响因素、开发出科学的测试方法和逻辑框架；"转化"阶段的目标是形成一个有用或通用的干预措施或方案；"传播"阶段则指在特定的背景下进行制度化后作为社会系统中的一个常规实践；最后在"改变"阶段，通过长期的行为改变、项目应用、组织改变、政策应用和/或环境变化来使研究成

果创造出一定的社会效益(如改善健康和生活质量等)。目前,国内在该领域的研究尚处于"发现"阶段,研究还需不断深入。

虽然目前国内的研究尚处于起步阶段,但其今后的发展有着特定的机遇与挑战。目前,国内对 GIS 技术、GPS 技术和身体活动加速度计在运动健康促进领域的应用不断深入,这为本研究领域的发展提供了前所未有的机遇。此外,近几年国内的网络电子地图如腾讯 SOSO 地图和百度地图都相继推出了街景服务,这为该领域研究中的实体环境测量提供了新的思路。有关智能手机移动健身 App 的有效性检验的文献也开始报道,这为今后针对身体活动的测量提供了新手段。但不可否认的是,该领域研究在国内的发展还存在一定的制约。一方面,国内针对 GIS 定量测量实体环境所使用的数字地图还存在要素类型少、数据不全以及更新慢的状况,因此,该领域的研究需要取得测绘部门的有力支持;另一方面,国内跨学科研究的发展较慢,今后的研究还需加强运动健康促进、公共卫生与健康以及城市规划和景观设计等领域的合作。

第六节　本章小结

当前社会要求公共健康从重治疗向重预防过渡,而身体锻炼是预防相关疾病的有效手段,是缓解社会医疗负担的有效途径。人居实体环境规划中重视居民身体活动需求,注重与之匹配的设计,这些环境建设成本投入将产生二次社会经济效益,即有利于降低社会医疗卫生支出,提升社会生产效率。基于该角度考虑,虽然人居实体环境规划建设初期资金投入较大,但远期将常年持续收益。加强基于函数变量的系数分析人居实体环境与医疗支出的折算关系,可为今后社会政策的制定提供决策依据。实体环境关键因素、特征,居民锻炼强度、频率、量以及不同类型疾病医疗支出更为细化的对应关系是该领域研究今后的发展方向,研究成果也将更具有群体性干预价值。今后该研究领域的发展需要多学科跨部门的共同推动。

往后,该领域研究需提升主观问卷调查结合客观 GPS 追踪的相关机制研究,归纳具体现实环境的要素与特点,从而有利于补充人居环境布局、设计的参考要素。积极采用多元系统分析，阐析居住环境资金投入与医疗费用缓解的相关关系，突出有助于居民身体锻炼的人居环境资金投入的重要性。研究中不应纳入与身体活动缺乏无明显关联的疾病，精准筛选后的医疗支出数据将大大提升研究的真实性与可靠性。

实证研究篇

考虑到老年人日常活动半径主要集中在小区及周边，且不同于中青年日常工作和青少年上学，老年人的日常时间分配也主要集中在小区及周边。因此，小区及周边是老年人"时间—空间"轴的焦点所在。因此住区身体活动空间及其绿蓝色景观配置对老年人的影响更为显著。

因此，本篇通过一项实地自身对照试验分析绿色健身对情绪的影响及相关个体因素的作用，通过一项横断面研究分析住区绿蓝色景观暴露与老年人精神健康的相关关系中不同锻炼参数的媒介效应，以及基于主观测量和GPS客观追踪的耦合研究探索适宜老年人身体活动的住区实体环境特征，这有助于为相关对策的提炼提供可靠的研究数据支撑。

第六章 绿色健身对情绪的影响及相关个体因素分析:一项实地自身对照试验

第一节 引 言

绿色健身指在绿色空间中进行身体锻炼,通常包括绿地空间或公园中步行或休闲锻炼、丛林健身跑、绿地骑自行车等身体活动,以发挥绿色空间暴露与身体活动对人体精神健康或实时情绪改善的协同效应(Barton & Pretty, 2010;Haubenhofer et al.,2010)。国际上该领域研究在最近10年得到了蓬勃发展,国内也开始陆续发表了几篇系统介绍该领域研究成果的综述文献(何晓龙等,2020a;何晓龙,2020b)和1篇横断面研究(何晓龙,2021),但还缺乏对照试验尤其是实地对照试验研究证据的支撑。不过有2项实证研究报道了观看自然环境图片对运动员认知功能的影响(龚然等,2020;李丹阳和张力为,2020)。

相比于较单一的身体锻炼或绿色空间中静态放松,绿色健身往往在改善精神健康或实时情绪方面能够起到更佳的效果(Olafsdottir et al.,2017; Rogerson et al.,2016a)。当前国际上报道的研究结果表明,身体锻炼能够缓解压力,减轻焦虑,降低抑郁,促进人体精神健康与实时情绪的改善(Castillo等,2011;Costin等,2012;Daniel等,2015;Liu等,2012)。与此同时,接触绿色空间也有助于改善人体精神健康(压力、焦虑、抑郁等)与实时情绪(Gascon et al.,2011;Olafsdottir et al.,2017;Alcock et al.,2014)。在此基础上,不断有对照试验研究揭示进行绿色健身时,即在公园绿地、森林等绿色空间中进行身体锻炼,两者将会产生协同效益,进一步加强精神健康和实时情绪的改善效果(Rogerson et al. ,2016a;Wooller et al. ,2018)。蓝色空间(湖泊、河流等)接触(Gascon et al. ,2018;Olafsdottir et al. ,2017;Alcock et al. ,2014)与蓝色健身(滨水散步、河岸跑等)(Haubenhofer et al. , 2010; Barton & Pretty,2010;Rogerson et al. ,2016b)也将有益于人体的精神健康与实时情绪。许多研究指出,相比于同等条件下环境整洁的绿色空间,蓝色空间对于精神健康的改善效果更佳(Barton & Pretty,2010;Rogerson et al. ,2016b;White et al. ,2019;Vries et al. ,2016)。但一些研究指出,抛开其本身的色彩、区位等因素,蓝色空间更佳的改善效果还可能得益于其比绿色空间往往拥有更好的视野开阔性(Mullen,2002;Nutsford et al. ,2016;Maria et al. ,2019)。与此同时,城市中大尺度开阔视野的绿地草坪在建设和日常养护成本上均需要很高的投入。

然而,目前还未检索到有文献针对是否开阔视野绿色空间的改善效果差异进行严谨的实地对照试验研究验证,其原因可能在于视野是否开阔的鉴定标准难以制定(Rogerson et al. ,2016a;Rogerson et al. ,2016b),即什么样的绿色空间尺度为开阔视野? 何又为不开阔视野? 目前还未检索到有文献对之做出有效的鉴定。然而,在应用实践中,我们可以把城市中很难得存在的大尺度绿色空间定义为"开阔",即若这种难得的大尺度绿色空间对身处于其中进行休闲和锻炼的人群情绪改善效果与不开阔视野的改善效果差异并不显著,那我们可以建议城市规划和景观设计中不要过于追求大尺度开阔性草坪,多注重一些局部空间的绿化,降低维护成本的同时也有助于增加居民接触频率,这对居民户外休闲活动的情绪改善具有积极意义。因此,这一研究议题虽然缺乏尺度鉴定标准,却又有很好的应用实践指导价值。

在绿色健身中,个体因素往往会对精神健康和实时情绪产生影响。现有研究大多只针对亲自然性、噪声敏感性等方面进行单独探讨,较少有研究会将这些个体因素进行集中对比,与此同时,也未发现有研究基于是否为开阔视野针对上述个体因素进行主效应和交互效应分析(Lea,2008;Brown et al. ,2015;Mayer et al. ,2009;Dzhambov & Dimitrova,2015)。此外,好奇性心理是一个重要的个体心理因素（Lea，2008；Bell et al.，2018）。然而当前研究中对协变量的控制未涉及好奇性心理因素。因此，需要在绿色健身中基于开阔与不开阔视野对个体因素的影响进行重点探讨。当前报道的对照试验研究大多采用分组横向对比的试验方式来获得"因果关系"证据（Olafsdottir et al.，2017；Rogerson et al.，2016a；Pretty，2004）。如Olafsdottir等（2017）的试验分为在自然中散步、在健身房里散步、观看自然这3组，并对这3组的效果差异进行横向对比，而针对绿色空间预暴露后再进行绿色健身的纵向对比研究较少。在经过绿色空间接触后进行绿色健身的对照试验设计有利于进一步探寻绿色空间预暴露对绿色健身改善情绪效果是否存在迁移作用等具有重要意义。因此，需要完善本领域中"绿色空间接触—绿色健身"这种形式的纵向对照试验研究证据。

基于上述内容，本书提出如下研究假设。

假设1：城市中难得的大尺度绿色空间开阔视野中进行锻炼的情绪改善效果要优于不开阔视野。

假设2：经过一段时间绿色空间接触后进行绿色健身仍能进一步改善情绪效果。

假设3：相较于噪声敏感性和亲自然性，好奇性心理在是否开阔视野中锻炼上对情绪的影响更为显著。

本书通过对绿色空间视野是否开阔展开研究，探寻开阔视野和不开阔视野中锻炼的效果差异，基于实地真实环境并对锻炼形式、强度、时间等要素进行更为细致的控制，有助于进一步完善该领域"因果关系"证据，为今后该领域研究提供参考。针对个体混杂因素（包含噪声敏感性、好奇性心理与亲自然性，日常锻炼水平与绿色空间接触情况）对因变量的影响效果差异进行探讨，论证变量间的主效应与交互效应，为今后涉及好奇性心理等个体因素的协变量调整提供参考。最后，本次研究论证在进行一段时间绿色空间接触后，再进行绿色空间锻炼，仍有助于进一步改善情绪效果的"因果关系"证据，这可为今后相关研究中此类纵向对照试验设计提供参考。

第二节　研究方法

一、样本募集

本书在得到浙江师范大学人体实验研究伦理委员会审批后开始面向社会招募样本。此次试验募集年龄区间为 20～45 岁,样本共计 38 人,最终完成试验有效样本共计 35 人。35 人随机分成两组,一组 17 人先进行开阔视野测试再进行不开阔视野测试;另一组 18 人反之,先进行不开阔视野测试再进行开阔视野测试。同一样本的 2 次测试的时间点尽可能做到一致。基于近年来国际上常用的样本量估算软件 G * Power 3.1 进行样本量估算(Gidlow et al. ,2016;Fraser et al. ,2019)。采用 F 检验,选择重复测量方差分析和主效应交互效应,相关参数设置参考此前已经发表的几篇对照试验研究文献(Fraser et al. ,2019)的结果,效应量(effect size)为 0.25,α 误差为 0.05,功效(Power)为 0.80(Fraser et al. ,2019),组数为 2,测量次数为 3,最后输出的有效样本量为 28 人。同时参考其他绿色健身改善情绪研究的样本量设置,如 Wooller 等(2015)试验中的 29 名、Rogerson 等(2016a)采用的 24 名。考虑到样本流失,本书募集到的样本共计 38 人,最终完成数据采集并纳入研究的有效样本量为 35 人。

为避免职业身体活动对绿色健身改善情绪效果产生影响,本次试验募集的样本以职业身体活动较少的职业人群为主,如教师、医生、公司白领以及部分 20 岁以上的学生和研究生等。为了排除干扰,样本应满足以下日常居住活动要求:(1)居住地址和工作地址不在测试地点周边;(2)平时很少或基本没有接触过测试地点,如平日里基本没有前往测试地点进行放松游玩、身体锻炼等。样本的身体健康状况应满足如下要求:(1)无色盲患者(募集样本时需要进行现场筛查);(2)没有确诊慢性非传染性疾病及其他疾病的人群,四肢健全,能够进行正常身体锻炼;(3)无医嘱吩咐限制或禁忌身体锻炼的人群;(4)近阶段身体健康状况正常人群。与此同时,样本还需要填写 PAR-Q 问卷,当符合问卷的要求后才能被同意参加此次测试。

募集的样本均为自愿参加此次测试,样本先阅读授权的伦理审批书,然后依次完成身体活动准备问卷 PAR-Q(2002 年修订)、生理知情同意与医学问卷、人口社会学变量、日常身体活动水平、日常绿色空间接触情况、温斯坦(Weinstein)噪声敏感性量表、好奇性心理量表、好奇和探索量表和城市—自然倾向性量表的填写。此外,为了确保试验过程的顺利,样本被募集时需熟悉并掌握心率带的佩戴方法,并提前熟悉功率自行车骑行视野图,调整好适宜的坐姿高度。通过负重和蹬速寻找维持试验所需的 50％* HRR 和 30％* HRR 的适宜负荷重量和蹬速[强度参考 Ojala 等(2019)的研究]。募集的样本被告知在试验前需要注意的相关事项,包括以下两个方面:(1)进行试验的前 3 天内不得参加剧烈的身体活动,如球类对抗、健身操、爬山等常见活动项目;(2)进行试验的前 3 天内不能饮用咖啡、酒精和茶等饮料制品,同时也建议少吃或不食用辛辣刺激性食物。

最终,本书完成试验的有效样本共计 35 人,样本年龄区间为 21～43 岁,平均年龄为 30.11±4.25 岁。其中,男性为 17 人,占有效样本量的 48.6％,女性为 18 人,占有效样本量的 51.4％。样本人群的受教育水平属于高中或中专、技校的为 3 人,占有效样本量的 8.6％;属于大学的为 13 人,占有效样本量的 37.1％;属于硕士及以上的为 19 人,占有效样本量的 54.3％。

二、样本募集时的问卷调查

对募集来的 38 名样本通过问卷来采集人口社会学变量及部分协变量。其中,人口社会学变量包括性别(男/女)、出生年月、受教育水平(小学及以下;初中;高中、中专或技校;本科或专科;硕士及以上)。个体日常锻炼水平的题目内容(共 4 题)包括:每次锻炼持续时间(少于 10 分钟,15～20 分钟,30～40 分钟,1 小时左右或更高)、每周锻炼次数(不锻炼,1 次,2～3 次,4～5 次,6～7 次)、日常主要锻炼类型(有氧锻炼为主,如步行等;抗阻或力量练习为主,如上肢负重等;拉伸或渐进性肌肉放松训练为主,如瑜伽等)、日常有氧锻炼及强度(不或很少进行有氧锻炼,低强度为主,中等强度为主,高强度为主)。样本需要根据自己的情况对该量表的每个题目进行选择(以打钩的形式)。个体日常绿色空间接触情况的题目内容(共 4 题)包括:居住小区或周边绿化水平(非常好,好,一般,差,非常差)、下班后接触小区或周边的绿地空间情况(从来不去,偶尔去,经常去,每天都去)、工作场所周边绿化情况(非常好,好,一般,差,非常差)、上班期间进入绿地空间情况(从来不去,偶尔去,经常去,每天都去)。样本将以上述同样的方式完成量表。

三、试验地点

本次试验在浙江省金华市婺城区环北公园中展开。在该公园中选取了两处绿色空间作为本次试验的测试场地,如图 6-1 所示分为开阔视野和不开阔视野。由于两处场地位置较近,可以更好地排除视野之外其他环境因素的差异干扰。该公园共有南北两个入口,刚好对应测试的两个场地,因此为排除视野干扰,进行开阔视野试验时应从北入口进入,进行不开阔视野试验时则从南入口进入。场地一为开阔绿色空间视野(图 6-2),场地二为不开阔绿色空间视野(图 6-3),图片由左至右依次分别为环境视野图、静坐观看视野图和功率自行车骑行视野图。完成测试后对试验现场环境的温度、湿度、噪声指标进行采集汇总。其中,不开阔视野的现场平均温度为 26.17±3.88 摄氏度、平均湿度为 49.39±12.84%RH、平均噪声为 55.43±3.93dBA。开阔视野的现场平均温度、平均湿度及平均噪声则分别为 23.11±2.92 摄氏度、44.97±11.96%RH 及 51.01±2.88dBA。环境参数的采集方法与过程详见下文。

四、试验时间

参考 Lankia 等(2017)的研究方案,本次研究的测试在 9 月底至 11 月底这个时间段展开。原因在于这期间浙江金华地区的气候较为宜人,温湿度状况较为舒适,可以避免由于冬季温度过低、夏季温度过高而对样本的情绪状况造成影响。除此之外,这个时间段金华地区的绿植较为茂密,绿色度较高,能够提供较好的绿色空间视野,还能避开夏季的蚊虫叮咬,排除了一些不必要的干扰。测试的天气要求为能够提供良好视野的阴、晴天气。

本试验的具体测试时间在周一至周五的 14:00—17:00,每天的测试时间

图 6-1　公园卫星图

图 6-2　开阔绿色空间视野

分为 14:00—15:30 和 15:30—17:00 这两个时间段。这是由于每个样本的测试持续时间约为 60 分钟,但在试验前后的准备工作与结束工作、试验过程中的前中后 3 个阶段测试等都需要消耗时间,因此给予相对充足的时间,以

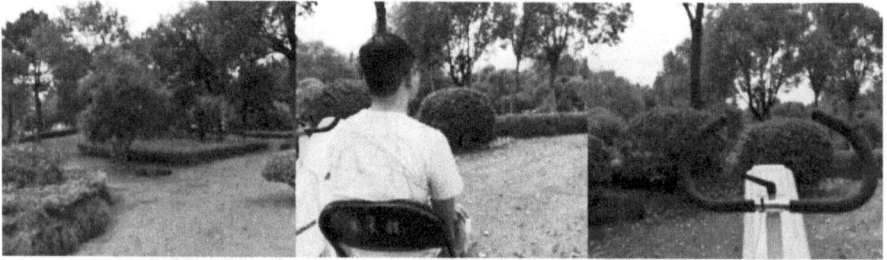

图 6-3　不开阔绿色空间视野

保障试验的顺利进行。另外,需要在测试前的周六、周日两天提前预约并安排好下一周的样本,要求样本必须在测试当天的 14:00、15:30 准时到达试验地点。具体测试时间设计的原因在于此阶段温度维持在 20～25 摄氏度之间,较为适宜。此外,该测试时间可避免在 14:00 之前太阳直射影响样本情绪,以及 17:00 之后天色开始转暗影响样本观察视线(这段时间的日落时间约为每日的 17:30)等情况发生。

五、试验过程

现场共有两套试验设备,因此在同一时间段内最多可同时测试两名样本。样本在抵达测试地点后先佩戴好心率带(First Beat Sports HRV 监测系统)并检查系统接收心率带信号情况是否良好。结束准备工作后,样本应在静坐 3 分钟后(排除佩戴心率带等身体活动的干扰)完成现场测试的前测数据采集。数据采集内容包括:(1)按照标准测试方法测量样本血压[参考 Ojala 等(2019)的研究,连续测量两次取平均值],测试仪器为欧姆龙便携式血压计。(2)基于当时的情绪状况,样本需要完成国际正性负性情绪量表中文短卷版(I-PANAS-SF)的填写。完成前测后,样本应面朝指定绿色空间视野静坐观看 20 分钟,然后采用与上述同样的方式完成血压测量以及(I-PANAS-SF)量表的填写,并将采集的指标作为中测数据,此时的心率作为靶心率计算的安静心率。

在完成中测数据采集之后,样本需进行总计 20 分钟的中等强度功率自行车骑行(瑞典 MONARK 功率自行车),骑行过程为先进行 7 分钟的中等强度骑行,再进行 6 分钟的低强度间歇骑行,最后进行 7 分钟的中等强度骑行[参考 Ojala 等(2019)的研究],中等强度运动的靶心率维持在约 50% * HRR＋安静心率,低强度间歇心率维持在约 30% * HRR＋安静心率,其中试验时心率维持在靶心率的±10 次/分以内。样本完成 20 分钟的功率自行车骑行之后,回到原先的位置面朝测试视野进行静坐观看,并进行运动后的恢复,等到心率恢复至安静状态时(恢复时间不少于 20 分钟,安静心率维持 30 秒以上后开始进行测试),采用与上述相同的方式完成血压测量以及 I-PANAS-SF量表的填写,并将采集的指标作为后测数据,如图 6-4 所示。

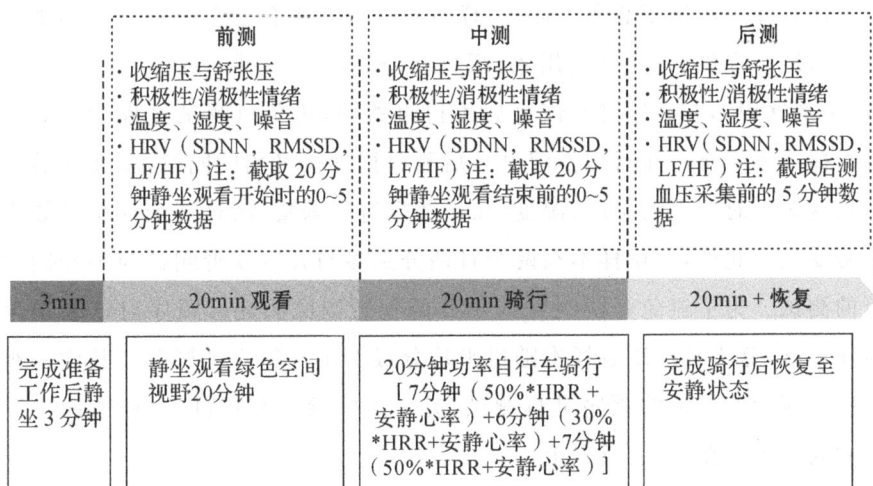

前测	中测	后测
·收缩压与舒张压 ·积极性/消极性情绪 ·温度、湿度、噪音 ·HRV（SDNN，RMSSD，LF/HF）注：截取 20 分钟静坐观看开始时的0~5分钟数据	·收缩压与舒张压 ·积极性/消极性情绪 ·温度、湿度、噪音 ·HRV（SDNN，RMSSD，LF/HF）注：截取 20 分钟静坐观看结束前的0~5分钟数据	·收缩压与舒张压 ·积极性/消极性情绪 ·温度、湿度、噪音 ·HRV（SDNN，RMSSD，LF/HF）注：截取后测血压采集前的 5 分钟数据

3min	20min 观看	20min 骑行	20min + 恢复
完成准备工作后静坐 3 分钟	静坐观看绿色空间视野20分钟	20分钟功率自行车骑行【7分钟（50%*HRR +安静心率)+6分钟（30%*HRR+安静心率)+7分钟（50%*HRR+安静心率）】	完成骑行后恢复至安静状态

图 6-4　试验流程

试验过程中值得注意的是,样本在开始进行两次 7 分钟中等强度运动(50%HRR)时,功率自行车放置铁片施加适宜的阻力负重(重量和募集样本时培训所选定的重量一致)。心率开始逐渐上升,等达到或接近心率时轻声告诉样本维持这一蹬车速度。由于样本在募集时已进行了系统的功率自行车培训且选择了符合自身的阻力负重重量,因此当心率开始偏离目标心率时,通过提醒样本适度提速或减速来调整心率回到目标心率附近,目标心率的区间为靶心率±10 次/分,实时心率偏离靶心率±5 次/分以内不提醒,当处于±5 至±10 次/分时工作人员提醒样本适度提速或减速来调整心率回到目标心率附近（由于骑行过程中并未涉及指标的采集，且骑行结束后还需完成 20 分钟以上静坐恢复后才能进行后测，因此，骑行中的轻度提醒将不会过多影响测试结果）。进行低强度运动（30％HRR）时，减去铁片施加的阻力负重，依靠阻力带和铁轮自身的摩擦给予更低的阻力负荷，对心率维持在目标心率适宜区间范围的方法同上。

在结束功率自行车骑行之后即刻静坐可能会对样本的机体造成不适，因此，允许样本在完成骑行后，回到静坐位置前进行简要的放松调整、站立（约 2 分钟），但要求样本始终目视指定方向，等到身体有所恢复后再进行静坐休息并逐步恢复心率。此外，样本在完成功率自行车骑行后收到由工作人员统一提供的 50ml 饮用水，根据自身情况样本可以选择"不""部分"或"全部饮用"，在开始静坐恢复后不得再饮用，避免对测试过程中的心率等指标造成干扰。在对样本前、中、后测数据进行采集的同时，工作人员还需对这 3 个时间点的温度、湿度、噪声数据进行采集，将这 3 个环境参数作为协变量。此外，每位样本在两个日期分别参与开阔视野测试与不开阔视野的测试。为了避免开阔视野与不开阔视野测试的先后顺序对试验结果造成干扰，募集到的所有样本随机平均分成两组进行交叉试验。其中一组由先开阔后不开阔的顺序进行测试，另一组的顺序相反，同一样本两次测试时间间隔应在 10 天及以上。

图 6-5　试验过程中静坐与骑行的照片

六、数据采集

（一）因变量

1. 心率变异性（HRV）

HRV 指标的变化主要反映积极性情绪的改善效果（Schwerdtfeger et al.，2014）。现有文献中，将 HRV 作为生理指标纳入研究时主要涉及 SDNN、RMSSD、LF/HF 这 3 个指标（Park et al.，2017；Beauchaine & Thayer，2015）。本次试验采用了 First Beat Sports 实时心率监测仪作为 HRV 数据采集设备，在样本按照要求佩戴好心率带后，该设备的软件系统能够监测到样本的实时心率变化情况，此时该软件系统的后台根据接收到的信号自动记录频域与时域数据的实时变化。First Beat Sports 监测实时心率以及心率变异性数据的实效性、准确性与可靠性都在许多研究中得到证实（Nuuttila et al.，2017；Maritsch et al.，2019）。具体现场数据采集操作为：样本到达试验场地后按照要求戴上心率带（心率带应紧贴皮肤，心率感应器应置于两胸之间凹陷处，女性该部位脂肪较厚，可根据自身情况适当调整位置），等到系统接收到实时心率信号后，后台自动开始记录心率变异性相关参数，在试验结束后应做好数据保存工作。数据提取时，根据测试过程中前测、中测和后测 3 个时间点从软件系统中截取数据，具体包括：截取 20 分钟静坐开始时 0～5 分钟的心率变异性数据作为前测值；截取 20 分钟静坐结束前 0～5 分钟（从静坐开始后的 15～20 分钟）的数据作为中测值；截取完成功率自行车骑行后心率恢复至安静水平，即用进行后测血压采集前 5 分钟的数据作为后测值。最后截取的数据通过公式（即相关定义）计算出前测、中测和后测的 SDNN、RMSSD、LF/HF 这 3 个指标值。

2. 血压（BP）

本次研究采集样本的舒张压（DBP）和收缩压（SBP）这两个指标。收缩压或舒张压的适度下降均能反映消极性情绪得到改善（Pretty，2004；Zijlema et al.，2018）。使用欧姆龙 HEM-7121 便携式电子血压测试仪测量血压，该品牌仪器测量血压指标的准确性和可靠性在相关研究中得到了证实（Rogerson et al.,2016b；Ojala et al.,2019）。血压的采集方法为：样本处于静坐状态，将手臂放在桌子上，肘关节与心脏位置齐平后测量。需要注意的是，样本前中后3次测试的手臂必须保持一致。此外，为避免工作人员的操作动作对受试者血压造成干扰，研究参照 Ojala 等（2019）的测试方法，对样本的血压进行连续两次测量，分别取两次测量结果中舒张压（DBP）和收缩压（SBP）的平均值（见图 6-6）。

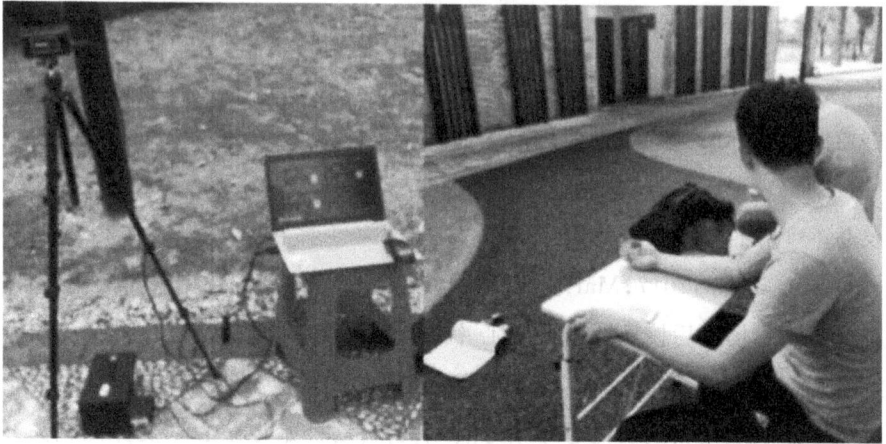

图 6-6　HRV 及血压(前测)采集现场照片

3. 积极性/消极性情绪（positive/negative affects）

情绪指标能够很好地对实时精神健康状况进行评定。本书选用国际正性负性情绪量表短卷版（I-PANAS-SF）来测量样本的实时精神健康状况，该量表存在中文版和英文版，两个版本的信度与效度都经过了科学检验，并且在情绪的评定研究中得到广泛应用（Liu et al.,2012；Thompson,2007）。量表包含 5 个正性题目和 5 个负性题目（共计 10 题），题目内容依次包括：心烦意乱（负性）、充满敌意（负性）、思维敏捷（正性）、害羞（负性）、备受鼓舞（正性）、紧张（负性）、意志坚定（正性）、注意力集中（正性）、害怕（负性）和活跃（正性）。样本需要根据自己的实时情绪状况对每个题目进行评分（以打钩的形式）。正性题目总分越高代表个体整体积极性情绪状况越好，而负性情绪总分越高代表个体消极性情绪状况越严重。

（二）自变量

自变量为绿色空间视野的开阔性,分为开阔绿色空间视野和不开阔绿色空间视野两个变量。

（三）协变量

1. 噪声敏感性（noise sensitivity）

本书采用 Weinstein 噪声敏感性量表（Weinstein Noise Sensitivity Scale,WNSS）对噪声敏感性进行测量。该量表中文版的信效度均已经过检验,可靠性得到支持（Miller et al. ,2018；Zhong et al. ,2018）。本书所采用的中文版量表共计 10 道题目。题目内容依次包括：(1)如果有人偶尔把音响开到最大音量,大家应该不会介意；(2)我很容易被噪声吵醒；(3)当邻居发出很多噪声时,我会很烦躁……其中每道题共计 6 个评分等级,程度由高至低依次为非常同意、很同意、同意、一般、不同意、非常不同意。最后将各个题目的分数相加计算得出总分来对噪声敏感程度进行评定。

2. 好奇性心理（curiosity）

本书将着重探讨好奇性心理这一个体因素,为此采用了好奇心理量表（State Curiosity Inventory，SCI）、好奇和探索量表（Curiosity and Exploration Inventory,CEI）这两份国际通用量表对个体好奇性心理进行评定。这两份量表的中文版本的可靠性均经受过信、效度的严格检验（Ye et al. ,2015；Chen et al. ,2017）。

SCI 量表由状态和特质这两个分量表构成。其中状态分量表总共设有 16 道题目,题目内容依次包括：(1)我想要知道更多的东西；(2)我对刚刚发生的事情很好奇；(3)我想要刚才的事情得到解释……样本需要根据自己的情况对上述两个量表的每个题目进行评分(以打钩的形式),其中每道题含有 1—4 共计 4 个评分等级,评分由低至高依次为“没有或几乎没有”“很少或偶尔”“经常”“几乎一直有”。状态分量表中的 16 道题目得分相加算出状态量表总评分,与此同时,特质分量表中的 18 道题目得分相加算出特质量表总评分,最后由状态量表总评分与特质量表总评分两者相加得出 SCI 总分。

CEI 量表共设有 7 道题目,题目内容依次包括:(1)我认为我是一个在新形势/新情况下积极寻找信息的人;(2)当我参加一项活动时,我往往会很投入,以至于忘记了时间;(3)我经常发现自己在寻找个人成长的新机会(例如,信息、人员、资源)……样本需要根据自己的情况对该量表的每个题目进行评分(以打钩的形式),其中每道题含有 1—7 共计 7 个评分等级,从 1 分(非常不同意)至 7 分(非常同意),同意程度逐渐加深。最后将 7 道题目的分值相加计算出 CEI 总得分。

3. 亲自然性(nature orientedness)

亲自然性数据的采集选用了由 Tyrväinen 等(2007)研制的城市—自然倾向性量表(Urban-Nature Orientedness Scale)。该量表共设有 5 道题目,题目内容包括:(1)我经常愿意到大自然中去走走;(2)相比于建筑环境,我更愿意待在公园、绿地、湖水和河流边;(3)在匆忙的城市中我感到很焦虑……样本需要根据自己的情况对该量表的每个题目进行评分(以打钩的形式),其中每道题含有 1—5 共计 5 个评分等级,其中勾选"非常不同意"得 1分、勾选"不同意"得 2 分、勾选"一般"得 3 分、勾选"同意"得 4 分、勾选"非常同意"得 5 分。最后将 5 道题目的分值相加计算出亲自然性的总分。

4. 环境参数

由于在现场试验中天气状况不可避免地会发生变化,不同季节、不同时间的温度、湿度和噪声污染也会存在差异,样本就会受到干扰。因此在现场试验时通常会采用温湿度计、噪声计来对现场的温度、湿度和噪声变化进行实时监控(Rogerson et al.,2016b;Ojala et al.,2019)(见图 6-7)。本书采用希玛 AS817 手持温湿度计来对现场的温度(摄氏度)和湿度(%RH)进行实时监测。此外,使用东美(Dongmei)JHT-80A 手持式噪声检测分贝仪监测试验现场的实时噪声分贝数(dBA)。采集数据的过程和方法为:在样本进行前测、中测和后测这 3 个时间点,工作人员使用上述仪器对现场温度、湿度和噪声分贝的实时数据进行采集。考虑到现场的温度、湿度和噪声分贝对样本产生影响并非在短短某一个时间点,往往是一个不断刺激、持续积累的时间段,因此根据这 3 个参数的前测、中测和后测数据计算出平均温度值、平均湿度值和平均噪声分贝值，最后将这 3 个均值作为协变量纳入模型分析。

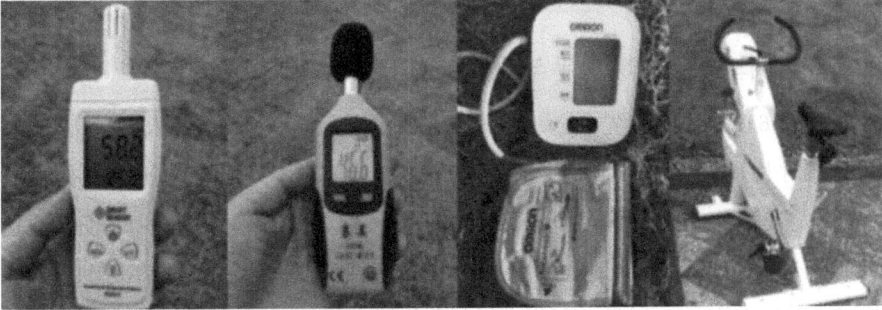

图 6-7　温湿度计、噪声分贝仪、血压计及功率自行车照片

七、数理统计法

结束试验并完成数据采集工作后，将所有原始数据录入 Excel 2010 软件中进行存储，完成录入工作后将 Excel 中的数据导入 IBM SPSS Statistics 21.0 软件中进行统计分析。统计分析内容主要包含以下几个方面：(1)采用百分比或平均数±标准差对样本的性别、年龄等人口社会学变量，个体日常锻炼水平和绿色空间接触情况，好奇性心理、噪声敏感性、亲自然性等个体因素，以及现场环境中的温度、湿度和噪声进行描述统计分析。(2)采用平均数±标准差对血压、积极性/消极性情绪、心率变异性等因变量的前中后测值进行描述统计分析。基于一般线性模型里多因素方差分析结果中的 F 值、p 值和效应量 ηp^2 比较各组前测、中测和后测的因变量改善效果，其中需将性别、年龄、受教育水平、环境温度均值、环境湿度均值、环境噪声均值作为协变量进行控制。(3)基于一般线性模型中重复测量方差分析的 F 值、p 值和效应量 ηp^2 检验是否开阔视野与协变量(组 1：好奇性心理、噪声敏感性和亲自然性；组 2：个体日常锻炼水平及绿色空间接触情况)对因变量影响的主效应和交互效应(所有模型中均调整性别、年龄和受教育程度、环境温度、湿度和噪声分贝数)。(4)基于一般线性模型中重复测量方差分析的 F 值、p 值和效应量 ηp^2 检验是否开阔视野对各因变量变化差异的影响(各模型均调整人口社会学变量、各个体因素和环境参数，同时剔除变量间的交互效应)。

第三节 研究结果

一、个体日常锻炼水平与绿色空间接触情况

如表 6-1 所示,首先,在每次锻炼持续时间这一题目上,人数占比随每次锻炼时长的增长呈现一个逐渐上升的趋势,其中填写"1 小时左右及以上"的人数最多且占比达到 45.7%,而"30~40 分钟"和"15~20 分钟"这两个锻炼时长的人数占比均达到 20%,每次锻炼时长"少于 10 分钟"的人数最少,占比为 14.3%。其次,在每周锻炼次数中,人数占比随锻炼次数的增长总体呈现一个先逐渐上升后逐渐下降的趋势,其中"2~3 次"的人数达到峰值,占比为 42.9%,"不锻炼"(锻炼次数最少选项)与"6~7 次"(锻炼次数最多选项)的人数分别是最少与第二少,占比分别为 2.9% 与 8.6%。再次,在日常锻炼类型这一题目中,样本人数占比由高至低依次为:有氧锻炼为主(71.4%)、抗阻或力量练习为主(17.1%)、拉伸或肌肉放松为主(11.4%)。最后,在有氧锻炼强度这一题目中,样本人数占比由高至低依次为:高强度为主(52.9%)、低强度为主(29.4%)、中等强度为主(11.8%)、不或很少进行有氧锻炼(5.9%)。总结上述内容发现,样本人群的日常锻炼类型以有氧锻炼为主,其中以高强度有氧锻炼为主的人数最多。样本人数占比随每周锻炼次数的上升呈现一个开口向下的抛物线,且在"2~3 次"达到峰值,每次锻炼时长以"1 小时左右及以上"居多,且人数占比随着锻炼时间的缩短而降低。这反映样本人群中的大部分拥有日常有氧锻炼的基础,且具备顺利完成本次试验中有氧锻炼(中等强度,20 分钟)的条件,为试验的顺利进行提供了保障。

表 6-1　个体日常锻炼水平与绿色空间接触情况

项目		人数	百分比/%	有效合计/缺失
日常锻炼水平				
每次锻炼持续时间	少于 10 分钟	5	14.3	35/0
	15~20 分钟	7	20.0	
	30~40 分钟	7	20.0	
	1 小时左右及以上	16	45.7	
每周锻炼次数	不锻炼	1	2.9	35/0
	1 次	8	22.9	
	2~3 次	15	42.9	
	4~5 次	8	22.9	
	6~7 次	3	8.6	
日常锻炼类型	有氧锻炼为主	25	71.4	35/0
	抗阻或力量练习为主	6	17.1	
	拉伸或肌肉放松为主	4	11.4	
	不或很少进行	2	5.9	
有氧锻炼强度	低强度为主	10	29.4	34/1
	中等强度为主	4	11.8	
	高强度为主	18	52.9	
	有计划的高强度	0	0	
日常绿色空间接触情况				
住区周边绿化	非常好	8	22.9	35/0
	好	15	42.9	
	一般	12	34.3	
	差	0	0	
	非常差	0	0	

续　表

项目		人数	百分比/%	有效合计/缺失
住区周边绿地活动	从来不去	2	5.7	35/0
	偶尔去	27	77.1	
	经常去	4	11.4	
	每天都去	2	5.7	
工作场所周边绿化	非常好	7	20.0	35/0
	好	17	48.6	
	一般	11	31.4	
	差	0	0	
	非常差	0	0	
工作场所周边绿地活动	从来不去	2	5.7	35/0
	偶尔去	28	80.0	
	经常去	3	8.6	
	每天都去	2	5.7	

二、视野开阔性与协变量对因变量影响的主效应和交互效应

(一)视野开阔性与日常锻炼水平

如表 6-2 所示,在绿色健身中,每周锻炼次数对因变量的影响在 4 个锻炼参数里最为显著。其中,每周锻炼次数对于积极性情绪($p<0.001$)、RMSSD($p<0.001$)以及 LF/HF($p<0.001$)这 3 个指标产生非常显著的影响。与此同时,每周锻炼次数还与是否开阔视野存在交互效应($p<0.05$)。此外,其他 3 个锻炼参数也会对因变量产生影响。其中,日常锻炼类型($p<0.001$)和有氧锻炼强度($p<0.01$)这两个因素会对积极性情绪产生显著影响。每次锻炼持续时间则对 LF/HF 产生显著影响($p<0.05$)。

表 6-2　视野开阔性与个体日常锻炼水平对因变量影响的主效应、交互效应

	每次锻炼持续时间		每周锻炼次数		日常锻炼类型		有氧锻炼强度	
	F	ηp^2	F	ηp^2	F	ηp^2	F	ηp^2
血压—收缩压								
是否开阔视野	0.880	0.048	0.309	0.018	0.331	0.012	0.246	0.014
血压—舒张压								
是否开阔视野	0.530	0.041	0.224	0.013	0.042	0.002	0.190	0.011
积极性情绪								
是否开阔视野	0.204	0.015	0.814	0.058***	0.643	0.029***	0.475	0.035**
消极性情绪								
是否开阔视野	0.212	0.015	0.253	0.018	0.755	0.032	0.050	0.004
HRV-SDNN								
是否开阔视野	0.582	0.043	1.024	0.073	0.279	0.013	0.395	0.030
HRV-RMSSD								
是否开阔视野	0.600	0.044	1.179	0.083***	1.045	0.047	0.650	0.049
HRV-LF/HF								
是否开阔视野	0.314	0.024*	3.521	0.213***♯	0.227	0.011	0.163	0.013

注:所有模型中均调整性别、年龄和受教育程度、环境温度、湿度和噪声分贝数共 6 个协变量。表中的 F 值和 ηp^2(效应量)为主效应分析结果。(*)表示模型中锻炼参数对因变量的影响具有显著性意义,其中*代表 $p < 0.05$;**代表 $p < 0.01$;***代表 $p < 0.001$。模型中仅存在(♯)表示是否开阔视野与每周锻炼次数存在交互效应,其中,♯代表 $p < 0.05$。

(二)视野开阔性与日常绿色空间接触情况

如表 6-3 所示,在绿色健身中,日常绿色空间接触情况里仅有工作场所周边绿地活动对舒张压存在显著影响($p < 0.05$),其他个体绿色空间接触情况参数均未对各因变量指标产生显著影响。此外,该模型中均不存在交互效应。

表 6-3　视野开阔性与日常绿色空间接触情况对因变量影响的主效应和交互效应

	住区周边绿化		住区周边绿地活动		工作场所周边绿化		工作场所周边绿地活动	
	F	ηp^2	F	ηp^2	F	ηp^2	F	ηp^2
血压—收缩压								
是否开阔视野	<0.001	<0.001	0.402	0.022	0.096	0.003	0.454	0.025
血压—舒张压								
是否开阔视野	0.002	<0.001	0.255	0.014	0.015	0.001	0.021	0.001*
积极性情绪								
是否开阔视野	0.140	0.006	0.449	0.032	0.010	<0.001	0.969	0.066
消极性情绪								
是否开阔视野	0.480	0.021	0.222	0.015	0.720	0.031	0.537	0.036
HRV-SDNN								
是否开阔视野	0.178	0.008	1.381	0.063	0.172	0.008	0.008	<0.001
HRV-RMSSD								
是否开阔视野	0.543	0.025	0.273	0.013	0.100	0.005	0.543	0.025
HRV-LF/HF								
是否开阔视野	0.093	0.004	1.053	0.049	0.488	0.023	0.263	0.012

注：所有模型中均调整性别、年龄和受教育程度、环境温度、湿度和噪声分贝数共 6 个协变量。表中的 F 值和 ηp^2（效应量）为主效应分析结果。（*）表示模型中绿色空间接触情况参数对因变量的影响具有显著性意义，其中 * 代表 $p < 0.05$。所有模型中均不存在交互效应。

（三）视野开阔性与个体因素

如表 6-4 所示，在本书所探讨的 3 个个体因素中，个体好奇性心理起到的影响最为显著。首先，SCI 状态好奇性心理量表结果显示，在绿色健身中，好奇性心理对积极性情绪的影响最为显著（$p < 0.001$）。此外，好奇性心理对于舒张压影响的显著性则排在第二（$p < 0.01$）。除了上述指标，好奇性心理对收缩压（$p < 0.05$）、消极性情绪（$p < 0.05$）、RMSSD（$p < 0.05$）这 3 个指标也

有重要影响，具有显著性。其次，SCI特质好奇性心理量表数据表明，在绿色健身中，好奇性心理对舒张压达到显著性影响（$p<0.01$）。与此同时，好奇性心理对收缩压（$p<0.05$）及消极性情绪（$p<0.05$）这两个指标也达到了显著性影响。再次，CEI好奇和探索量表结果显示，在绿色健身中，好奇性心理对HRV的影响最为显著，其中对HRV 3个指标的影响效果由高至低依次为RMSSD（$p<0.001$）、SDNN（$p<0.01$）和LF/HF（$p<0.05$）。此外，好奇性心理对舒张压同样存在显著性影响（$p<0.05$）。然而，好奇性心理并未与是否开阔视野之间存在交互效应。除个体好奇性心理，研究结果还显示，在绿色健身中，亲自然性与是否开阔视野存在交互效应（$p<0.05$）。与此同时，亲自然性对消极性情绪的影响存在显著性（$p<0.001$）。此外，噪声敏感性对频域指标LF/HF同样会产生显著性影响（$p<0.01$）。除了上述指标，亲自然性与噪声敏感性对收缩压、舒张压、积极性情绪、SDNN及RMSSD的影响均不存在显著性。

三、因变量前测、中测和后测的差异性比较

（一）不开阔视野

1. 血压（BP）

如表6-5所示，在不开阔视野中，样本收缩压从前测的 114.11 ± 10.61 mmHg下降到中测的 109.14 ± 9.38 mmHg，前测值与中测值呈显著性差异（$p<0.05$）。收缩压的后测值为 106.80 ± 9.11 mmHg，较中测值进一步下降，并与前测值呈显著性差异（$p<0.01$）。收缩压从前中后测的变化上看呈现一个不断下降的趋势，且前中后测的变化达到显著性差异（$F=5.600$；$p=0.004$；$\eta p^2=0.393$）。此外，舒张压从前测的 76.34 ± 8.60 mmHg下降到中测的 72.86 ± 8.13 mmHg。舒张压的后测值为 71.14 ± 7.32 mmHg，较中测值进一步下降，后测值与前测值之间存在显著性差异（$p<0.01$）。舒张压从前中后测的变化上看呈现不断下降的趋势，且前中后测的变化达到显著性差异（$F=3.175$；$p=0.041$；$\eta p^2=0.268$）。

表6-4 视野开阔性与个体因素对因变量影响的主效应和交互效应

是否开阔视野	噪声敏感性 F	噪声敏感性 η_p^2	亲自然性 F	亲自然性 η_p^2	SCI状态好奇性心理 F	SCI状态好奇性心理 η_p^2	SCI特质好奇性心理 F	SCI特质好奇性心理 η_p^2	CEI好奇和探索性心理 F	CEI好奇和探索性心理 η_p^2
血压—收缩压	0.563	0.182	1.166	0.177	0.846	0.499*	0.954	0.477*	0.528	0.214
血压—舒张压	0.086	0.033	0.570	0.095	0.267	0.239**	0.332	0.214**	0.463	0.191*
积极性情绪	0.779	0.298	0.271	0.045	1.167	0.550***	0.549	0.354*	0.397	0.213
消极性情绪	0.522	0.207	2.817	0.312***#	0.571	0.331*	0.550	0.325	0.687	0.325
HRV-SDNN	0.783	0.309	0.908	0.158	0.465	0.468	0.560	0.449	0.632	0.258**
HRV-RMSSD	0.549	0.239	0.736	0.141	0.895	0.628*	0.479	0.410	0.869	0.323***
HRV-LF/HF	0.404	0.188**	0.625	0.114	0.346	0.396	0.523	0.432	0.733	0.287*

注:所有模型中均调整性别、年龄和受教育程度,环境温度,湿度和噪声分贝数共6个变量。表中的F值和η_p^2(效应量)为主效应分析结果,其中*表示 $p<0.05$;** 表示 $p<0.01$;*** 表示 $p<0.001$。只有(#)表示是否开阔视野与亲自然性存在交互效应,其中#表示 $p<0.05$。

2.积极性/消极性情绪(positive/negative affects)

从表6-5中可知,在不开阔视野中,样本积极性情绪得分从前测的 $14.61\pm$ 2.57到中测的 13.14 ± 4.18,再到后测的 13.11 ± 4.98 呈现一个不断下降的趋势,但其前中后测的变化未达到显著性差异($F=1.448$;$p=0.260$;$\eta p^2=$ 0.186)。此外,消极性情绪得分的前测值为 6.40 ± 1.69,中测值为 $5.97\pm$ 1.43,后测值为 5.63 ± 0.99,前中后测呈现一个连续下降的趋势,但该指标的整体变化未达到显著性差异($F=0.928$;$p=0.444$;$\eta p^2=0.117$)。

3.心率变异性(HRV)

从表6-5中可知,在不开阔视野中,样本的 SDNN 值从前测的 $55.76\pm$ 27.20 ms 下降到中测的 54.02 ± 18.89 ms,有小幅下降但未达到显著性差异,SDNN 的后测值为 40.53 ± 19.42 ms,后测值与前测值($p<0.05$)和中测值($p<0.05$)相比均达到显著性差异。SDNN 值从前中后测的变化上看呈现一个不断下降的趋势,但前中后测的变化未达到显著性差异($F=2.706$;$p=$ 0.074;$\eta p^2=0.299$)。此外,样本的 RMSSD 值从前测的 32.73 ± 18.85 ms 到中测的 32.74 ± 12.69 ms,几乎没有变化,RMSSD 的后测值为 $22.16\pm$ 13.24 ms,后测值与前测值($p<0.05$)和中测值($p<0.05$)相比均达到显著性差异。RMSSD 值从前中后测的变化上看存在显著性差异($F=4.644$;$p=$ 0.013;$\eta p^2=0.423$)。最后,样本的 LF/HF 值从前测的 2.32 ± 1.28 到中测的 2.18 ± 1.28,略有下降,但后测值大幅上升到 3.37 ± 2.33,后测值与前测值($p<0.05$)和中测值($p<0.05$)相比均达到显著性差异。LF/HF 值从前中后测的变化上看存在显著性差异($F=0.842$;$p=0.488$;$\eta p^2=0.117$)。

(二)开阔视野

1.血压(BP)

从表6-5中可知,在开阔视野中,样本收缩压前测值为 113.31 ± 11.48 mmHg,中测值为 107.25 ± 11.73 mmHg,从前测值到中测值呈显著下降趋势($p<0.05$)。收缩压的后测值为 106.31 ± 10.82mmHg,在中测值基础上又有进一步的下降,后测值和前测值之间具有显著性差异($p<0.05$)。收缩

压从前测到后测显示出一个连续显著下降的趋势($F=7.504$;$p=0.001$;ηp^2 $=0.495$)。舒张压的前测值为 75.50 ± 8.16mmHg,中测值为 $70.56\pm$ 8.19mmHg,从前测值下降到中测值的变化具有显著性($p<0.05$)。舒张压的后测值是 71.09 ± 9.09mmHg,后测值相比于中测值存在小幅上升但两者未达到显著性差异,与此同时,后测值仍低于前测值并与前测值达到显著性差异($p<0.05$)。纵观前中后测变化,舒张压在大幅下降后有小幅回升,但未达到显著性差异($F=1.360$;$p=0.280$;$\eta p^2=0.151$)。

2. 积极性/消极性情绪(positive/negative affects)

从表 6-5 中可得,在开阔视野中,样本积极性情绪得分的前测值为 $13.15\pm$ 4.20,中测值为 13.22 ± 4.31,后测值为 13.30 ± 5.08,前中后测值整体呈现一个逐渐上升的趋势,但整体变化未达到显著性差异($F=0.496$;$p=0.690$; $\eta p^2=0.076$)。此外,消极性情绪得分从前测的 6.15 ± 1.77 到中测的 $5.41\pm$ 1.12 呈现下降趋势。消极性情绪得分的后测值为 5.59 ± 1.25,其较中测值存在小幅度回升但仍低于前测值。消极性情绪得分从前中后测的变化上看未达到显著性差异($F=1.300$;$p=0.305$;$\eta p^2=0.178$)。

3. 心率变异性(HRV)

从表 6-5 和图 6-8 至图 6-10 中可知,在开阔视野中,样本的 SDNN 指标整体呈现出一个持续下降的趋势,前中后测值依次为 62.02 ± 18.05ms、 57.29 ± 11.81ms、46.21 ± 18.50ms,然而整体变化并未达到显著性差异($F=$ 1.930;$p=0.163$;$\eta p^2=0.254$)。此外,SDNN 的后测值与前测值($p<0.01$)及中测值($p<0.05$)相比分别均呈现显著性差异。样本的 RMSSD 前中后测值变化呈现出一个逐渐下降的趋势,前中后测值依次为:34.00 ± 14.02ms、 32.00 ± 9.70ms 及 27.09 ± 18.51ms。但其整体变化并未达到显著性差异($F=1.258$;$p=0.320$;$\eta p^2=0.182$)。LF/HF 值从前测的 2.62 ± 1.52 到中测的 2.80 ± 1.60,再到后测的 3.56 ± 2.01,呈现一个不断上升的趋势。然而,LF/HF 值的前中后测整体变化并未达到显著性差异($F=0.231$;$p=$ 0.874;$\eta p^2=0.039$)。

表 6-5　各因变量在开阔视野与不开阔视野中前测、中测和后测差异性检验

	不开阔视野		开阔视野	
	均值±标准差	多因素方差分析	均值±标准差	多因素方差分析
血压—收缩压 [mmHg]				
前测	114.11±10.61	$F=5.600$; $p=0.004$; $\eta p^2=0.393$	113.31±11.48	$F=7.504$; $p=0.001$; $\eta p^2=0.495$
中测	109.14±9.38*		107.25±11.73*	
后测	106.80±9.11**		106.31±10.82*	
血压—舒张压 [mmHg]				
前测	76.34±8.60	$F=3.175$; $p=0.041$; $\eta p^2=0.268$	75.50±8.16	$F=1.360$; $p=0.280$; $\eta p^2=0.151$
中测	72.86±8.13		70.56±8.19*	
后测	71.14±7.32**		71.09±9.09*	
积极性情绪（positive affects）				
前测	14.61±2.57	$F=1.448$; $p=0.260$; $\eta p^2=0.186$	13.15±4.20	$F=0.496$; $p=0.690$; $\eta p^2=0.076$
中测	13.14±4.18		13.22±4.31	
后测	13.11±4.98		13.30±5.08	
消极性情绪（negative affects）				
前测	6.40±1.69	$F=0.928$; $p=0.444$; $\eta p^2=0.117$	6.15±1.77	$F=1.300$; $p=0.305$; $\eta p^2=0.178$
中测	5.97±1.43		5.41±1.12	
后测	5.63±0.99		5.59±1.25	
HRV-SDNN [ms]				
前测	55.76±27.20	$F=2.706$; $p=0.074$; $\eta p^2=0.299$	62.02±18.05	$F=1.930$; $p=0.163$; $\eta p^2=0.254$

续　表

	不开阔视野		开阔视野	
	均值±标准差	多因素方差分析	均值±标准差	多因素方差分析
中测	54.02±18.89		57.29±11.81	
后测	40.53±19.42* ♯		46.21±18.50** ♯	
HRV-RMSSD [ms]				
前测	32.73±18.85	$F=4.644$；$p=0.013$；$\eta p^2=0.423$	34.00±14.02	$F=1.258$；$p=0.320$；$\eta p^2=0.182$
中测	32.74±12.69		32.00±9.70	
后测	22.16±13.24* ♯		27.09±18.51	
HRV-LF/HF				
前测	2.32±1.28	$F=0.842$；$p=0.488$；$\eta p^2=0.117$	2.62±1.52	$F=0.231$；$p=0.874$；$\eta p^2=0.039$
中测	2.18±1.28		2.80±1.60	
后测	3.37±2.33* ♯		3.56±2.01	

注:各模型设计为截距 ＋ 性别 ＋ 年龄 ＋ 受教育水平 ＋ 环境温度均值 ＋ 环境湿度均值 ＋ 环境噪声均值。(*)表示中测、后测分别与前测间存在显著性差异,其中*表示 $p<0.05$；** 表示 $p<0.01$；*** 表示 $p<0.001$。(♯)表示中测与后测存在显著性差异,其中♯表示 $p<0.05$。

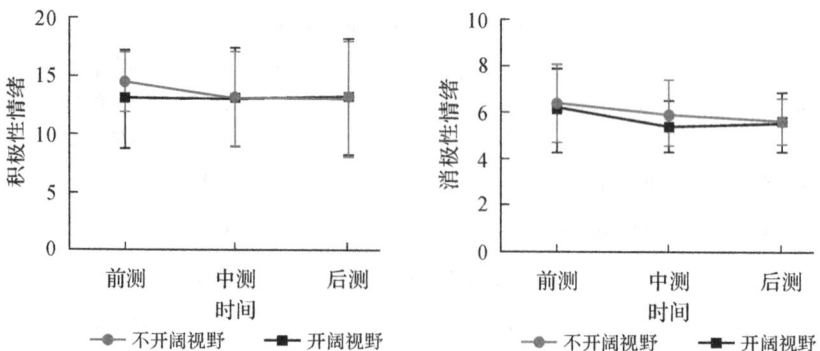

图 6-9　积极性情绪与消极性情绪的前测、中测和后测变化

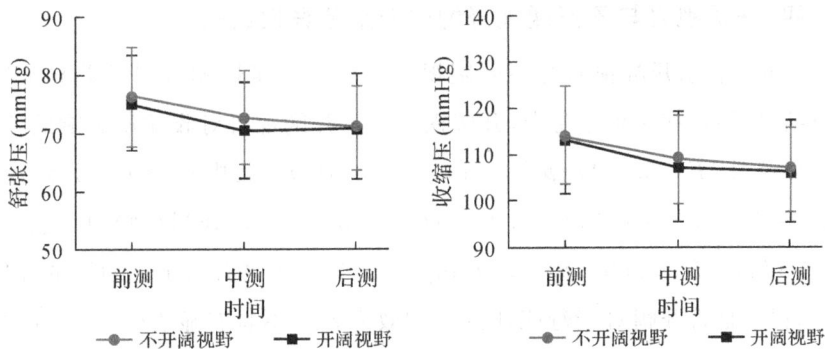

图 6-8　收缩压与舒张压的前测、中测和后测变化

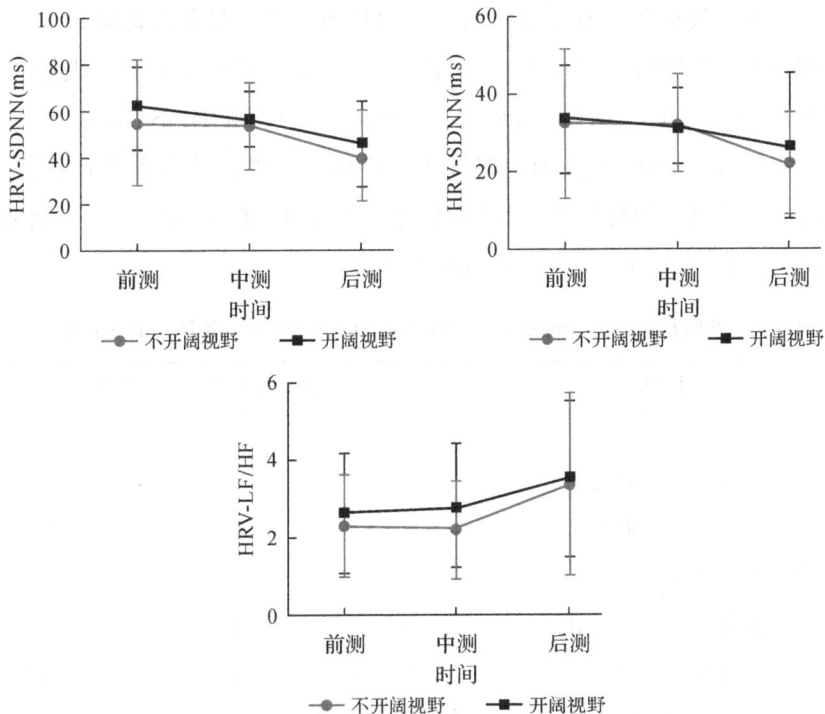

图 6-10　SDNN、RMSSD 及 LF/HF 的前测、中测和后测变化

四、开阔视野与不开阔视野的因变量差异性比较

表 6-6 表示开阔视野与不开阔视野对各因变量影响效果的差异情况。研究结果显示，在绿色健身中，开阔视野与不开阔视野对收缩压影响的差异具有显著性（$F=3.484$；$\eta p^2=0.104$；$p=0.046$）。其中相较于不开阔视野（表 6-5 所示，$F=5.600$；$p=0.004$；$\eta p^2=0.393$）而言，开阔视野中绿色健身（表 6-5 所示，$F=7.504$；$p=0.001$；$\eta p^2=0.495$）将更有助于收缩压的降低。然而，视野是否开阔对于舒张压的影响效果差异不具有显著性（$F=1.748$；$\eta p^2=0.059$；$p=0.183$）。此外，在绿色健身中，是否开阔视野并不会对积极性情绪得分产生显著的影响效果（$F=1.074$；$\eta p^2=0.047$；$p=0.350$）。与此同时，是否开阔视野对消极性情绪得分同样不会产生显著的影响效果（$p=1.463$；$\eta p^2=0.349$；$p=0.096$）。从表 6-7 中可知，在绿色健身中，是否开阔视野对于 SDNN（$p=0.899$；$\eta p^2=0.039$；$p=0.414$）和 RMSSD（$F=4.040$；$\eta p^2=0.110$；$p=0.078$）这两个时域指标的影响效果差异均未达到显著性。与此同时，是否开阔视野对于 LF/HF 这一频域指标的影响效果差异也未达到显著性（$F=0.414$；$\eta p^2=0.018$；$p=0.664$）。

表 6-6　开阔视野与不开阔视野对情绪影响的差异性比较（重复测量方差分析）

因变量	不开阔视野 Vs 开阔视野		
	F 值	ηp^2	p 值
血压—收缩压	3.248	0.104	0.046
血压—舒张压	1.748	0.059	0.183
积极性情绪（positive affects）	1.074	0.047	0.350
消极性情绪（negative affects）	1.463	0.349	0.096
HRV-SDNN	0.899	0.039	0.414
HRV-RMSSD	4.040	0.110	0.078
HRV-LF/HF	0.414	0.018	0.664

注：基于重复测量方差分析的检验，各模型均调整了性别、年龄、受教育水平、温度均值、湿度均值、噪声均值。

基于表 6-4 的主效应和交互作用分析结果进行了如下调整:

(1)收缩压、舒张压和积极性情绪增加调整了 SCI 特质分量表和状态分量表得分。

(2)消极性情绪剔除了亲自然性总分和是否开阔视野的交互效应,同时增加调整了 SCI 状态分量表。

(3)SDNN、RMSSD 和 LF/HF 增加调整了 CEI 好奇和探索量表得分。

第四节　讨论与分析

一、开阔视野与不开阔视野中绿色健身改善人体情绪效果的比较分析

本书通过积极性/消极性情绪量表的主观评定以及血压和心率变异性的生理指标评定来反映情绪改善效果,做到生理指标与主观评定相结合,既能发挥生理指标客观性、准确性的特点,又能体现人这一复杂主体的主观感受,两者优势互补,这种方式也得到了许多研究的支持(Rogerson et al.,2016a;Wooller et al.,2015)。积极性/消极性情绪主观评定方法已在许多研究中得到使用并验证(Liu et al.,2012;Thompson,2007)。本书的研究结果显示,在开阔视野中,积极性情绪在完成功率自行车骑行恢复至安静状态(后测)的得分比前测的得分要高。消极性情绪在完成功率自行车骑行恢复至安静状态(后测)的得分与前测相比得到降低。在不开阔视野中,消极性情绪实验中的后测得分相比于前测同样呈现下降趋势。积极性情绪得分的上升与消极性情绪得分的下降反映了样本积极性情绪得到改善,消极性情绪得到缓解。这些研究结果证实了绿色健身有利于情绪的改善。

Melissa 等(2015)的研究基于样本在绿地中不限强度、时间的自由步行,对样本步行前后的情绪主观评定进行对比发现,步行后积极性情绪得分显著升高,消极性情绪得分下降。Wooller 等(2018)的研究基于样本在实验室中进行模拟绿色空间下的运动,对比试验前后主观量表的填写结果,发现绿色运动有利于促进情绪的改善。Rogerson 等(2016b)的研究基于样本在草原等 4 个真实环境中随机分配并进行 5 公里放松跑,将运动前后的主观量表填

写结果进行对比后发现,进行绿色健身后情绪得到显著改善。这些研究文献也都通过主观情绪评分的积极变化来反映情绪,并且研究结果与本书的研究结果相似,证实绿色健身有利于情绪的改善。然而,本书研究结果中不开阔视野里的积极性情绪得分在整个试验过程中呈现一个不断下降的趋势,但未达到显著性差异。Brown 等(2013)的研究结果中也出现样本在访问绿地后积极性情绪与消极性情绪得分都下降的类似情况。但是,现有研究为弥补主观评定的不足,往往纳入生理指标进行综合评定。因此,本书也会结合研究中的其他指标进行综合评定。血压作为生理指标来反映情绪的改善效果已在许多研究中得到证实,血压包含收缩压与舒张压这两个指标,收缩压或舒张压的下降均能够反映人体消极性情绪得到改善,压力、焦虑等不良精神状况得到缓解(Pretty,2004;Zijlema et al.,2018)。

本书研究结果显示,在不开阔视野中,样本在完成功率自行车骑行恢复至安静状态(后测)的收缩压与舒张压值均比前测要低,且与前测值相比都有了显著性差异。与此同时,在开阔视野中,样本后测的收缩压和舒张压值同样均比前测低,且变化均呈现出显著性差异。研究结果中,收缩压与舒张压的降低均反映了样本在完成绿色健身并恢复至安静状态后,消极性情绪得到改善。心率变异性分析作为生理指标来反映情绪的改善效果已得到许多研究的证实(Park et al.,2017;Carr et al.,2017)。心率变异性分析分为时域分析法和频域分析法。时域分析法是将收集到的心率变异性信号按时间先后顺序进行排列,得到按时间顺序排列好的窦性心搏 RR 间期值,并对该数据进行统计学分析,是对心率变异性信号最为直观的表达;频域分析法则是将采集来的 HRV 信号利用数学模型的方式得出心率变异性的功率谱密度,较时域分析法而言其拥有更好的敏感性和特异性,因此能够与时域分析法相互补充(陈俊飞等,2016)。其中,时域分析法的 SDNN、RMSSD 以及频域分析法的 LF/HF 都是常用的心率变异性评价指标(林华等,2016),因此本书也采用了上述指标进行结果分析。SDNN、RMSSD 降低能够反映副交感神经活性降低,活动减少(Corrales et al.,2012)。LF/HF 的升高能够反映交感神经活动占主导(Park et al.,2017)。Carr 等(2017)指出副交感神经活动减少与积极性情绪的增加相关。与此同时，还有研究同样指出，当副交感神经（迷走神经）活动减少时，积极性情绪增加（Schwerdtfeger & Gerteis，2014）。本书研究结果显示，在开阔与不开阔视野中，样本 SDNN 与 RMSSD 的后测值均比前测值要低。这反映了后测时的副交感神经活动减少，积极性情绪得到增加（Schwerdtfeger & Gerteis，2014）。与此同时，两种视野中 LF/HF 的后测值均比前测值要高。这反映了完成绿色健身并恢复至安静状态，自主神经调控的均衡性偏向交感神经（Park et al.，2017）。频域指标与时域指标结果综合评价不难发现，样本的副交感神经活动降低，积极性情绪得到增加。

　　综上，在开阔视野中，消极性情绪得分、收缩压与舒张压的降低反映了消极性情绪的改善。积极性情绪得分的增加、SDNN 与 RMSSD 的下降以及 LF/HF 的上升都反映了积极性情绪的增加。在不开阔视野中，主观量表消极性情绪得分、收缩压及舒张压出现下降，这反映了消极性情绪状况得到缓解。SDNN、RMSSD 出现下降，LF/HF 出现上升反映了积极性情绪得到改善。因此，总结上述指标可知，在开阔与不开阔视野中进行绿色健身均能改善情绪。那这两种视野的改善效果是否存在显著性差异呢？对此，本书基于重复测量方差分析，检验是否开阔视野对各因变量变化差异的影响。研究结果表明，开阔与不开阔视野对收缩压变化差异的影响存在显著性。其中相较于不开阔视野而言，开阔视野中收缩压的改善效果更为显著。这表明开阔视野中绿色健身将更有助于改善收缩压，并反映了人体压力得到释放，消极性情绪得到缓解（Pretty，2004）。此外，开阔视野中消极性情绪得分的改善效果略优于不开阔视野，但差异性不显著。积极性情绪得分结果也是开阔视野中更佳。HRV 中的 SDNN 值在开阔视野中的改善效果也更佳，但差异性同样不显著。与上述指标结果相反的是，舒张压、RMSSD 和 LF/HF 这 3 个指标在不开阔视野中的改善效果更优一些，但两种视野对这些指标变化差异的影响均未达到显著性。

　　从上述 7 个因变量结果来看，开阔与不开阔视野中仅有收缩压的改善效果存在显著性差异。其他 6 个指标的改善效果虽各有偏向但均不显著。综合上述指标结果可知，开阔与不开阔视野中情绪的改善效果差异不显著，并未支持在开阔视野中进行绿色健身的改善效果要优于不开阔视野这一假设。因此，人们无须特地前往大尺度绿地公园进行绿色健身，可以就近选择绿地锻炼。与此同时，城市公园、绿地的建设不用过于追求大尺度开阔性草坪，应多注重一些局部空间的绿化，在降低维护与建造成本的同时促进人们精神健康的改善。此外，整体环境整洁的蓝色空间比同等条件下的绿色空间拥有更加优秀的改善效果（Barton & Pretty，2010；Rogerson et al.，2016b）。这可能与蓝色空间的大尺度开阔视野关系较小，而更可能是源于蓝色空间所存在的特有属性（如蓝色、水流等）。如大脑视觉神经对于蓝—黄视野比绿—红视野拥有更高的敏感度就为蓝色空间拥有更好的色彩刺激提供了证据（Mullen et al.，2002）。对此，在城市公园的规划中可以多融入水体景观设计，以助于人们在公园休闲、健身中获得更好的精神健康与实时情绪的改善效果。

二、绿色空间预暴露后再进行绿色健身对情绪改善效果的分析

此次研究基于本领域纵向试验设计的稀缺，参考 Ojala 等（2019）的试验方案，并以此来着重探讨在经过一段时间绿色空间接触后进行绿色健身是否仍能进一步改善情绪。研究结果显示，在开阔视野中，样本积极性情绪得分从 20 分钟静坐前（前测）到完成 20 分钟静坐（中测），再到完成功率自行车骑行恢复至安静状态（后测）呈现出不断上升的趋势。这说明在开阔视野中经过一段时间绿色空间接触后进行绿色健身仍能进一步促进积极性情绪的改善。与此同时，消极性情绪得分从静坐前（前测）到 20 分钟静坐后（中测）呈现出下降的趋势，然而到完成功率自行车骑行恢复至安静状态（后测）指标存在小幅回升但未达到显著性差异，后测值仍低于前测值。Melissa 等（2015）研究样本在绿地中步行前后的指标结果差异发现，步行后积极性情绪得分显著升高（$p < 0.001$），消极性情绪得分虽有下降但并未达到显著性差异，这说明绿色健身对消极性情绪有改善效果但会存在不显著的可能。因此在消极性情绪改善后遇到情绪的小幅波动可能就会影响测试结果，这也是初步解释本研究中在开阔视野里消极性情绪小幅回升的可能原因。此外，原因还可能是整个过程耗时相对较长，部分样本人群在试验的最后阶段会产生一些厌烦

的情绪,对消极性情绪的测量结果产生干扰,因此在以后的相关研究中试验时长需要进一步探讨。在不开阔视野中,消极性情绪得分从 20 分钟静坐前(前测)到完成 20 分钟静坐(中测),再到完成功率自行车骑行恢复至安静状态(后测)呈现出不断下降的趋势,这说明在不开阔视野中经过一段时间绿色空间接触后进行绿色健身仍能进一步促进消极性情绪的改善。

因此,在经过一段时间绿色空间接触后进行绿色健身仍能进一步改善开阔视野中的积极性情绪与不开阔视野中的消极性情绪。Pretty 等(2005)的研究通过让受试者在实验室模拟自然环境下进行 12 级(低强度)的慢跑,待恢复 5 分钟后发现绿色健身后的舒张压与收缩压均呈现显著性下降。与此同时,Shanahan 等(2016)的研究发现,进行绿地活动后能够有效地降低血压。以往的研究大多只证明绿色健身有助于血压的下降,但并未针对经过一段时间绿色空间接触后进行绿色健身仍能进一步促进血压下降展开有效探讨。

本书研究结果显示,在不开阔视野中,在 20 分钟静坐前(前测)、完成 20 分钟静坐(中测),以及完成功率自行车骑行恢复至安静状态(后测)这 3 个测试点,样本收缩压呈现连续降低的趋势,且整体变化呈现显著性差异。与此同时,样本舒张压从前中后测的变化上看也呈现不断下降的趋势,且同样达到显著性差异。接触绿色空间往往能让人体处于安静放松状态。人体在安静放松状态下将降低去甲状腺素等促使血管收缩物质的活性,并提高胺激肽类等促进血管舒张物质的活性,从而减少血流对血管壁的压力,收缩压与舒张压得以下降(魏德样,2011)。收缩压或舒张压的下降均可以反映消极性情绪得到改善(Pretty,2004;Zijlema et al.,2018)。因此,不开阔视野中收缩压与舒张压从中测到后测的进一步降低,反映了经过绿色空间接触后进行绿色健身仍能进一步促使样本消极性情绪缓解。在开阔视野中,样本收缩压从前测到中测再到后测呈现渐渐下降的趋势,且前中后测的变化具有显著性差异。与此同时,舒张压从静坐前(前测)到 20 分钟静坐后存在下降趋势,且呈显著性差异。在完成功率自行车骑行恢复至安静状态(后测)的舒张压较中测值有小幅上升,其中后测值仍远低于前测并与前测达到显著性差异。Brito

等(2020)的研究中也出现类似的情况,即样本在绿地中进行 50 分钟中等强度步行后收缩压不断下降,舒张压小幅上升。但该研究仅进行了绿色健身前后的对比,与本书研究的试验过程设计并不完全一致,并且绿色健身的时间、强度等也存在差异。考虑可能存在以下两个原因:其一,可能是样本在试验过程中的中测值已经下降到较低水平,很难进一步下降,舒张压要保证心脏的回血,因此在下降到一定程度后会小幅回升,但小幅回升后仍远低于前测值。其二,可能是在运动后血压升高,通过休息心率恢复至安静水平,但血压仍未完全下降,较中测值相比存在小幅上升。

因此,在经过一段时间绿色空间接触后进行绿色健身仍能进一步降低不开阔视野中的收缩压、舒张压与开阔视野中的收缩压。收缩压、舒张压的下降均可反映消极性情绪得到缓解(Pretty,2004;Zijlema et al.,2018)。本书研究结果显示,在不开阔视野中,样本的 SDNN 从前测到中测再到后测呈现不断下降的趋势,且后测值与中测值、前测值相比均达到显著性差异。RMSSD 的中测与前测几乎没有差异,但到后测呈现显著下降。SDNN 或 RMSSD 下降均能反映副交感神经活动变弱(Corrales et al.,2012)。此外,样本的 LF/HF 从中测到后测显著上升。LF/HF 的上升说明自主神经调控中的交感神经占主导,副交感神经存在活性降低的可能(Park et al.,2017)。综合上述指标结果来看,样本副交感神经活动减少,反映了积极性情绪的增加(Carr et al.,2017;Schwerdtfeger & Gerteis,2014)。在开阔视野中,样本的 SDNN 与 RMSSD 从前测到中测再到后测均呈现出不断下降的趋势。LF/HF 从前中后测的变化上看呈现不断上升的趋势。与不开阔视野相似,心率变异性指标的变化反映了开阔视野中进行绿色健身后样本的副交感神经的活性下降、活动减少,积极性情绪得到增加(Carr et al.,2017;Schwerdtfeger & Gerteis,2014)。因此,经过一段时间绿色空间接触后进行绿色健身仍能进一步使开阔视野与不开阔视野中的 SDNN、RMSSD 降低,LF/HF 升高,反映副交感神经活动进一步减少,积极性情绪进一步得到改善。

综上可知,在本书研究结果中,经过绿色空间接触后进行绿色健身能使两种视野的收缩压、舒张压进一步下降。血压的降低可以反映消极性情绪得到缓解（Pretty，2004；Zijlema et al.，2018）。与此同时，不开阔视野中的消极性情绪得分进一步降低。这些共同表明消极性情绪得到进一步改善。此外，经过绿色空间接触后进行绿色健身能使两种视野的 RMSSD、SDNN 进一步降低，LF/HF 进一步上升。上述 HRV 的变化与积极性情绪增加相关（Carr et al.，2017）。与此同时，开阔视野中的积极性情绪得分进一步上升。这些共同反映积极性情绪得到进一步改善。因此，上述结果证明经过一段时间绿色空间暴露后，再进行绿色健身对于情绪的改善仍有进一步的积极性意义。

三、对个体因素影响情绪的效果的分析

在绿色健身中，好奇性心理（Lea，2008）、噪声敏感性（D'Alessandro et al.，2015）以及亲自然性（Mayer et al.，2009）这些个体因素对情绪的改善效果存在影响。但以往研究中对协变量的控制较少涉及好奇性心理（Ojala et al.，2019）。此外，现有研究也未基于是否开阔视野对这些指标的影响效果进行集中比较。因此，本研究基于绿色健身，对个体因素的影响效果进行探究。研究结果显示，在这 3 个因素中，个体好奇性心理对于因变量的影响最为明显。好奇性心理对于收缩压与舒张压的影响均存在显著性。其中，好奇性心理对于舒张压的影响存在显著性这一结果分别在 SCI 状态好奇性心理、SCI 特质好奇性心理以及 CEI 好奇性心理这 3 个量表中均得到证实。并且在这 3 个量表中，好奇性心理对于舒张压的影响效果均大于收缩压。压力等不良精神健康状况会导致血管阻力急剧增加、血压上升（Costin et al.，2012）。而好奇性心理较强者对于外部新奇事物的偏好程度更高，刺激也会更加强烈，更有利于机体的恢复（Lea，2008；Bell et al.，2018）。因此，好奇性心理较高的样本从其他环境到达绿色空间中时，会受到绿色空间中新奇事物的刺激，压力得到释放，人体情绪逐步平静，血管外周阻力减小，回心血流压力降低，对舒张压的影响也会体现得更为明显。与此同时，在本研究中，血压的变化可以有效反映消极性情绪的改善情况（Pretty，2004；Zijlema et al.，2018）。因此，这也进一步说明了绿色健身中好奇性心理和消极性情绪具有

相关联系。

　　好奇性心理对于积极性情绪得分与消极性情绪得分的影响都存在显著性,且对于积极性情绪得分的影响会更强烈一些。这可能是因为复杂新颖的绿色空间对样本产生了刺激(Lea,2008;Bell et al.,2018)。好奇性心理较高者的探索欲望往往较高(Roe & Aspinall,2011)。个体的积极性情绪也会更容易得到激发,因此好奇性心理会对积极性情绪得分的影响更为明显。好奇性心理对于心率变异性的影响在 CEI 好奇性心理量表结果中体现得最为明显,显著性由大到小依次为 RMSSD、SDNN 和 LF/HF。HRV 主要反映迷走神经(属于副交感神经)与交感神经的调控能力,以及两种神经调控的均衡性(Park et al.,2017;林华等,2016)。在本研究中 HRV 指标主要反映样本的积极性情绪(Carr et al.,2017;Schwerdtfeger & Gerteis,2014)。因此,这也进一步为绿色健身中好奇性心理与积极性情绪存在相关关系提供了证据。一些研究认为,亲自然性较高者在进入原始森林等自然景观较为充足的绿色空间之后精神健康恢复将比进入城市绿地更加显著,而亲自然性较低者则在接触这两种空间后对精神健康的改善效果无明显差异(Mayer et al.,2009;Ojala et al.,2019;Gidlow et al.,2016)。在本研究结果中,亲自然性对消极性情绪得分的影响较为显著。与此同时,亲自然性与是否开阔视野还存在交互效应。这可能是由于不开阔视野中的树木分布较为稠密,更容易营造出森林的氛围,而开阔视野则以开阔的草坪为主。因此,个体亲自然性会对两种视野中消极性情绪的改善效果产生不同影响。

　　除上述内容外,还有学者认为,噪声敏感性较高者在低噪声环境中锻炼改善精神健康的效果要优于高噪声环境,而噪声敏感性较低者在低噪声环境与高噪声环境中的精神健康改善效果差别不大(Brown et al.,2015;Dzhambov & Dimitrova,2015)。在本研究结果中,噪声敏感性对于心率变异性频域指标 LF/HF 的影响存在显著性。频域分析法往往拥有更好的敏感性(陈俊飞等,2016)。这也反映了噪声敏感性与交感和副交感神经的均衡性间存在相关性。除了 LF/HF,噪声敏感性对其他指标并不存在显著影响。综上可知,在绿色健身中,好奇性心理对收缩压、舒张压、积极性情绪、消极性情绪、SDNN、RMSSD、LF/HF 这 7 个指标均有显著影响。这些指标充分反映了好奇性心理对积极性情绪与消极性情绪均存在影响。而噪声敏感性与亲自然性均各只针对 1 个指标产生显著影响,其中,噪声敏感性对 LF/HF 存在显著影响。这进而能够反映其对积极性情绪存在影响(Schwerdtfeger & Gerteis,2014)。亲自然性则仅对消极性情绪得分存在显著影响。因此,综合所有指标结果来看,相比于亲自然性和噪声敏感性,个体好奇性心理对情绪的影响更为显著。

四、日常绿色空间接触情况与锻炼水平对情绪改善效果的比较

许多研究结果表明,日常进行身体锻炼与精神健康存在相关性(杨灼芳和梁丽辉,2011;Hamer et al.,2014)。此外,绿色空间接触与精神健康改善的相关性也已得到许多研究的支持(Alcock et al.,2014;Ojala et al.,2019)。因此,本研究基于绿色健身,针对个体日常锻炼水平与绿色空间接触情况在是否开阔视野中的影响效果进行进一步探究。本研究结果显示,在个体日常锻炼水平中,每周锻炼次数这一因素对于试验中因变量的影响最为显著。其中,对于积极性情绪、RMSSD 以及 LF/HF 这 3 个指标均存在显著影响。与此同时,每周锻炼次数还与是否开阔视野存在交互效应。这反映了每周锻炼次数与是否开阔视野之间存在紧密联系。锻炼次数往往能够很好地体现个体日常运动的规律性。许多研究设计采用每周锻炼 2~3 次的方式来改善样本的精神健康,并且起到了显著的效果(Kimura et al.,2010;Chen et al.,2015)。而本次研究样本人群的每周锻炼次数也主要集中于每周 2~3 次,因此可能是由于较其他锻炼次数而言,每周 2~3 次锻炼对于样本人群的改善效果影响更大,从而对积极性情绪、RMSSD 以及 LF/HF 这几个因变量产生了显著的影响。此外,日常锻炼类型及有氧锻炼强度这两个因素将会显著影响积极性情绪得分变化,每次锻炼持续时间则将会显著影响 LF/HF 指标变化。从中不难发现,个体日常锻炼水平对于因变量的影响主要集中于积极性情绪、RMSSD 以及 LF/HF 这 3 个指标,其中对积极性情绪得分的影响最为明显。

　　日常绿色空间接触里只有工作场所周边绿地活动这一因素会对舒张压产生影响,其他因素均未存在显著影响。这可能是由于样本人群工作压力较大,在工作场所绿色空间中活动能更好地缓解工作压力。压力的缓解与舒张压的降低相关(Pretty,2004;Zijlema et al.,2018)。生理指标往往具有更佳的敏锐性。因此,这也进一步解释了本研究中工作场所周边绿地活动与舒张压存在相关性的可能原因。综上可知,在进行绿色健身中,日常锻炼水平对积极性情绪、RMSSD以及LF/HF这3个指标存在显著影响,且与是否开阔视野存在交互效应。其中,HRV指标通常主要反映积极性情绪情况(Carr et al.,2017;Schwerdtfeger & Gerteis,2014)。这进一步表明了日常锻炼水平可能对积极性情绪存在影响。而日常绿色空间接触情况仅对舒张压存在显著影响。其中,血压指标通常反映消极性情绪的变化情况(Pretty,2004;Zijlema et al.,2018)。这进一步表明了日常绿色空间接触情况可能对消极性情绪存在影响。然而,日常锻炼水平中相关的锻炼参数及影响的指标较日常绿色空间接触情况均更多,证据更为充分。因此,相较于个体日常绿色空间接触情况而言,日常锻炼水平对绿色健身中情绪的影响效果更为显著。

五、研究的创新性与局限性

　　相比当前已报道的研究,本研究的创新点包括发现相比于噪声敏感性和亲自然性,好奇性心理在是否开阔视野中锻炼对情绪的影响更为显著,这为今后该领域研究中个体因素的调整提供了借鉴。此外,本研究率先基于设计严谨的实地对照试验验证了绿色健身中视野是否开阔对情绪改善的效果差异并不显著,这对于今后该领域的研究中绿色空间视野开阔性的议题具有重要的参考价值。

　　本研究的最大局限性在于开阔视野和不开阔视野的标准鉴定。现有报道的文献对开阔与否的标准也未有效地进行鉴定,这或许是今后该领域研究需要面临的一个重要议题。本研究的结果显示绿色健身中开阔与不开阔视野的情绪改善多数指标效果并不显著,这是否可能与本研究所选取的视野并不足够开阔有关,如更为开阔的视野可能就有更好的效果。不过从城市规划和景观设计应用实践角度来看，本研究选取的开阔视野绿色空间在当前国内城市中已经属于很难得的大尺度绿色草坪空间，具有一定的代表性。因此，今后的研究需要进一步完善开阔和不开阔视野的鉴定标准，并以此为基础对是否开阔视野的改善效果展开更深入的探讨。此外，本研究对很多协变量的控制是基于探索性质的，其中经过科学的信效度检验量表所测试的指标仅包括噪声敏感性、亲自然性和好奇性心理，其他协变量包括个体日常锻炼水平和日常绿色空间接触情况均基于自设的题目进行数据采集，建议今后开发适合该领域研究中协变量数据采集的量表来推动该领域的发展。

第五节　本章小结

一、研究结论

（1）绿色健身中，开阔视野与不开阔视野在收缩压改善效果上存在显著性差异，舒张压、积极性/消极性情绪以及心率变异性（SDNN、RMSSD、LF/HF）均无显著性差异。由此认为，研究结果不支持假设 1，即城市中难得的大尺度绿色空间开阔视野与城市绿色不开阔视野中锻炼改善情绪效果的差异性并不显著。虽然这一结论存在是否开阔鉴定标准的不足，但研究选取的真实场地在国内城市中已属于难得的大尺度绿色空间，因此该结论具有较好的应用实践指导价值。

（2）在经过一段时间绿色空间接触后，再进行绿色健身对血压、积极性/消极性情绪、SDNN、RMSSD 以及 LF/HF 等实时情绪指标仍有进一步的改善作用。由此认为，研究结果支持假设 2，即经过一段时间绿色空间接触后进行绿色健身仍有助于进一步改善情绪效果。

（3）在开阔或不开阔视野中进行锻炼对情绪改善指标（因变量）的影响作用中，好奇性心理比噪声敏感性、亲自然性等起到的影响更为显著。由此认为，研究结果支持假设 3，好奇性心理在开阔或不开阔视野中锻炼对情绪的影响比噪声敏感性及亲自然性均更加显著。此外，个体日常锻炼水平作为协变量进行调整也对积极性情绪、RMSSD 和 LF/HF 的影响具有显著性,而日常绿色空间接触情况仅对舒张压的影响具有显著性。

二、建　议

建议今后城市规划或景观设计中不要过于追求大尺度开阔性草坪,多注重一些局部空间的绿化,如此,在降低维护成本的同时也有助于增加居民绿色空间接触频率,这对居民户外休闲活动的情绪改善具有积极意义。建议人们在绿色空间休闲活动中即使在静态放松后,也进行适宜的身体锻炼,这有助于进一步改善情绪效果。今后该领域研究中需要重点关注个体好奇性心理,对这一个体因素的影响进行深入分析和必要的调整。此外,今后也有必要关注日常锻炼水平以及日常绿色空间接触情况这两个因素,在研究的设计上对这两个协变量进行必要的控制和调整。

第七章 住区绿蓝色景观暴露与老年人精神健康的相关关系:不同锻炼参数的媒介效应

第一节 引 言

随着城市化进程的深入,越来越多的人开始居住在城市。相比于乡村中农作物、森林、山峦、河流和湖水等绿蓝色景观充斥着人们视野,城市高楼林立以及高密度的人口、住宅和交通使得居民视野难以接触到优良的绿蓝色景观,再加上城市工作、学习和生活节奏快,更容易导致人们形成精神健康障碍(抑郁、焦虑和过度压力应激等)(Vries et al. ,2003;Triguero-Mas et al. ,2015;Ekkel & de Vries,2017)。国内许多研究指出,城市老年人是抑郁、焦虑和过度压力应激的易患人群(邓婷鹤和何秀荣,2016;李雅慧和叶俊廷,2013)。原因在于:(1)低龄段老年人往往在退休初期对生活方式的转变还不能很好地适应,容易进入空虚和无所事事的状态,增加抑郁状况(Meng et al. ,2017;庞芳芳等,2019);(2)老年人容易担忧自己随着年龄增大,身体机能衰退,疾病开始增多,经济自理能力下降,故而产生焦虑性心理(陈传锋等,2007;扈娜和刘堃,2018);(3)由于中国当前的社会养老保障体系还不够健全,多数老年人退休金较低或缺乏基本的保障,而老年人又往往面临着家庭中子女婚姻、住房等生活压力等,容易长期承受过度压力应激。

近年来,许多研究指出,长期或一次性充分暴露在优良的绿色和蓝色景观有助于改善人体精神健康,包括抑郁、焦虑和压力,这得到了众多横断面、纵向追踪和干预研究的证实,研究结果细化到了环境的类型、距离和尺寸等(Völker & Kistemann,2011；Beyer et al.,2014；Reklaitiene et al.,2014；Gascon et al.,2015)。同时,身体锻炼也有助于改善人们的精神健康问题,这也得到了众多横断面、纵向追踪和干预研究的证实,研究结果细化到了锻炼的频率、强度、持续时间和类型等参数(Stathopoulou et al.,2006；Doris et al.,2007；Bo et al.,2017)。如果在绿色或蓝色景观暴露中进行身体锻炼,是否会产生更为显著的精神健康效益呢? 现有文献报道的多实证研究证据揭示,应鼓励人们在绿色和蓝色景观中进行身体锻炼,以充分发挥两者的协同效应(Thompson et al.,2011；Barton et al.,2012；Astell-Burt et al.,2013)。不同的身体锻炼频率、强度和类型对改善不同的精神健康问题如抑郁、焦虑和压力的效果存在一定的差异,这已经得到了许多研究的证实(Stathopoulou et al.,2006；Doris et al.,2007；Bo et al.,2017)。如许多针对随机对照试验研究的系统综述发现,在控制很多干扰因素的条件下,抗阻或力量训练似乎对改善抑郁症的效果较好(Singh & Fiatarone Singh,2000；Motl et al.,2005；Blake et al.,2009；Lincoln et al.,2011；Chen et al.,2017),拉伸(瑜伽、普拉提等)或渐进性肌肉放松训练对改善焦虑的效果较好(Doris et al.,2007；Pa et al.,2014；Klainin-Yobas et al.,2015；Cramer et al.,2018),而能量消耗总量较大的中等强度有氧锻炼对缓解压力具有较好的效果(Starkweather,2007；Wang et al.,2010；Park et al.,2014)。当前大量相关研究指出,进行中高强度有氧锻炼比低强度有氧锻炼对于精神健康的益处更加显著,长期进行每周3～5次适度频率的系统锻炼比过低或过高频率锻炼的改善效果更佳(Chekroud et al.,2018)。虽然更为详细的机制和证据还需要去验证,但这提醒我们在研究城市绿蓝色景观与身体锻炼对精神健康状况改善的协同效应时,需要对不同的身体锻炼参数如频率、强度和类型进行验证。

然而,现有的一些系统综述总结发现,在绿色和蓝色景观中进行身体锻炼,充分发挥两者的协同效应时,身体锻炼参数在其中所起的协同效应似乎与单一的身体锻炼改善精神健康呈现出较大的差异。如在绿色和蓝色景观中低强度身体锻炼的精神健康改善效果要优于中高强度锻炼（Barton & Pretty，2010），其原因可能在于人们在进行中高强度锻炼时由于身体的疲惫和应激，往往不能有效顾及绿色和蓝色景观中的要素，由此绿色和蓝色景观对于人体精神健康影响的效果被削弱（Mackay & Neill，2010；Thompson et al.，2012）。White 等（2019）基于英国 19806 名成年人的大样本量的横断面研究发现，每周自然环境中绿色和蓝色景观暴露的累积时间存在 120 分钟这一个平台现象，之后随着累积时间的延长，精神健康改善进入平台期。这可能提示我们绿蓝色景观暴露的频率要比单次过长时间的暴露更具积极意义，这也在一些横断面的研究中得到了验证（Honold et al.，2016；Shanahan et al.，2016），且 Barton 和 Pretty（2010）针对 10 项不同年龄段人群干预研究的 Meta 分析也发现，随着时间的延长，不同研究中均呈现出精神健康改善效果逐渐衰退，无论是自尊心还是总体情绪等健康指标，在暴露后的 6 小时左右改善效果达到最低，之后进入相对低值区间的维持。但总体而言，当前绿蓝色景观暴露中身体锻炼改善老年人精神健康不同锻炼参数的媒介效应还需要更多的实证研究和完善的研究成果。

由于老年人的生活空间主要集中在小区及周边，因此小区及周边的绿蓝色景观是老年人户外锻炼的主要接触场所（张纯等，2007；Chaudhury et al.，2015）。Lübs 等（2018）认为，低龄段老年人还拥有较好的身体机能支撑他们经常户外活动或锻炼，住区及周边的绿蓝色景观对其影响较大，而高龄段老年人的身体锻炼更多会考虑自身的身体健康状况是否允许。因此，研究城市绿蓝色景观暴露中低龄段老年人身体锻炼促进身体或精神健康具有极佳的社会效益。基于上述研究现状，本研究有针对性地在研究设计上做出如下应对。

（1）基于以往的横断面研究中针对不同身体锻炼类型与精神健康的相关关系的分析不多，本研究尝试采用双变量 Logistic 回归模型中的哑变量分析功能进行分析，对比不同身体锻炼类型与老年人精神健康相关关系的强弱。

（2）选取 60～70 岁低龄段老年人，避免高龄段老年人因身体机能虚弱而对协同效应产生干扰。

（3）只调查在小区居住 10 年以上,且从事某一身体锻炼项目持续 5 年及以上的老年人,分析长期居住于某一环境且日常身体活动模式固定的老年人群绿蓝色景观暴露、身体锻炼与精神健康的相关性,增加研究结果的应用价值。

因此,本书基于横断面设计,选取中国浙江省的金华城区作为案例区域,采集低龄段老年人(60～70 岁)整体健康、情绪状况和压力状况等作为因变量(指标设置参考:Akpinar,2016;Dadvand et al.,2016),锻炼频率、强度和类型(由于老年人自我报告每次户外锻炼持续时间的可靠性低,本书未采集该项锻炼参数)以及绿色景观和蓝色景观满意度等变量作为自变量,同时采集人群年龄等级、性别、受教育程度、月退休金、照顾孙子(女)、家庭情况及社会支持等作为协变量。分析低龄段老年人在绿蓝色景观中进行身体锻炼与身体或精神健康的相关性,确定不同的身体锻炼参数与老年人身体或精神健康相关性的强弱。分析城市绿蓝色景观暴露中进行身体锻炼,发挥两者促进低龄段老年人精神健康的协同效应时,我们需要重点关注哪种身体锻炼参数。因此,本书针对住区绿蓝色景观暴露中锻炼改善老年人精神健康的变化与不同锻炼参数的媒介效应进行分析,可丰富该领域国内城市老年人的横断面研究证据,同时可为运动健康促进方案和公共政策制定提供参考。

第二节　方　法

一、研究区域背景与抽样

本书选取的金华城区位于中国浙江省的中部,属于内陆地区,距离中国东部沿海直线距离约 200 公里,因此本书的城市蓝色景观主要是指城区内的江、湖、水池等形成的水体或滨水景观。总体而言,金华城区具有优良的绿色和蓝色景观(见图 7-1 至图 7-3)。本书的数据采集采用居住小区调查的方式进行,目的是避免直接在公园、江边和湖边进行调查造成样本人群对绿色和蓝色景观感知偏向优良的主观倾向性,因为有研究指出,在某一特定空间进行调查往往容易使样本对该类型空间选择非常满意或满意的倾向(邓宁等,2019;罗涛等,2019)。本书所选取的 12 个调查小区也兼顾了城区绿色景观、蓝色景观和闹市区均有的原则:2个小区紧沿着金华城区的二环北路,是离北部山地较近的小区,2个小区周边有绿地公园;3个小区处于贯穿城区的江边附近的小区,1个小区离金华城区最大的湖"湖海塘"较近;4个小区在金华闹市区。整个调查工作在 2017 年 9—11 月和 2018 年 4—6 月完成,这两个时间段金华气候宜人,避免了绿色景观和蓝色景观感知受到冬天降雪和落叶的影响。2014 年金华的统计数据显示,具有金华主城区户口(二环内)的 60～70 岁老年人口约为 90000 人。依据横断面抽样样本量估计公式"$n = Z^2 P(1-P)/e^2$",真实比例设置为 0.3,期望精度(±)设置为 0.05,置信区间水平为 0.95。由于男性或女性 60～70 岁老年人大概分别在 45000 人,因此,依据公式,最低有效样本量应涵盖男性和女性各 321 人。因此,本书的有效样本量(调查了 800 人,排除因居住年限少于 10 年且未达到参加某一项目持续 5 年及以上等无效样本,最终为 709 人,其中男性为 330 人,女性为 379 人)具有代表性。12 个小区每个小区样本量最少的为 42 人,最多的为 79 人,均值(标准差)为 55.23(10.73)。调查时,考虑到老年人的阅读和认知能力,所有调查均通过小区居委会协助统一组织调查,并由经过系统培训的调查员进行现场指导以提高问卷调查的质量。

图 7-1　金华城区的南、北边界都是山地,具有较好的郊游远足的条件

图 7-2　金华城区具有较好的蓝色景观一1

图 7-3　金华城区具有较好的蓝色景观一2

二、问卷数据

(一)整体健康自我评定

由于本书采用二分类 Logistic 回归模型分析绿色景观满意度、蓝色景观满意度、身体锻炼参数与精神健康间的相关关系，因此，因变量的形式为包括"是""否"的二进制定类数据。近年来，许多研究建议（除了明确被诊断），如果采用主观调查，较为妥当的方式是避免直接采用二进制的题目使得调查时样本在二选一中陷入困扰和模糊不定，较为适宜的方式是采用 3～5 级的定序数据采样，然后选择切点划分"是""否"界值的方法（Maas et al. ,2006; Triguero-Mas et al. ,2015;Dadvand et al. ,2016)。在本书中，要求受调查者根据自身的整体健康状况(身体健康、精神健康和幸福感等)进行综合评定，评定的等级分为 5 级："非常健康""健康""一般""不健康""非常不健康"。这样的多级选择给了样本人群一定的缓冲空间，尤其是对于许多没有明显疾病，但因为较差的体适能或存在一定的精神健康问题，中间选项"一般"是很好的选项。本书将"非常健康""健康"两个选择的样本合并为整体健康自我评定为"健康人群(是)"，而"一般""不健康"和"非常不健康"则合并成"不健康人群(否)"。

(二)精神健康自我评定

考虑到中国老年人的受教育程度和认知能力，相比于压力，他们对抑郁和焦虑的概念较难把握和理解，所以本书未直接在调查中询问具体的抑郁或焦虑情况，而是采用抑郁和焦虑两种精神健康问题常见的表现进行反映。抑郁症常见的表现是长时间情绪低落，对任何事情都提不起兴趣，而焦虑症的表现是对未来非常担忧且经常为此失眠（Pa et al. ,2014;Gascon et al. ,2018)。调查时在问卷中采用情绪状况来反映抑郁和焦虑状况让受调查者自我评估。因此，本书中精神健康状况有两个指标：一是情绪状况，二是压力状况。同样考虑到直接采用"是""否"二进制的选择形式对自我评定产生的干扰，两个指标均采用"非常不好""不好""一般""好""非常好"5 个等级，完成调查后将"非常不好""不好""一般"合并为存在"情绪障碍"和"压力困扰"

(是),而"好"和"非常好"则合并为不存在"情绪障碍"和"压力困扰"(否)。

(三)绿色和蓝色景观满意度

当前,针对绿色景观和蓝色景观的测量多采用客观测量方法,如采用 Normalized Difference Vegetation Index(NDVI)和 Land-cover Map 等 (Gascon et al.,2015)。这些方法虽然存在客观准确的优势,但也存在一定的不足。如许多研究指出,采用客观测量绿色景观或蓝色景观暴露程度的方法并不能准确反映样本人群对其居住的小区及周边的绿色景观和蓝色景观的主观感知(Ekkel & de Vries,2017)。很多通过客观测量方法所得的"绿量""蓝量"实际上与样本人群的感知并不一致,因为人的感知还涉及景观植被类型、季节、空气污染、便利性和可否接触(如私人空间和收费)等问题(Coutts et al.,2010;Ekkel & de Vries,2017)。甚至有研究对比了客观测量方法和主观感知测量方法与精神健康相关性的强弱,发现主观感知测量的绿色和蓝色景观与样本人群精神健康指标相关关系显著性更高(Dadvand et al.,2016)。由于考虑到本书的样本人群为低年龄段老年人群,与绿色和蓝色景观的季节和气候及是否可接触等密切相关,因此,本书采用主观感知评定的方法进行绿色和蓝色景观测量。现有研究发现,无论是中国国内还是一些其他国家的研究成果,老年人的生活空间主要集中在小区及周边(Grahn & Stigsdotter,2004;Nielsen & Hansen,2007;胡靖平,2012)。因此具体调查时让受调查者根据自己所居住的小区及周边经常休闲、锻炼的场所绿色植被和水体景观进行主观满意度评定。绿色景观和蓝色景观主观满意度的等级均设置为:"非常满意""满意""一般""不满意""非常不满意"。由于是自变量,未对两者进行二进制的归并。

(四)身体锻炼参数

在本书中,身体锻炼参数包括锻炼频率、强度和类型。虽然部分研究中采用了自我报告采集定量数据的方式,但考虑到自我报告的定量数据的可靠性可能要差于定性数据,因此对于锻炼参数,本书采用自我报告的主观定级的方式。身体锻炼频率要求受调查者根据自身日常身体锻炼的频率进行评定，等级包括：不锻炼、每周 1～2 次、每周 3～5 次和每天。每次身体锻炼的强度主观评定等级包括：极低强度、低强度、中等强度、高强度。对于身体锻炼类型，调查时问卷中明确身体锻炼中步行、自行车选项不包括购物、理发等生活性步行和骑行，只涵盖有目的、有计划、具有健身目的的健身走或骑行健身。对于身体锻炼类型的调查，我们在问卷中罗列了一共 24 种身体活动的形式，包括：篮球、排球、足球、羽毛球、乒乓球、手球、广播操、舞蹈（交谊舞、拉丁舞等）、健身操（如广播操、广场舞等）、系统的力量练习、武术或民族传统体育类（太极拳、剑、八段锦和空竹等）、跑步、跳高、跳远、投掷、跳绳、游泳、轮滑、踢毽子、体育游戏、骑自行车、健身步行、体力劳动和爬山（爬台阶，不包括生活中上下楼）。调查时要求受调查者选其中一项自己平时最为主要的身体锻炼方式。数据回收录入后，我们对不同的身体活动形式进行了合并和删除，总共合并成了 5 种类型，包括：（1）武术或中华民族传统运动类（自主意识性较强的项目）；（2）球类（篮球、排球、足球、羽毛球、乒乓球、手球）；（3）有氧操舞类（广播操、舞蹈和健身操）；（4）健身走或慢跑；（5）抗阻或力量锻炼（系统的力量练习、骑自行车、体力劳动和爬山）。由于跳高、跳远、投掷、跳绳、游泳、轮滑旱冰、踢毽子、体育游戏等项目存在选择的人少（共 9 人）且分类困难，本书将这 9 人从样本中剔除。

（五）协变量

1. 人口学变量

本书参考了几份针对绿色景观、蓝色景观与精神健康的横断面研究及其统计分析模型（主要参考 Logistic 回归模型）（Akpinar,2016；Dadvand et al.，2016；Gascon et al.，2018），选择了性别、年龄、受教育程度和家庭结构这 4 项人口学变量。由于中国老年人很重要的一个生活内容是帮助子女照顾孙子（女）（王亚迪，2018），因此本书还加入照顾孙子（女）这一协变量，包括自己照顾为主、和子女共同照顾、子女自己照顾、雇佣保姆和无孙子（女）5 类。变量的具体内容设置如表 7-1 所示。

2. 社会经济水平变量

本书的样本人群由于是低龄段老年人群，多数老年人已经退休（中国的法定退休年龄为 60 岁),因此选用退休金水平这一变量来作为样本人群的 SES 指标。变量的具体内容设置如表 7-1 所示。

3. 其他个体变量

本书还纳入了熟练掌握的运动技能项目数和社会支持度这两个个体变量作为协变量纳入模型。其原因在于熟练掌握运动技能项目数这一指标已在多项研究中被证明与中国老年人的锻炼频率和锻炼强度等参数相关(Gao et al.,2004;左群等,2018)。熟练掌握了某一运动项目技能的老年人在进行该项目锻炼时容易感受到自身价值的实现,在同伴中展现自我和增加自信心、自尊心等,这有助于促进老年人的锻炼(Opdenacker et al.,2009)。此外,社会支持度这一变量在多项研究中被应用(Dadvand et al.,2016;Gascon et al.,2018),意指具有良好的伙伴支持、家庭和社会支持以及健身场地和设施支持有助于促进老年人的身体锻炼。本书为了降低老年人调查的工作难度,只综合成社会支持度这一变量。调查时在问卷中标明社会支持度的范畴,包括伙伴支持、家庭支持、社会支持和场地设施支持,要求受调查者根据这些社会支持因素的综合评定社会支持度等级,包括:非常不支持、不支持、一般、支持和非常支持。变量的具体内容设置如表 7-1 所示。

三、统计分析

在总共调查的 800 人中,剔除了中途退出和数据缺失较多者,尤其是在金华居住少于 10 年的样本人群,得到有效样本为 718 人,再加上由于 9 人的身体锻炼类型不能有效归类而剔除,最终有效的样本量为 709 人。样本人群的因变量包括整体健康自我评定、情绪状况自我评定和压力状况自我评定;自变量包括绿色和蓝色景观满意度、身体锻炼参数(频率、强度和类型);协变量包括性别、年龄等级、受教育程度、家庭结构、月退休金、熟练掌握的运动技能项目数和社会支持度进行百分比的频率统计分析。应用双变量 Logistic 回归模型分析整体健康、情绪状况和压力状况与绿色、蓝色景观及不同身体锻炼参数的相关性,选取双变量 Logistic 回归模型中的哑变量统计方法进行数据处理,比较不同身体锻炼类型和老年人精神健康的相关关系强弱差异。

这些相关性的函数均建立在调整各协变量的基础上。参考 Dadvand 等(2016) 的研究,利用纳入绿色、蓝色景观,与锻炼、频率和强度的后模型的 OR 及显著性水平来分析不同身体锻炼参数的精神健康效应,显著性水平设置成 0.01、0.05 和 0.1 三个,尤其是当 OR>1 且显著性水平 $p<0.05$ 时,这一变量被认为是重要参数。

第三节　结　果

一、变量描述统计

(一)协变量

表 7-1 显示了本书的所有变量包括因变量、自变量和协变量的各等级频率统计结果。在调查时由于在每个小区注重男性和女性样本人群的均衡,最终有效样本男性占 46.5%,女性占 53.5%,比例较为理想。60～70 岁 3 个年龄等级样本人群的分布比例也较为均衡,分别为 40.9%、27.2% 和 31.9%。受教育程度从小学及以上至大学均有分布,但硕士及以上只有 4 人,占 0.6%,这也符合中国老年人口当前的现状。由于中国研究生教育起步较晚,60 岁及以上的老年人很少接受过高等教育。

表 7-1　自变量和协变量描述统计

变量	描述统计 N/%	变量	描述统计 N/%
年龄结构:60～63 岁=1	290(40.9)	是否帮助子女照顾孙子(女)/外孙子(女):自己照顾为主=1	77(10.9)
64～67 岁=2	193(27.2)	和子女共同照顾=2	207(29.2)
68～70 岁=3	226(31.9)	子女自己照顾=3	313(44.1)
合计∑	709(100)	雇佣保姆=4	29(4.1)
性别:男性	330(46.5)	暂无孙子(女)=5	83(11.7)
女性	379(53.5)	合计∑	709(100)

续 表

变量	描述统计 N/%	变量	描述统计 N/%
合计∑	709(100)	掌握运动技能的项目数:0项=1	413(58.3)
受教育程度:小学及以下=1	185(26.1)	1项=2	128(18.1)
初中=2	230(32.4)	2项=3	60(8.5)
高中或中专=3	167(23.6)	3项及以上=4	108(15.2)
大学本科(含大专)=4	123(17.3)	合计∑	709(100)
硕士及以上=5	4(0.6)	家庭结构:单独居住=1	67(9.4)
合计∑	709(100)	夫妻居住=2	384(54.2)
月退休金:1000元及以下=1	113(15.9)	与子/女等家人居住=3	243(34.3)
2000元左右=2	116(16.4)	与多个子女家人共同居住=4	15(2.1)
3000元左右=3	168(23.7)	合计∑	709(100)
4000元左右=4	119(16.8)	锻炼频率:没有	107(15.1)
5000元左右=5	85(12)	1~2次	133(18.8)
6000元左右=6	64(9)	3~5次	24(3.4)
7000元左右=7	36(5.1)	每天	445(62.8)
8000元及以上=8	8(1.1)	合计∑	709(100)
合计∑	709(100)	每次锻炼强度自我评定:极低强度	176(24.8)
社会支持度:非常不支持	0(0)	低强度	12(1.7)
不支持	10(1.4)	中等强度	376(53)
一般	88(12.4)	大强度	145(20.5)
支持	129(18.2)	合计∑	709(100)
非常支持	482(68.0)	锻炼类型:自主意识锻炼	76(10.7)
合计∑	709(100)	球类	58(8.2)

续　表

变量	描述统计 N/％	变量	描述统计 N/％
锻炼场所绿色景观满意度：非常满意	205(29.2)	有氧操舞类	109(15.4)
满意	318(45.2)	快走或慢跑	446(62.9)
一般	128(18.2)	抗阻或力量	20(2.8)
不满意	50(7.1)	合计Σ	709(100)
非常不满意	2(0.3％)	整体健康自我评定：否	501(70.7)
合计Σ	703(100)	是	208(29.3)
锻炼场所蓝色景观满意度：非常满意	249(35.4)	合计Σ	709(100)
满意	273(38.8)	是否情绪障碍：否	457(64.5)
一般	115(16.4)	是	252(35.5)
不满意	61(8.7)	合计Σ	709(100)
非常不满意	5(0.7)	是否压力困扰：否	455(64.2)
合计Σ	703(100)	是	254(35.8)
		合计Σ	709(100)

多数老年人的月退休金在 5000 元及以下（占 85％），按照当地的物价和消费水平，多数老年人并不能过上非常宽裕的生活。40.1％的老年人需要帮助子女照顾孙子（女），其中 10.9％的老年人甚至已经成为孙子（女）的主要照顾人。半数的老年人（54.2％）与配偶居住在一起，还有 34.3％的老年人与子女等家人居住在一起，其中有 9.4％的老年人处于独居状态。

超过半数的老年人（58.3％）认为自己没有能熟练掌握技能的运动项目，这或许也解释了为什么有 62.9％的老年人日常健身锻炼主要是健身走或慢跑等动作结构相对简单的锻炼方式。68％的老年人认为日常锻炼受到的社会支持度非常好，而认为支持但没有达到非常高程度的也有 18.2％。这些协变量的频率统计结果与中国国内的许多研究较为接近，这也反映了本书的样本具有较好的代表性，同时这些协变量也有助于增加分析模型结果的可靠性。

（二）因变量

从表 7-1 可以看出,本书中整体健康、情绪状况自评和压力状况自评经过最终的归并,有 70.7％的老年人认为自身整体健康处于不健康状况(包括原始等级的非常不健康、不健康和一般),相应地,有 29.3％的老年人认为自身整体健康处于健康状况(包括原始等级的非常健康和健康)。有 64.5％的老年人认为自己没有情绪障碍问题(包括原始等级的一般、好和非常好),而 35.5％的老年人认为自己存在情绪障碍问题(包括原始等级的非常不好和不好)。有 64.2％的老年人认为自己受到了压力困扰(包括原始等级的一般、好和非常好),而 35.8％的老年人认为自己正在受到压力的困扰(包括原始等级的非常不好和不好)。

（三）自变量

对于身体锻炼参数,66.2％的老年人每周会有 3 次及以上的锻炼,但有 15％的老年人基本不参加身体锻炼。有 26.5％的老年人认为自己日常锻炼的强度以低强度或极低强度为主,有 53％的老年人认为以中等强度为主,而以大强度为主的占 20.5％。对于锻炼类型,比例最高的是健身走或慢跑,比例为 62.9％,其次为有氧操舞类(占 15.4％)。以武术、气功和太极拳为代表的中国传统体育项目具有较强的自主意识性,有 10.7％的老年人日常主要从事这一类型的锻炼。而从事具有抗阻性质或系统的力量练习的老年人只占 2.8％,这与当前中国人日常锻炼普遍忽视抗阻或力量练习,以中低强度有氧锻炼为主的特点相符合。对于绿色景观和蓝色景观满意度,多数老年人均集中在非常满意、满意和一般 3 个等级(分别占 92.6％和 90.6％),这也凸显了相比于二进制的选项对于老年人面对选择的干扰,5 级评定更有益于缓解老年人面对不同等级选择时的犹豫态度对数据可靠性的影响。

二、健康状况与锻炼参数的相关性分析

整体健康、情绪障碍、压力困扰与锻炼参数(频率、强度和类型)的相关性分析结果见表 7-2。整体健康、情绪障碍、压力困扰与锻炼频率间的 OR

均<1,且只有整体健康和压力困扰的显著性 $p<0.1$。这似乎表明提高锻炼频率并非促进健康的有效手段。锻炼强度仅和整体健康指标间的 OR>1,与情绪障碍和压力困扰间的 OR 都小于1,且三者的显著性水平 p 都大于 0.1。锻炼参数中,锻炼类型似乎与健康间的相关性较强,与整体健康、情绪障碍和压力困扰间的 OR 均大于1,且情绪障碍的显著性水平 $p<0.1$,与压力困扰的显著性水平 $p<0.05$。而在身体锻炼3个参数的混合模型中,锻炼类型仍与情绪障碍和压力困扰存在最为显著的相关性(OR>1, $p<0.1$ 和 0.05)。

　　基于表 7-2 的分析结果可知,身体锻炼类型与情绪障碍及压力困扰的相关性最为显著。而从表 7-3 的身体锻炼类型哑变量分析结果可以进一步看出,日常主要从事不同类型锻炼项目的老年群体的情绪状况和压力状况差异较大。尤其日常主要从事武术或中华民族传统运动类(自主意识性较强的项目)的老年人精神健康、压力状况要显著优于从事其他锻炼项目的老年人群(以自主意识锻炼为对比,球类、健身走或慢跑、抗阻或力量3种项目的 OR 值均>1,且 p 均<0.1,尤其是健身走或慢跑的 $p<0.01$)。

表 7-2　整体健康、情绪状况、压力困扰与锻炼频率、强度和类型的双变量逻辑回归分析结果

	锻炼频率	锻炼强度	锻炼类型	频率、强度和类型混合		
				锻炼频率	锻炼强度	锻炼类型
整体健康	0.88 (0.76,1.02)*	1.00 (0.85,1.17)	1.02 (0.87,1.20)	0.88 (0.76,1.02)*	1.03 (0.87,1.21)	1.00 (0.85,1.18)
情绪障碍	0.97 (0.84,1.11)	0.97 (0.84,1.13)	1.15 (0.99,1.35)*	0.99 (0.86,1.14)	0.96 (0.84,1.14)	1.15 (0.98,1.34)*
压力困扰	0.88 (0.76,1.02)*	0.88 (0.75,1.03)	1.21 (1.04,1.41)**	0.92 (0.80,1.08)	0.89 (0.76,1.05)	1.19 (1.02,1.39)**

　　注:调整以下各项:年龄等级、性别、受教育程度、退休金、熟练掌握运动技能的项目数、家庭结构和社会支持度。

　　* p-Value b 0.10.

　　** p-Value b 0.05.

表 7-3   样本人群身体锻炼类型与整体健康、情绪和压力状况双变量逻辑
回归分析结果(哑变量分析)

	整体健康	情绪状况	压力状况
锻炼类型(设置 1)			
自主意识锻炼	1.71(0.44,6.69)	0.42(0.15,1.18)*	0.36(0.12,1.15)*
抗阻或力量=5	——	——	——
锻炼类型(设置 2)			
自主意识锻炼	0.84(0.48,1.48)	0.66(0.38,1.14)*	0.51(0.30,0.86)**
有氧操舞类	1.20(0.75,1.92)	0.83(0.53,1.30)	0.69(0.44,1.07)*
健身走或慢跑=5	——	——	——
锻炼类型(设置 3)			
健身走或慢跑	0.83(0.52,1.33)	1.21(0.77,1.91)	1.46(0.93,2.28)*
有氧操舞类=5	——	——	——
锻炼类型(设置 4)			
自主意识锻炼	1.01(0.45,2.27)	0.75(0.35,1.59)	0.49(0.23,1.03)*
球类=5	——	——	——
锻炼类型(设置 5)			
球类	0.99(0.44,2.25)	1.34(0.63,2.86)	2.05(0.97,4.34)*
健身走或慢跑	1.19(0.68,2.09)	1.52(0.88,2.63)	1.96(1.17,3.29)***
抗阻或力量	0.59(0.15,2.29)	2.39(0.85,6.69)*	2.75(0.87,8.73)*
自主意识锻炼=5	——	——	——

注:只显示有显著性相关的等级,调整变量:年龄等级、性别、受教育程度、退休金、熟练掌握运动技能的项目数、家庭结构和社会支持度。

* p-Value b 0.10.

** p-Value b 0.05.

*** p-Value b 0.01.

三、健康状况与绿蓝色景观相关性及与锻炼的协同效应

（一）整体健康、绿蓝色景观与锻炼参数的协同

对于整体健康、绿蓝色景观与锻炼参数间的协同效应进行分析后发现（见表7-4）：相比于绿色景观，老年人整体健康与蓝色景观满意度的相关性更为显著，且风险度更高（OR 均大于 1，不调整 $p < 0.05$，调整各参数后 OR 均大于 1，且 p 均小于 0.1，调整锻炼频率这一参数后 OR 值下降最多）。同样对于绿色景观，调整频率后 OR 值下降最多，虽然 OR 均大于 1，但 p 值均大于 0.1，相关性的显著性水平不如蓝色景观。在绿色景观与蓝色景观的混合模型中，蓝色景观与老年人整体健康的相关度优势同样明显，调整锻炼频率这一参数后的变化也同样明显。在绿色景观与蓝色景观的混合模型中，绿色景观的 OR 值调整前与调整各参数后的 OR 值均有所降低，而蓝色景观的 OR 值均有所提高。

表 7-4　整体健康与绿色和蓝色景观相关性（调整锻炼参数）

	绿色景观满意度	蓝色景观满意度	绿色和蓝色景观混合	
			绿色景观满意度	蓝色景观满意度
整体健康—不调整	1.06(0.87,1.28)	1.23(1.03,1.46)**	0.92(0.73,1.16)	1.27(1.04,1.56)**
整体健康—调整频率	1.00(0.82,1.23)	1.19(0.98,1.44)*	0.90(0.72,1.14)	1.23(1.00,1.53)*
整体健康—调整强度	1.06(0.87,1.28)	1.23(1.03,1.46)**	0.92(0.73,1.16)	1.27(1.04,1.56)**
整体健康—调整类型	1.06(0.87,1.28)	1.22(1.03,1.46)**	0.92(0.73,1.16)	1.27(1.04,1.56)**
整体健康—调整全部	1.00(0.81,1.23)	1.19(0.98,1.44)*	0.90(0.71,1.14)	1.23(1.00,1.53)**

调整：年龄等级、性别、受教育程度、退休金、熟练掌握运动技能的项目数、家庭结构和社会支持度。

* p-Value b 0.10.

** p-Value b 0.05.

(二)情绪障碍、绿蓝色景观与锻炼参数的协同

从表 7-5 可以看出:对于精神障碍,未调整前蓝色景观与精神障碍间的 OR 值>1,而绿色景观 OR 值<1,两者的 p 值均大于 0.1。对于绿色景观,调整锻炼频率这一参数的效果最为明显,而对于蓝色景观,调整频率和调整类型的效果相当,但要优于锻炼强度。在绿色景观与蓝色景观的混合模型中,调整各锻炼参数前后的效果与单一的绿色景观或蓝色景观变化趋势一致。但将绿色和蓝色景观混合,绿色景观与精神障碍间的相关性显著性水平进一步提高。在绿色景观与蓝色景观的混合模型中,绿色景观的 OR 值调整前与调整各参数后的 OR 值均有所降低,而蓝色景观的 OR 值均有所提高。

表 7-5 情绪障碍与绿色和蓝色景观相关性(调整锻炼参数)

	绿色景观满意度	蓝色景观满意度	绿色和蓝色景观混合	
			绿色景观满意度	蓝色景观满意度
情绪障碍—不调整	0.87(0.72,1.04)	1.03(0.87,1.21)	0.81(0.65,1.00)**	1.14(0.93,1.38)
情绪障碍—调整频率	0.84(0.69,1.02)*	1.01(0.84,1.21)	0.80(0.65,0.99)**	1.11(0.91,1.37)
情绪障碍—调整强度	0.87(0.72,1.04)	1.03(0.87,1.21)	0.81(0.65,1.00)**	1.14(0.93,1.38)
情绪障碍—调整类型	0.87(0.72,1.04)	1.01(0.86,1.20)	0.82(0.67,1.01)*	1.12(0.92,1.36)
情绪障碍—调整全部	0.85(0.70,1.03)*	1.01(0.84,1.21)	0.81(0.65,1.01)*	1.10(0.90,1.35)

调整:年龄等级、性别、受教育程度、退休金、熟练掌握运动技能的项目数、家庭结构和社会支持度。

* p-Value b 0.10.

** p-Value b 0.05.

(三)压力困扰、绿蓝色景观与锻炼参数的协同

从表 7-6 可以看出:对于压力困扰,无论是调整锻炼参数前和调整后,压力困扰与绿色景观和蓝色景观之间的 OR 值均小于 1。绿色景观的显著

性水平均 $p>0.1$,而蓝色景观的显著性水平均 $p<0.05$。同样,3 个锻炼参数中,调整锻炼频率这一参数,无论是绿色景观还是蓝色景观,OR 改变的效果均最为明显。在绿色、蓝色景观的混合模型里,绿色景观的 OR 值调整前和调整各类参数后都存在上升现象,但蓝色景观的 OR 值均保持基本不变。

表 7-6　压力困扰与绿色和蓝色景观相关性(调整锻炼参数)

	绿色景观满意度	蓝色景观满意度	绿色和蓝色景观混合	
			绿色景观满意度	蓝色景观满意度
压力困扰— 不调整	0.91(0.76,1.10)	0.83(0.70,0.97)**	1.01(0.82,1.26)	0.83(0.68,1.01)**
压力困扰— 调整频率	0.85(0.70,1.04)	0.75(0.62,0.91)***	0.97(0.78,1.21)	0.76(0.62,0.94)***
压力困扰— 调整强度	0.92(0.77,1.11)	0.83(0.70,0.98)**	1.03(0.83,1.28)	0.82(0.67,1.00)**
压力困扰— 调整类型	0.91(0.76,1.10)	0.82(0.69,0.97)**	1.03(0.83,1.28)	0.81(0.66,0.98)**
压力困扰— 调整全部	0.88(0.72,1.08)	0.75(0.62,0.91)***	1.00(0.80,1.26)	0.75(0.61,0.92)***

　　调整:年龄等级、性别、受教育程度、退休金、熟练掌握运动技能的项目数、家庭结构和社会支持度。

　　* p-Value b 0.10.

　　** p-Value b 0.05.

　　*** p-Value b 0.01.

第四节　讨　论

　　分析绿色景观、蓝色景观和身体锻炼对老年人精神健康改善的协同效应,有必要分开阐述绿色景观、蓝色景观以及身体锻炼对老年人的机制与效果差异。身体锻炼可以改善老年人的精神健康,这得到了众多研究证据的证实,相关理论包括心理学层面的机制(分散注意力假说、自我效能理论、任务掌握假说和社会交互作用假说)和生理学层面的机制(胺假说、内啡肽假说和心血管功能假说等)(Mynors-Wallis et al.,2000;Pedersen,2011;Pedersen et al.,2015)。然而,对本书而言,我们需要更加关注不同身体锻炼类型改善精神健康的特殊性和效果差异性。不同的身体锻炼类型改善不同维度的精神健康可能存在特定的路径和选择性促进。从表 7-2 可以看出,本书中老年人的情绪状况和压力状况与身体锻炼的 3 个参数中的锻炼类型相关性最显著,而与锻炼强度和频率相关性不强。将 3 种参数混合进入模型时,锻炼类型的相关性还是最为明显。而通过表 7-3 可以进一步看出,似乎从事武术或中华民族传统运动类项目(自主意识性较强的项目)改善老年人精神健康最佳。这一结论与近年来许多研究提倡自主意识性较强的锻炼,如中国的太极拳和气功等,强调在锻炼的同时通过自主意识活动更加有效地分散注意力、促进精神障碍恢复的观点一致(Chow & Tsang,2007;Tsang et al.,2008)。分析其原因可能在于,当前中国老年人的日常身体锻炼强度较低,以中低强度的健身走或健身操舞为主,日常锻炼类型缺乏中高强度有氧锻炼、抗阻或力量训练等,由此在横断面中很难得出锻炼强度与精神健康的相关关系证据。在老年人身体锻炼强度普遍较低的格局下,太极拳、气功等中国传统健身项目具有自主意识锻炼特征,有助于精神健康的恢复。此外,许多研究指出,老年人经常参加团休性健身项目有助于促进老年人的社会交往,加强与同龄人的交流,改善社会凝聚力,促进精神健康 (Engel et al.,2016;Choi & Matz-Costa,2017;Latham & Clarke,2018)。而中华民族传统运动类项目的典型特征是群体性项目,许多老年人往往在结束锻炼后会持续一段时间的交流。

现有的系统综述及针对中国、日本和韩国等东亚老年人群的随机对照试验研究揭示,抗阻或力量训练对抑郁状况的改善在几种锻炼类型中效果最好,其原因可能是抗阻或力量训练对肌肉刺激较大,本体感觉较为明显,有助于改善老年人群的自我效能(Singh & Fiatarone Singh,2000;Motl et al.,2005;Blake et al.,2009;Lincoln et al.,2011;Chen et al.,2017);而拉伸(瑜伽、普拉提)或渐进性肌肉放松训练对改善焦虑状况效果较好,其原因可能在于此类锻炼通过注意力的放松和转移,有效地改善了焦虑状况(Doris et al.,

2007;Pa et al.,2014;Klainin-Yobas et al.,2015;Cramer et al.,2018)。相关研究结果表明,中高强度有氧锻炼的精神健康改善效果比低强度更为有益,此外进行每周 3～5 次长期规律性适度锻炼亦能更好地起到精神健康改善效果(Chekroud et al.,2018)。

当前中国老年人日常身体锻炼以中低强度的健身走、慢跑和健身操、舞蹈为主,普遍忽视抗阻或力量训练,此外拉伸练习的比例也较低(冯晓丽和畅欣,2014),建议相关部门在老年健身工作中科学推广抗阻或力量练习及系统的拉伸练习,优化老年人群体性健身的锻炼参数结构。

许多研究发现,长期多次重复暴露及一次性充分暴露于绿色景观和蓝色景观均能改善人们的精神健康(Völker & Kistemann,2011;Beyer et al.,2014;Reklaitiene et al.,2014;Gascon et al.,2015)。分析绿蓝色景观暴露中锻炼改善人体精神健康的不同锻炼参数媒介效应时,不能等同于上述不同锻炼参数与精神健康改善的特定路径和选择性促进。大强度的身体锻炼时人体运动给予的应激使得人体视觉神经降低对周边绿蓝色景观的反应,降低了绿蓝色景观通过人体视觉增加副交感神经活动的诱导放松功能(D'Alessandro et al.,2015;Gladwell et al.,2012)。一些 Meta 分析发现,人体进入优良的绿蓝色景观中在初期 20～30 分钟的精神健康改善效果良好,之后效果逐渐降低(Barton,2010)。当前研究多会选取半小时以内作为暴露时间,再进行短时暴露,同时提高重复暴露的频率(Barton & Pretty,2010;White et al.,2019)。因此部分学者建议居民增加在住所周边绿地的暴露频率,而非一定要前往距离较远的大公园(Van Herzele & de Vries,2012)。此外,还有学者认为,从住所的窗户中观看绿色视野,长时间的累积能够有效改善精神健康(Honold et al.,2016)。

本书发现,无论是绿色景观还是蓝色景观,调整锻炼频率降低整体健康、情绪障碍和压力困扰的风险度(OR 值)在 3 种锻炼参数中的幅度最为明显(见表 7-4 至表 7-6)。这一结果再一次凸显了长期重复和高频率暴露于绿色景观和蓝色景观对老年人健康改善的效果,因此建议今后城市规划设计更加关注小区及周边绿色景观和蓝色景观设计和营造,甚至是垂直式绿化,增加居民在室内窗户的绿色景观暴露质量，也建议今后针对绿蓝色景观与身体锻炼改善精神健康的协调效应时，重点关注身体锻炼频率这一参数。但是，一些学者也表示，面积过小、景观要素单一的绿蓝色景观并不太会积极改善居民的情绪健康（Grazuleviciene et al.，2014；Reklaitiene et al.，2014）。因此，景观设计中除了保证居民的日常接触频率，必要的空间尺寸和景观要素丰富性也是重要的设计参考。

此外，本书还有一个重要的研究结果是：在本书的样本人群中，似乎蓝色景观对于老年人的整体健康、情绪障碍和压力困扰的重要性更高，尤其是整体健康。这一结论似乎与当前国际上更多的研究支持蓝色景观改善精神健康的效果要优于绿色景观一致（Barton & Pretty，2010；Foley & Kistemann，2015；Gascon et al.，2015），也得到了视觉神经科学证据的支撑（Mullen，2002）。但依据这一结果我们认为并不能得出暴露于蓝色景观比绿色景观的身体健康和精神健康的效益更好的结论。有研究也认为绿色景观和蓝色景观改善身体健康和精神健康的效果敏感性可能存在补偿效应，如对于绿色景观密度、质量比较好但蓝色景观相对缺乏的城市，暴露于蓝色景观的精神健康效益似乎更加显著，而对于蓝色景观比较丰富的城市（比如沿海城市或水景观优良的城市），暴露于绿色景观的精神健康效益似乎更加显著（Nutsford et al.，2016；Maria et al.，2019）。金华江虽然贯穿于金华城区，但相对于蓝色景观，绿色景观显得更为全面、丰富和体系化，南北均有山地森林包围，也有很多公园，这些似乎可能降低了蓝色景观暴露对于改善整体健康、情绪障碍和缓解压力困扰的敏感性。因此总体上说，对于本书的结论，我们建议今后加强客观、定量分析及纵向研究，寻求更为全面和可靠的证据支持。

第五节　本章小结

横断面研究显示，老年人身体锻炼类型与情绪状况、压力状况等精神健康具有较强的相关性，采用身体锻炼干预改善老年人的精神健康应关注不同锻炼类型的"具体路径"和"选择性差异"。应充分认识在老年人身体锻炼强度普遍较低的格局下，发挥太极拳、气功等中国传统健身项目的自主意识锻炼特征对于改善老年人情绪、压力的价值。现有的干预研究的系统综述或Meta分析表明，抗阻或力量练习及拉伸练习被证明是老年人抑郁、焦虑等重度精神健康障碍的有效非药物干预手段。因此，建议在老年健身工作中科学推广抗阻或力量练习及拉伸练习，优化老年人群体健身的锻炼参数结构。

　　充分发挥绿蓝色景观暴露与身体锻炼联合改善老年人精神健康的协同效应时，锻炼频率可能承担着敏感的中介效应角色。结合现有的干预研究的系统综述或Meta分析证据，老年人在绿色景观和蓝色景观优良的空间中进行身体锻炼，应选择低强度的锻炼类型，避免过度运动负荷降低绿蓝色景观通过视觉神经诱导副交感神经放松的效果。老年人户外锻炼可充分利用绿蓝色景观暴露初期这一敏感期，增加日常绿蓝色景观暴露频率，改善精神健康。结合本书的研究结果，本书认为在绿色景观、蓝色景观中从事自主意识特征明显的太极拳、气功等中国传统健身项目是适宜的选择。在景观设计中，应重视蓝色景观对于人体整体健康和情绪状况的积极意义，虽然建设初期投入较大，但可能具有长远的居民精神健康效益。

第八章 适宜老年人身体活动的住区实体环境特征

第一节 引 言

合理规划和设计住区实体环境可以促进居民身体活动,这得到了众多研究的证实(Ewing et al.,2003;Sallis et al.,2016),许多研究成果也正逐渐应用于规划设计的实践中(Gebel et al.,2005)。许多行为时空特征研究揭示,不同年龄段居民中,小区实体环境特征对老年人身体活动的影响最为显著,其原因在于,相比于儿童青少年日常上学和成年人上班,老年人日常生活的空间范围主要集中在小区及周边,因此小区及周边的实体环境对老年人身体活动和健康的影响更为显著(张纯等,2007;Chaudhury et al.,2015)。当前,实体环境、居民身体活动与健康关系的研究取得了丰硕成果,但实体环境建设和优化的资金投入大,一定程度上影响了政府部门基于该领域研究成果的政策制定和应用实践。近年来,一些前瞻性研究揭示,若实体环境建设中注重居民身体活动需求,强调与之匹配的规划设计,这部分资金投入将产生二次社会经济效益,如可缓解与老年人慢性非传染性疾病相关的社会医疗负担,因此虽然前期资金投入较大,但有较好的远期效益潜力(McCormack & Shiell,2011;Giles-Corti & Donovan,2002)。一些研究发现,身体活动干预缓解医疗负担的"因果关系"并非适用于各年龄段群体,儿童青少年、中青年人群由于整体健康状况较好,很多医疗费用的产生并非因身体活动不足所造成,所以低年龄段人群研究结果一致性差,而老年人显示出比年轻人更好的适用性(Nicholl et al.,1994)。同时,许多研究揭示合理规划住区实体环境有助于促进老年人身体活动,进而在一定程度上可缓解医疗负担(McCormack & Shiell,2011;Koohsari et al.,2014;Zapata-Diomedi et al.,2018)。当前随着老龄化社会的发展,进行住区实体环境与老年人身体活动关系的研究具有重要的社会价值和意义。因此,更多的研究开始关注实体环境与老年人身体活动的关系。然而,有3个方面需要更加重视:一是部分研究指出小区及周边实体环境对低龄段老年人影响较为显著,高龄段老年人由于身体逐渐虚弱,影响日常活动的因素中身体健康状况的重要程度逐渐上升,实体环境的影响度逐渐降低,因此合理规划住区实体环境可能对低龄段老年人更具干预价值(Lübs et al.,2018);二是越来越多的研究指出,居民身体活动干预中实体环境和动机的耦合干预效果比单一维度效果更佳(Carlson et al.,2012);三是各国的身体活动指南都强调强度和频率的结合,如中高强度身体活动每次不少于30分钟,每周5次等。这些方面均是实体环境与老年人身体活动关系研究应不断细化和深入的方向。

　在实体环境与居民身体活动关系研究中,问卷、量表和日志等主观测量成本低、容易获取大样本量数据,能确保受调查者对内容正确理解和填写态度严谨,是横截面相关关系分析研究中的适宜测量方法;身体活动加速度计结合GPS定位器客观追踪等方法具有客观准确的优势,但也存在难以获取大样本量、覆盖指标面窄和关键数据容易丢失等问题,因此将主、客观测量方法耦合使用是二者优势与不足互补的有效途径(Shareck et al.,2013;James et al.,2016)。同时,当前多数研究提出的适宜居民身体活动的住区实体环境设计策略的依据多来源于环境感知和身体活动间的相关关系分析,或者基于GPS空间行为追踪的身体活动时空特征分析,基于此类研究结果的策略提炼虽具有较好的准确性和科学性,但过于单一和缺乏体系。如果基于多维耦合测量,深入挖掘居民身体活动类型和时空分布及影响身体活动的动机和环境行为学机制,可使提炼出的规划设计策略更为全面,凸显系统化优势。

　为此,本书针对上述研究领域的现状,基于横断面的研究设计为:增加研究结果应用于实践的价值，选取低龄段老年人（60～70岁），采用主观和客观耦合测量的方法，调查老年人身体活动类型、强度和频率等参数，既分析老年人锻炼频率、强度与动机、实体环境因素的相关关系，又基于身体活动加速度计结合 GPS 定位器客观追踪分析老年人日常身体活动的空间分布和"热点区域"，可为今后基于多维测量而提炼出更有体系的适宜老年人身体活动的住区实体环境规划和设计策略提供范式借鉴，同时也有助于为城市规划和设计管理部门的决策制定和应用实践提供参考。

第二节 方 法

一、问卷调查

（一）人口社会学变量与锻炼参数

调查的内容包括性别、年龄、受教育程度、月退休金、是否帮助子女照顾孙子（女）/外孙子（女）、居住方式、锻炼频率、锻炼强度自评、健康自评和熟练掌握运动技能项目数等。

（二）实体环境感知测量

由于国际上常用的 NEWS 量表内容与中国国内城市人居实体环境特征存在一定差异，且内容较多，对中国城市老年人的受教育程度和认知能力进行主观测量较为困难，因此本书选取中国国内周热娜等（2011）参照 NEWS 量表改编后经过信效度检验、内容更加简短的《社区实体环境量表》。该量表在许多研究中得到了应用，包括针对老年人的研究（黄晓霞等，2014；裴丽等，2016；王丽岩等，2017）。调查时，要求受调查的老年人回答对自己居住的小区及周边的实体环境的主观感知，然后进行李克特量表（Likert Scale）5级评定，包括："非常同意""同意""不一定""不同意""非常不同意"。实体环境感知测量量表的内容如表8-1所示。

表 8-1　本书中选取的身体活动实体环境主观感知量表

题目代码	题目描述
维度 1	配套生活设施
EA1	商店在您步行适宜距离内
EA2	公交车站或地铁站在您步行适宜距离内
EA3	公园在您步行适宜距离内
EA4	配套设施在您步行适宜距离内
维度 2	景观绿化
EB1	周边的绿化质量高
EB2	周边环境卫生、清洁度好
EB3	家周边道路夜间照明好
EB4	家周边街道路面很平坦
EB5	家周边专门用于锻炼的场所和设施多
维度 3	环境美观
EC1	家周边的湖泊、水体景观好,很愿意外出
EC2	家周边的建筑物很吸引人,使得您很愿意外出行走
维度 4	交通
ED1	家周边街道上的车辆行驶速度一般很慢(在 50 公里/小时以内)
ED2	家周边经常发生交通事故使得您不愿意外出散步
ED3	家周边有很多障碍不利于您出行(例如占道车辆、垃圾、狗屎等)
维度 5	治安
EE1	家周边治安很好
EE2	家周边白天治安很好
EE3	家周边晚上治安很好

（三）身体锻炼动机测量

参考国内由汤国杰和丛湖平（2009）研制的指标体系和相关应用（田志

伟,2014;朱志强等,2017),制定出用于本书的《身体锻炼主观动机量表》(见表8-2),测量受调查老年人参与身体活动的主观动机。受调查老年人需基于自身主观想法填写动机量表里的李克特量表(Likert Scale)5级评分,其中非常同意=5,同意=4,不一定=3,不同意=3,非常不同意=1。

表8-2 本书中选取的身体锻炼主观动机量表

题目代码	题目描述
维度1	主观态度
AA1	促进我的身心健康
AA2	促进我的社会交往
AA3	刺激情绪
AA4	改善外在形象
AA5	释放压力
AA6	磨练意志力
维度2	主观规范
AB1	家人很支持
AB2	得到专业人士的指导
AB3	单位同事(前同事、俱乐部会友)很支持
AB4	朋友很支持
维度3	锻炼控制感
AC1	需要很好的体育场馆条件支撑
AC2	需要充足的时间
AC3	需要掌握一定的运动技能
AC4	与其他同等重要程度活动冲突时优先选择锻炼

（四）身体活动参数调查

基于问卷调查老年人日常主要从事的身体锻炼类型、锻炼频率和锻炼强度。身体锻炼类型在问卷中罗列了中国城市老年人常见的身体锻炼项目,包括篮球、排球、足球、羽毛球、乒乓球、手球、有氧健身操、专门舞蹈、健身操、系统的力量练习、武术、跑步、跳高、跳远、投掷、跳绳、游泳、轮滑、踢毽子、体育游戏、骑自行车、健身步行、体力劳动、爬山（爬台阶）共计 24 种，受调查老年人根据自己日常主要从事的身体锻炼类型选择 1 项。身体锻炼频率则要求受调查者回顾过去一周持续时间 30 分钟及以上的身体锻炼次数（包括没有、1～2 次、3～5 次、每天）。而锻炼强度则要求受调查者根据锻炼强度进行主观自评（分为极低强度、低强度、中等强度和大强度这 4 个等级）。

（五）调查过程

整个调查在 2017 年秋季完成，期间温度适宜，日夜温差小，避免了冬季和夏季的冷热天气对老年人户外活动造成的影响。采用多阶段抽样的方法：第一阶段，按金华城区南北走向的最大交通主干道分成 A 和 B 两个区；第二阶段，A、B 两个区各选取 6 个居住小区；第三阶段，在 3 个月内进入 12 个居住小区完成一定样本量的调查（各小区样本量见表 8-3，地理位置分布见图 8-1）。考虑到每个小区的老年人数的不同，样本量并没有平均分配到每个小区。本次研究中受调查老年人的年龄分布为 60～70 岁，其原因在于中国女性老年人法定 55 岁退休，男性老年人法定 60 岁退休，因此本次研究统一将男性和女性受调查者的年龄低限设置为 60 岁。由于高龄段老年人身体锻炼行为往往受到身体健康状况的影响，许多老年人身体活动干预方案较适用于低龄段老年人，本书的目的在于提炼适宜老年人身体活动的住区实体环境规划设计策略，因此针对低龄段老年人身体活动特征的规划设计更具社会应用价值（Duncan et al.，2013；Anderson et al.，2005）。

调查一般在上午或傍晚老年人外出活动时进行。共调查了 800 人（男性和女性各 400 人），剔除在金华城区生活不足 10 年、现场调查时中途退出或最终缺失重要数据的样本，最后有效样本为 718 人（男性 333 人，女性 385人）。2014 年金华地区人口数据信息显示，拥有金华主城区户籍（二环内）的60～70 岁老年人口达到了 90000 人左右。基于横断面抽样样本量估计公式"$n = Z^2 P(1-P)/e^2$"，真实比例系数调整为 0.3，期望精度（±）调整为 0.05，置信区间水平设置为 0.95。根据男性或女性 60～70 岁老年人口大约为

45000人,因此,依据公式处理结果,样本量最少应涉及男性和女性各321人。因此,本次研究的有效样本量具有一定的代表性。

表8-3　本书中有效样本来源分布

调查地点	男性样本量	女性样本量
1*	40(10)	39(4)
2	25	42
3	24	39
4*	25(5)	25(4)
5*	27(10)	24(5)
6*	22(7)	41(11)
7*	28(1)	31(7)
8	22	33
9	23	30
10	23	19
11	28	21
12	22	20
其他	24	21
Σ	333(33)	385(31)

注:* 所标示的小区为佩戴GPS定位器和身体活动加速度计的样本来源小区。其中有45人(男性24人,女性21人)并不是居住在调查小区,而是居住在周边小区。

二、客观追踪

(一)GPS定位器定位精度验证

随机选取本次研究使用的GPS定位器4台(Q8,Safe Star,China)。参考Duncan等(2013)研究中所选取的场地特征,选取了空场地、丛林中、两侧空旷的马路、两侧是建筑的马路、居民小区和高层建筑旁这6种城市典型的地貌特征,大体包含了城市空间的基本构成形态。6种GPS定位精度分析的空间类型卫星影像图见图8-2。测试时,4台GPS定位器分别进行1分钟的采样间隔,均连续采集10个定位点的经纬度数据。为了排除参照点无法知道确切经纬度

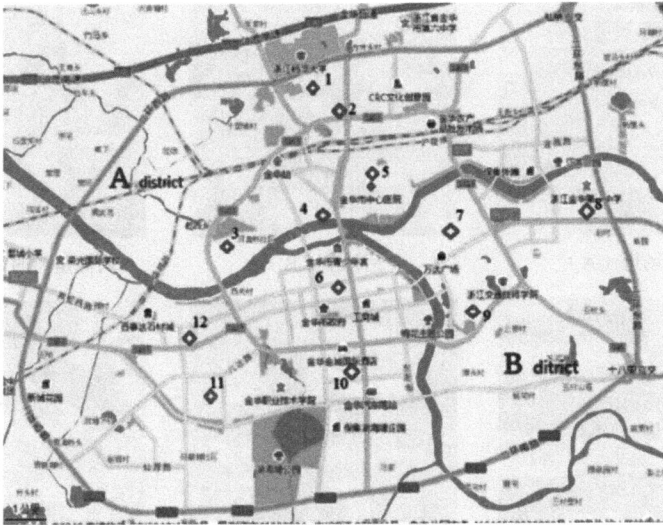

图 8-1　本书所调查的居住小区位置分布

数据造成的影响,本书采用采集到的第一个点作为原点,计算此后采集到的 9 个点与原点间的经度、纬度和距离来分析定位器定位的误差。本书所采用的计算公式为常用的基于两点经纬数据的计算方法(Duncan et al. ,2013):

$$Distance = ACOS(SIN[lat1] \times SIN[lat2] + COS[lat1] \times COS[lat2] \times COS[lon2 - lon1]) \times 6371$$

其中,lat1 和 lat2 分别是指点 1 和点 2 的纬度;lon1 和 lon2 分别是指点 1 和点 2 的经度。从图 8-3 可以看出,高层建筑旁的定位点分布最散,误差最大。由于测试 GPS 定位器的精度是为了检验 GPS 定位器是否可以满足本次研究的需求,因此未做各测试点距离差异的显著性分析。从表 8-4 可以看出,不同场所的定位误差在 6~45 米之间。本书调查的城市金华为华东地区的小城市,多数住宅小区及周边并没有过多的高层建筑存在。由此我们认为,本书所选用的 GPS 定位器定位精度可以满足本次研究中老年人的户外身体活动客观追踪的要求。

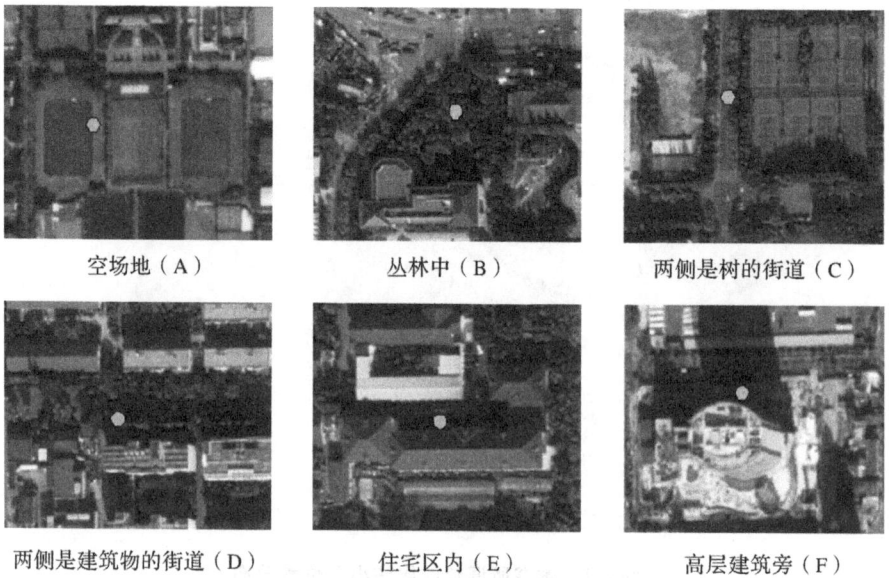

| 空场地（A） | 丛林中（B） | 两侧是树的街道（C） |

| 两侧是建筑物的街道（D） | 住宅区内（E） | 高层建筑旁（F） |

图 8-2　6 种 GPS 定位器定位精度测试场所卫星影像

注:圆点为 GPS 定位器大体放置位置。

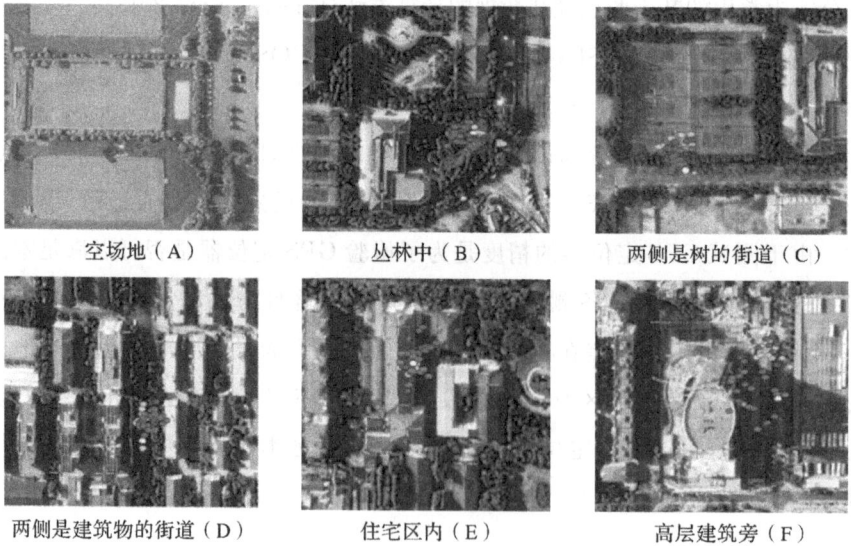

| 空场地（A） | 丛林中（B） | 两侧是树的街道（C） |

| 两侧是建筑物的街道（D） | 住宅区内（E） | 高层建筑旁（F） |

图 8-3　4 台 GPS 定位器不同场所连续 10 个定位点的分布示意

表 8-4　不同测试点采样的距离差异

测试点	GPS1/m	GPS2/m	GPS3/m	GPS4/m
A	5.67±5.68	7.10±2.54	17.23±8.66	26.49±15.29
B	27.80±15.268	8.82±6.78	9.20±4.14	21.31±5.14
C	20.85±10.46	26.15±10.09	9.68±3.26	14.64±7.86
D	13.06±9.57	15.61±7.77	17.93±12.28	16.50±7.24
E	14.69±2.22	33.67±13.09	17.48±9.80	11.00±6.25
F	16.47±7.02	34.65±12.38	45.49±18.76	35.26±14.75

（二）GPS 定位器结合身体活动加速度计客观追踪

在图 8-1 中的 1、4、5、6 和 7 共 5 个小区中选取样本 80 人（具体来源见表 8-3）。采用 ActiGraph GT3X＋身体活动加速度计（ActiGraph，Ft. Walton Beach，USA)客观测量老年人身体活动强度。ActiGraph GT3X＋加速度计经过国内外许多研究检验,证明其能够准确反映人体日常生活中的身体活动量（Anderson et al.，2005；Mattocks et al.，2008)。佩戴方法为系于腰间右侧,佩戴时除洗澡、游泳、睡觉外不能摘下,可正常进行体育锻炼和日常生活。通过配备的软件 ActiLife Version 5.5.5 下载原始数据。首先进行有效性筛选：一个周有效的研究数据应至少包括 3 个有效的测试日（周一至周五选取 2 天,周六至周日选取 1 天)。参考 Farias 等（2012)的研究,确定区分静坐和低强度身体活动加速度计切点值为 200.0 counts（Mattocks et al.，2008；Farias et al.，2012)；参考 Welch 等（2017)的研究,确定中等强度身体活动的加速度计切点值为 1033.5 counts,高强度身体活动的加速度计切点值为2211.7 counts（Welch et al.，2017)。因此,本次研究中切点值划分为：200.0 counts 以下为静坐行为,200.0~1033.4 counts 为低强度身体活动,1033.5~2211.6 counts 为中等强度身体活动,2211.6 counts 及以上为高强度身体活动。身体活动加速度计在发放前充足电,1 周内无须再充电（连续使用时间可超过 3 周),此外还需要同时佩戴 GPS 定位器(挂在胸前、钥匙扣上或放在口袋里),发放 GPS 定位器时附带 1 张 GPS 定位器使用说明书及注意事项。GPS 定位器的电量不能满足连续多天追踪,因此每晚由调查员电话联系充电。每天 23 点由调查员 GPS 定位网络平台下载 1 天中的定位经纬度数据。由于 GPS 定位器在室内不能接收到信号,所以所有的经纬度数据全部为户外活动数据。综合考虑本次使用的 GPS 定位器的电量使用时间及数据的有效性,本次研究将 GPS 定位器设置成间隔1分钟采集 1 个定位点。

三、数据处理

问卷调查数据回收后统一录入 Excel 2010 进行存储,剔除部分具有无效数据的样本,对性别、年龄、受教育程度、退休前职业、退休待遇、居住方式、熟练掌握运动技能的项目数、健康自评等人口学信息及锻炼强度自评等采用 SPSS 22.0 进行频率和 Mean±SD 等描述统计。分析影响老年人锻炼频率和锻炼强度自评等级的动机因素和小区及周边实体环境因素时采用 SPSS 22.0 进行 Ordinal Logistic Regression(OLR)分析。将 GPS 定位器和 ActiGraph GT3X+加速度计数据进行匹配,首先加速度计数据和 GPS 定位器数据均设置成间隔 1 分钟采样。匹配同一时间点的 GPS 定位经纬度数据与对应时间点的身体活动强度数据(counts)。在 GPS 系统平台中获取该居住小区的中心点(大致位置为小区几何中心点)经纬度数据,利用公式计算出各定位点与居住小区中心点的距离(m)。为了便于统计老年人日常身体活动空间半径的主要集中区域,以居住小区中心为参考点将各定位点与参考点之间的直线距离按 1=0～200 米,2=201～400 米,3=401～600 米,4=601～1000 米,5=1001～2000 米,6=2001～4000 米,7=4001～8000 米,8=8001 米以上进行等级划分,采用 SPSS 22.0 统计各距离等级的百分比与累积百分比。本书基于定位点的经纬度对定位空间类型进行了确定与划分(何晓龙等,2017;全明辉等,2017)。确定空间类型的依据主要有两个方面:一是通过 GPS 平台固有的定位地址信息和出行活动轨迹(见图 8-4),二是参考其他研究利用街景地图(卫星地图)来确定空间类型(Joseph,2006;全明辉等,2017;王冬和韩西丽,2012)(见图 8-5)。参考 Benedict 等(2010)的研究,本书将空间类型设置区分为小区、沿街道出行轨迹、公园/绿地/广场等开敞空间(非小区)、锻炼场馆/设施(非小区)、商场、娱乐场所(非小区)等。

图 8-4　GPS 网络管理系统提供定位位置信息和出行轨迹查询

图 8-5　GPS 定位点空间类型鉴定时,百度街景也是辅助手段

第三节 研究结果

一、样本人口学信息

本次研究对样本人群的年龄、受教育程度、退休前职业、退休金、帮助子女照顾孙子(女)/外孙子(女)及居住方式等人口学信息进行了调查。作用包括了两个方面：一是从人口学信息来了解样本人群的人口社会学特征；二是作为影响样本人群身体锻炼的动机和实体环境因素 OLR 分析模型的控制变量，调整后增加模型分析结果的可靠性。从结果看(见表 8-5)，本次研究的样本人群男性平均年龄为 65.16 岁，女性为 64.52 岁，从年龄结构看，60~70 岁间各年龄段均匀分布。受教育程度中小学及以下、初中、高中和大学大体均等分布，由于中国研究生教育起步较晚，故本次样本人群中只有 4 位女性样本达到硕士及以上受教育程度。退休前的职业分布也反映出了 20 世纪 90 年代至 21 世纪初中国城市就业人口中公务员、医生和教师及其他财政供养单位人员比例较高的特点。近 30 年来，随着中国社会的改革，城市青年人中财政供养单位人员逐年下降。从退休金结构比例看，样本人群的退休金多数处于 6000 元及以下。城市老年人一个重要的生活内容是帮助子女照顾孙子(女)/外孙子(女)。从调查结果看，将近 40% 的老年人需要帮助子女照顾孙子(女)/外孙子(女)，其中约 10% 的人成为孙子(女)/外孙子(女)的主要监护人。多数样本对自身的健康状况满意，66% 的男性和 75% 的女性认为自身的健康状况非常好或很好。从居住方式看，将近 90% 的老年人与配偶或与家人共同居住。

表 8-5 样本人群的人口学信息统计

人口学信息	男性 主观感知调查样本%(n) －GPS 追踪样本%(n)	女性 主观感知调查样本%(n) －GPS 追踪样本%(n)
年龄(yrs)	$65.16\pm3.8-64.85\pm3.54$	$64.52\pm3.8-63.61\pm3.49$
年龄结构： 60~63 岁＝1	36.34%(121)－45.45%(15)	44.79%(172)－54.84%(17)

人口学信息	男性 主观感知调查样本％(n) －GPS追踪样本％(n)	女性 主观感知调查样本％(n) －GPS追踪样本％(n)
64～67岁＝2	33.93％(113)－27.27％(9)	30.99％(119)－25.81％(8)
68～70岁＝3	29.73％(99)－27.27％(9)	24.22％(93)－19.35％(6)
合计∑	100％(333)－100％(33)	100％(384)－100％(31)
受教育程度： 小学及以下＝1	19.82％(66)－36.36％(12)	31.43％(121)－35.48％(11)
初中＝2	30.33％(101)－30.30％(10)	34.55％(133)－32.26％(10)
高中或中专＝3	24.92％(83)－15.15％(5)	22.34％(86)－29.03％(9)
大学(含大专)＝4	24.92％(83)－18.18％(6)	10.65％(41)－3.23％(1)
硕士及以上＝5	0％(0)－0％(0)	1.04％(4)－0％(0)
合计∑	100％(333)－100％(33)	100％(385)－100％(31)
退休前职业： 国家机关、党群组织、企业(含私营企业)、事业单位负责人＝1	42.94％(143)－39.39％(13)	27.53％(106)－29.03％(9)
专业技术人员＝2	15.62％(52)－6.06％(2)	10.65％(41)－6.45％(2)
办事人员和有关人员＝3	5.11％(17)－0％(0)	7.27％(28)－0％(0)
商业、服务业人员(含个体工)、商户、自由职业者＝4	14.71％(49)－27.27％(9)	20.26％(78)－25.81％(8)
农/林/牧/渔水利生产人员＝5	13.21％(44)－21.21％(7)	20.78％(80)－29.03％(9)
生产/运输设备操作人员＝6	8.41％(28)－6.06％(2)	13.51％(52)－9.68％(3)
合计∑	100％(333)－100％(33)	100％(385)－100％(31)
月退休金： 1000元及以下＝1	11.71％(39)－12.12％(4)	20.00％(77)－22.58％(7)
2000元左右＝2	13.21％(44)－21.21(7)	19.22％(74)－29.03％(9)

续　表

人口学信息	男性 主观感知调查样本%(n) −GPS 追踪样本%(n)	女性 主观感知调查样本%(n) −GPS 追踪样本%(n)
3000 元左右＝3	16.82%(56)−15.15%(5)	29.61%(114)−29.03%(9)
4000 元左右＝4	19.52%(65)−30.30%(10)	14.29%(55)−6.45%(2)
5000 元左右＝5	15.02%(50)−9.09%(3)	9.09%(35)−3.23%(1)
6000 元左右＝6	13.51%(45)−6.06%(2)	5.19%(20)−9.68%(3)
7000 元左右＝7	8.71%(29)−3.03%(1)	1.82%(7)−0%(0)
8000 元及以上＝8	1.50%(5)−3.03%(1)	0.78%(3)−0%(0)
合计∑	100%(333)−100%(33)	100%(385)−100%(31)
是否帮助子女照顾孙子(女)/外孙子(女): 自己照顾为主＝1	10.51%(35)−9.09%(3)	10.91%(42)−12.90%(4)
和子女共同照顾＝2	24.62%(82)−42.42%(14)	33.25%(128)−45.16%(14)
子女自己照顾＝3	50.45%(168)−27.27%(9)	38.70%(149)−25.81%(8)
雇佣保姆＝4	2.40%(8)−0%(0)	5.71%(22)−3.23%(1)
暂无孙子(女)＝5	12.01%(40)−21.21%(7)	11.43%(44)−12.90%(4)
合计∑	100%(333)−100%(33)	100%(385)−100%(31)
居住方式: 单独居住＝1	6.61%(22)−12.12%(4)	11.69%(45)−3.23%(1)
夫妻居住＝2	64.26%(214)−42.42%(14)	45.71%(176)−41.94%(13)
与子/女等家人居住＝3	27.63%(92)−36.36%(12)	40.00%(154)−54.84%(17)
与多个子女家人共同居住＝4	1.50%(5)−9.09%(3)	2.60%(10)−0%(0)
合计∑	100%(333)−100%(33)	100%(385)−100%(31)
健康自评: 非常好＝1	28.53%(95)−15.15%(5)	25.19%(97)−16.13%(5)
比较好＝2	37.54%(125)−39.39%(13)	49.87%(192)−51.61%(16)
一般＝3	27.93%(93)−39.39%(13)	19.74%(76)−25.81%(8)

续　表

人口学信息	男性 主观感知调查样本％(n) －GPS 追踪样本％(n)	女性 主观感知调查样本％(n) －GPS 追踪样本％(n)
不好＝4	6.01％(20)－6.06％(2)	5.19％(20)－6.45％(2)
很不好＝5	0％(0)－0％(0)	0％(0)－0％(0)
合计Σ	100％(333)－100％(33)	100％(385)－100％(31)

二、老年人身体锻炼类型、强度和频率

从表 8-6 可以看出,可能随着年龄的增大,老年人对自身的健康更为重视,半数以上的样本人群能够达到每周 3～5 次及以上的锻炼频率,男性为 58.0％,而女性为 73.8％。多数老年人每次锻炼的强度自评等级可以达到中等以上,男性为 73.9％,而女性为 73.7％。虽然男性和女性较为接近,但男性自评强度等级为大强度的比例要高于女性,男性为 23.7％,女性为 17.9％。此外,调查结果显示,将近 50％的样本没有能熟练掌握运动技能的项目。

从表 8-6 可以看出,无论是男性还是女性,健步行均是出现概率最高的身体锻炼类型,占比分别为 61.9％和 52.2％。紧随其后比例较高的是武术或民族传统体育类(太极拳、剑、八段锦和空竹等),男性占 9.6％,女性占 11.4％。此外,无论男性还是女性也有较高比例的样本选择乒乓球、舞蹈(交谊舞、拉丁舞等)、健身操(如广播操、广场舞等)及跑步进行身体锻炼,比例在 4.2％～8.1％之间。

表 8-6　样本人群主要从事身体锻炼项目分布

主要身体锻炼 项目类型	男性		女性	
	样本数	百分比/％	样本数	百分比/％
1 篮球	0	0.0	2	0.5
2 排球	0	0.0	2	0.5
3 足球	0	0.0	0	0.0

续　表

主要身体锻炼项目类型	男性		女性	
	样本数	百分比/%	样本数	百分比/%
4 羽毛球	4	1.2	0	0.0
5 乒乓球	14	4.2	31	8.1
6 手球	3	0.9	2	0.5
7 广播操	8	2.4	8	2.1
8 舞蹈（交谊舞、拉丁舞等）	23	6.9	25	6.5
9 健身操（如广播操、广场舞等）	20	6.0	25	6.5
10 系统的力量练习	1	0.3	3	0.8
11 武术或民族传统体育类（太极拳、剑、八段锦和空竹等）	32	9.6	44	11.4
12 跑步	14	4.2	25	6.5
13 跳高	1	0.3	0	0.0
14 跳远	0	0.0	0	0.0
15 投掷	0	0.0	1	0.3
16 跳绳	0	0.0	1	0.3
17 游泳	2	0.6	1	0.3
18 轮滑旱冰	0	0.0	0	0.0
19 踢毽子	0	0.0	0	0.0
20 体育游戏	0	0.0	3	0.8
21 骑自行车	2	0.6	8	2.1
22 健身步行	206	61.9	201	52.2
23 体力劳动	3	0.9	2	0.5
24 爬山（爬台阶）	0	0.0	1	0.3
合计∑	333	100.0	385	100.0

锻炼参数	男性 主观感知调查样本％(n)	女性 主观感知调查样本％(n)
锻炼频率*:没有	18.3(61)	11.9(46)
1～2 次	23.7(79)	14.3(55)
3～5 次	2.1(7)	4.4(17)
每天	55.9(186)	69.4(267)
合计∑	100(333)	100(385)
掌握运动技能的项目数:		
0 项＝1	45.95(153)	68.31(263)
1 项＝2	20.42(68)	16.62(64)
2 项＝3	11.71(39)	5.45(21)
3 项及以上＝4	21.92(73)	9.61(37)
合计∑	100(333)	100(385)
每次锻炼强度自我感觉评定*:		
极低强度	24.0(80)	24.9(96)
低强度	2.1(7)	1.3(5)
中等强度	50.2(167)	55.8(215)
大强度	23.7(79)	17.9(69)
合计∑	100.0(333)	100.0(385)

三、老年人身体锻炼与主观动机、实体环境因素的相关性

表 8-7 至表 8-10 给出了男性老年人和女性老年人身体锻炼频率、主观锻炼强度自评等级与人口学、主观动机和实体环境感知变量的统计分析结果。鉴于退休前职业的数据不存在相对的等级次序,是典型的定类数据,因此虽然表 8-5 中也对退休前职业类型进行了频率统计,但没有纳入分析模型中。本书选取年龄结构、受教育程度、月退休金、照顾孙子、掌握运动技能、居住方

式和健康自评这 7 个人口学变量作为模型 1 的变量，对于分析结果具有显著性相关的人口学变量作为控制变量纳入模型 2（主观动机变量分析模型）和模型 3（实体环境感知变量分析模型）。表 8-7 中显示，对男性老年人而言，月退休金（OR=0.212，p=0.002）和掌握运动技能（OR=0.285，p=0.005）与其身体锻炼频率展现出显著性正相关，表明较高的月退休金和掌握运动技能项目数多的男性老年人日常身体锻炼频率更高。虽然 OR<1，但鉴于 p<0.05，将月退休金和掌握运动技能纳入随后的模型 2 和模型 3。至于女性老年人，照顾孙子（女）（OR=0.409，p=0.006）和居住方式（OR=−0.435，p=0.014）与锻炼频率呈显著性相关，表明照顾孙子（女）所占的精力较少的女性老年人其锻炼频率更高，与更多家人居住的女性老年人其锻炼频率较低。虽然这些变量的 OR<1，但鉴于 p<0.05，同样纳入随后的模型 2 和模型 3。

对于表 8-7 至表 8-10 这 4 个表格中的模型 2 和模型 3，本书将 OR≥1 或 ≤−1 且 p≤0.05 的变量定义为关键影响变量，而将 −1<OR≤−0.5 或 0.5 ≤OR<1 且 p≤0.05 的变量定义为重要变量。从表 8-7 的结果可以看出，影响男性老年人锻炼频率的主观动机中的重要变量包括 AA1（OR=0.827，p=0.001）和 AC4（OR=0.513，p=0.000），表明对锻炼促进身心健康赞同度更高和锻炼安排优先度越靠前的男性老年人，其日常锻炼频率更高。而影响男性老年人锻炼频率的实体环境变量中，ED1 被诊断为关键变量（OR=1.071>1，p=0.001）。表明感知到小区或周边交通事故越多的男性老年人，越不愿意在户外步行健身或出行。从表 8-8 可以看出，影响女性老年人身体锻炼频率的动机变量中，AB1（OR=0.510，p=0.042）是重要变量，AA1 这一变量是关键变量（OR=1.111>1，p<0.001）。表明得到家人支持度［包括家人为其购买运动装备、家人多承担家务劳动和照顾孙子（女）使得其有更多空闲时间］更高，以及对锻炼促进身心健康赞同度更高的女性老年人，其锻炼频率更高。影响女性老年人锻炼频率的实体环境变量中，重要变量包括 EA2（OR=−0.521，p=0.010）、EB2（OR=0.981，p<0.001）和 EB4（OR=−0.628，p=0.003），表明公共交通站点感知距离较近的女性老年人日常身体锻炼频率较低，小区及周边环境卫生感知较好的女性老年人日常身体锻炼频

率较高,小区及周边路面感知较平坦的女性老年人日常身体锻炼频率较低;而关键变量包括 EC1(OR=−1.098<−1,p<0.001)和 ED1(OR=1.014,p=0.010),表明日常户外活动对周边湖泊、水体依伴等依赖度较高的女性老年人,其日常锻炼频率较低。同样,女性老年人对小区及周边交通事故的感知情况也会影响她们外出休闲活动的意愿。

表 8-9 与表 8-10 为男、女老年人锻炼强度自评等级及主观动机变量、实体环境变量的数据统计分析结果。从表 8-9 可以看出,影响男性老年人锻炼强度自评等级的所有动机和实体环境变量 OR 值均为−0.5<OR<0.5。而从表 8-10 中可以看出,影响女性老年人锻炼强度自评等级的主观动机变量中,AA1(OR=0.597,p=0.044)为重要变量,表明对锻炼促进身心健康赞同度更高的女性老年人日常锻炼强度较高。影响女性老年人锻炼强度自评等级的实体环境变量中,EA2(OR=−0.583,p<0.001)为重要变量,表明公共交通站点感知距离较近的女性老年人日常身体锻炼强度较低。但总体而言,无论是男性还是女性老年人,相比于锻炼频率,锻炼强度与动机变量、环境变量之间的相关性较低。

四、GPS 追踪结果

本书参考现有的文献,将 GPS 定位点空间类型划分成小区、沿街道出行轨迹、公园/绿地/广场等开敞空间(非小区)、锻炼场馆/设施(非小区)和商场、娱乐场所(非小区)。统计结果发现,GPS 定位器间隔 1 分钟采样(全明辉等,2017),共采集到男性户外活动定位点 8495 个,女性户外活动定位点 8797 个(见表 8-11)。无论男性老年人还是女性老年人,约 54% 的户外活动定位点集中在小区内。此外,35% 的男性和 32.4% 的女性户外活动定位点为沿街道的出行活动轨迹。9.2% 的男性和 9.8% 的女性户外活动定位点为小区以外的公园/绿地/广场等开敞空间。男性和女性户外活动定位点在小区以外的锻炼场馆/设施的均占 0.8%。而女性约有 2.2% 的户外活动定位点分布在小区外的商场或娱乐场所。

表8-7 男性老年人身体锻炼频率与影响因素的 Ordinal Logistic Regression 分析

因素	模型 1			模型 2			模型 3		
	OR	95%CI	p-Value	OR	95%CI	p-Value	OR	95%CI	p-Value
年龄结构	−0.051	(−0.322, 0.220)	0.710						
受教育程度	0.087	(−0.185, 0.359)	0.532						
月退休金	0.212	(0.051, 0.373)	0.010	0.214	(0.076, 0.351)	0.002	0.223	(0.064, 0.338)	0.006
照顾孙子	0.086	(−0.120, 0.291)	0.413						
掌握运动技能	0.285	(0.083, 0.487)	0.006	0.315	(0.097, 0.533)	0.005	0.132	(−0.120, 0.385)	0.305
居住方式	−0.038	(−0.422, 0.346)	0.846						
健康自评	−0.021	(−0.269, 0.228)	0.869						
AA1				0.827	(0.331, 1.323)	0.001			
AA2				−0.093	(−0.417, 0.231)	0.573			
AA3				0.198	(−0.051, 0.448)	0.120			

续　表

因素	模型 1			模型 2			模型 3		
	OR	95%CI	p-Value	OR	95%CI	p-Value	OR	95%CI	p-Value
AA4				−0.241	(−0.532, 0.051)	0.105			
AA5				−0.261	(−0.603, 0.081)	0.134			
AA6				0.051	(−0.286, 0.389)	0.766			
AB1				0.376	(−0.081, 0.833)	0.107			
AB2				−0.179	(−0.411, 0.052)	0.129			
AB3				0.282	(−0.122, 0.687)	0.171			
AB4				0.029	(−0.489, 0.546)	0.914			
AC1				−0.092	(−0.326, 0.142)	0.441			
AC2				0.147	(−0.128, 0.423)	0.295			
AC3				−0.098	(−0.349, 0.153)	0.445			

续 表

因素	模型 1			模型 2			模型 3		
	OR	95%CI	p-Value	OR	95%CI	p-Value	OR	95%CI	p-Value
AC4				0.513	(0.280, 0.745)	<0.001			
EA1							-0.399	(-0.735, -0.063)	0.020
EA2							-0.404	(-0.821, 0.013)	0.057
EA3							0.312	(-0.063, 0.688)	0.103
EA4							0.038	(-0.373, 0.448)	0.857
EB1							-0.371	(-0.844, 0.103)	0.125
EB2							0.106	(-0.313, 0.526)	0.620
EB3							-0.130	(-0.462, 0.202)	0.442
EB4							-0.314	(-0.72, 0.092)	0.130
EB5							0.432	(0.038, 0.825)	0.032

续　表

因素	模型 1			模型 2			模型 3		
	OR	95%CI	p-Value	OR	95%CI	p-Value	OR	95%CI	p-Value
EC1							−0.311	(−0.725, 0.103)	0.141
EC2							−0.066	(−0.467, 0.335)	0.748
ED1							1.071	(0.711, 1.430)	<0.001
ED2							−0.162	(−0.538, 0.213)	0.396
ED3							−0.203	(−0.549, 0.143)	0.250
EE1							0.326	(−0.513, 1.164)	0.447
EE2							−1.175	(−2.444, 0.094)	0.069
EE3							0.176	(−0.791, 1.144)	0.721

注:模型 1:Cox and Snell 测试值为 0.104,模型拟合度 χ^2 为 36.354,$p<0.001$;模型 2:Cox and Snell 测试值为 0.273,模型拟合度 χ^2 为 105.991,$p<0.001$;模型 3:Cox and Snell 测试值为 0.523,模型拟合度 χ^2 为 241.569,$p<0.001$。

表 8-8 女性老年人身体锻炼频率与影响因素的 Ordinal Logistic Regression 分析

因素	模型 1 OR	95%CI	p-Value	模型 2 OR	95%CI	p-Value	模型 3 OR	95%CI	p-Value
年龄结构	-0.239	(-0.513, 0.034)	0.086						
受教育程度	-0.071	(-0.354, 0.212)	0.621						
月退休金	-0.090	(-0.274, 0.094)	0.333						
照顾孙子	0.409	(0.181, 0.637)	0.000	0.334	(0.097, 0.571)	0.006	0.347	(0.071, 0.622)	0.014
掌握运动技能	0.213	(-0.053, 0.479)	0.117						
居住方式	-0.435	(-0.782, -0.088)	0.014	-0.478	(-0.834, -0.121)	0.009	-0.434	(-0.846, -0.022)	0.039
健康自评	-0.106	(-0.372, 0.160)	0.435						
AA1				1.111	(0.507, 1.716)	<0.001			
AA2				0.218	(-0.160, 0.596)	0.259			
AA3				0.252	(-0.006, 0.510)	0.055			

续　表

因素	模型 1			模型 2			模型 3		
	OR	95%CI	p-Value	OR	95%CI	p-Value	OR	95%CI	p-Value
AA4				0.186	(−0.088, 0.459)	0.184			
AA5				−0.264	(−0.585, 0.057)	0.107			
AA6				−0.113	(−0.450, 0.224)	0.512			
AB1				0.510	(0.018, 1.002)	0.042			
AB2				−0.097	(−0.299, 0.106)	0.349			
AB3				−0.201	(−0.642, 0.241)	0.372			
AB4				0.281	(−0.263, 0.825)	0.311			
AC1				−0.314	(−0.544, −0.084)	0.007			
AC2				−0.041	(−0.336, 0.253)	0.785			
AC3				0.044	(−0.209, 0.296)	0.735			

续 表

因素	模型 1			模型 2			模型 3		
	OR	95%CI	p-Value	OR	95%CI	p-Value	OR	95%CI	p-Value
AC4				0.220	(−0.007, 0.448)	0.058			
EA1							−0.122	(−0.435, 0.190)	0.444
EA2							−0.521	(−0.915, −0.127)	0.010
EA3							0.302	(−0.043, 0.648)	0.086
EA4							−0.253	(−0.667, 0.160)	0.229
EB1							−0.176	(−0.664, 0.312)	0.480
EB2							0.981	(0.487, 1.475)	<0.001
EB3							−0.067	(−0.430, 0.296)	0.718
EB4							−0.628	(−1.049, −0.207)	0.003
EB5							0.266	(−0.162, 0.694)	0.223

续　表

因素	模型 1			模型 2			模型 3		
	OR	95%CI	$p\text{-}Value$	OR	95%CI	$p\text{-}Value$	OR	95%CI	$p\text{-}Value$
EC1							−1.098	(−1.571, −0.624)	<0.001
EC2							0.449	(0.044, 0.853)	0.030
ED1							1.014	(0.641, 1.386)	<0.001
ED2							−0.037	(−0.424, 0.350)	0.850
ED3							−0.213	(−0.517, 0.091)	0.169
EE1							0.404	(−0.768, 1.576)	0.500
EE2							−1.127	(−2.362, 0.108)	0.074
EE3							0.353	(−0.538, 1.243)	0.438

注:模型 1:Cox and Snell 测试值为 0.075,模型拟合度 χ^2 为 30.115,$p=0.023$;模型 2:Cox and Snell 测试值为 0.198,模型拟合度 χ^2 为 84.746,$p<0.001$;模型 3:Cox and Snell 测试值为 0.437,模型拟合度 χ^2 为 219.293,$p<0.001$。

表 8-9　男性老年人身体锻炼强度自评等级与影响因素的 Logistic Regression 分析

因素	模型 1			模型 2			模型 3		
	OR	95%CI	$p\text{-}Value$	OR	95%CI	$p\text{-}Value$	OR	95%CI	$p\text{-}Value$
年龄结构	-0.175	(-0.433, 0.082)	0.182						
受教育程度	0.072	(-0.190, 0.333)	0.590						
月退休金	0.031	(-0.121, 0.183)	0.691						
照顾孙子	0.115	(-0.083, 0.313)	0.256						
掌握运动技能	-0.141	(-0.327, 0.046)	0.140						
居住方式	-0.284	(-0.656, 0.088)	0.134						
健康自评	-0.083	(-0.323, 0.157)	0.496						
AA1				0.054	(-0.409, 0.517)	0.819			
AA2				0.144	(-0.148, 0.435)	0.334			
AA3				0.196	(-0.025, 0.416)	0.082			

续　表

因素	模型 1			模型 2			模型 3		
	OR	95%CI	p-Value	OR	95%CI	p-Value	OR	95%CI	p-Value
AA4				−0.095	(−0.356, 0.167)	0.478			
AA5				−0.343	(−0.642, −0.043)	0.025			
AA6				−0.067	(−0.370, 0.235)	0.662			
AB1				0.17	(−0.272, 0.611)	0.451			
AB2				−0.176	(−0.377, 0.026)	0.087			
AB3				0.145	(−0.242, 0.532)	0.462			
AB4				0.134	(−0.360, 0.629)	0.595			
AC1				−0.110	(−0.314, 0.094)	0.291			
AC2				0.064	(−0.182, 0.310)	0.610			
AC3				0.232	(0.012, 0.452)	0.038			

续表

因素	模型 1			模型 2			模型 3		
	OR	95%CI	p-Value	OR	95%CI	p-Value	OR	95%CI	p-Value
AC4				−0.054	(−0.257, 0.149)	0.603			
EA1							−0.014	(−0.289, 0.26)	0.918
EA2							0.369	(0.019, 0.720)	0.039
EA3							0.008	(−0.277, 0.293)	0.956
EA4							−0.243	(−0.564, 0.078)	0.138
EB1							0.245	(−0.131, 0.620)	0.202
EB2							0.080	(−0.247, 0.407)	0.632
EB3							−0.308	(−0.59, −0.025)	0.033
EB4							0.148	(−0.163, 0.460)	0.351
EB5							−0.130	(−0.431, 0.171)	0.397

续　表

因素	模型 1			模型 2			模型 3		
	OR	95%CI	p-Value	OR	95%CI	p-Value	OR	95%CI	p-Value
EC1							0.153	(−0.174, 0.481)	0.359
EC2							−0.188	(−0.496, 0.121)	0.234
ED1							−0.126	(−0.41, 0.157)	0.383
ED2							−0.038	(−0.326, 0.249)	0.795
ED3							0.045	(−0.217, 0.308)	0.734
EE1							−0.323	(−1.042, 0.395)	0.378
EE2							0.145	(−0.738, 1.028)	0.747
EE3							−0.051	(−0.798, 0.695)	0.893

注:模型 1:Cox and Snell 测试值为 0.030,模型拟合度 χ^2 为 10.028,$p=0.187$;模型 2:Cox and Snell 测试值为 0.084,模型拟合度 χ^2 为 29.298,$p=0.010$;模型 3:Cox and Snell 测试值为 0.057,模型拟合度 χ^2 为 19.100,$p=0.323$。

表 8-10 女性老年人身体锻炼强度自评等级与影响因素的 Logistic Regression 分析

因素	模型 1			模型 2			模型 3		
	OR	95%CI	p-Value	OR	95%CI	p-Value	OR	95%CI	p-Value
年龄结构	−0.240	(−0.482, 0.002)	0.052						
受教育程度	−0.172	(−0.426, 0.083)	0.186						
月退休金	0.041	(−0.126, 0.209)	0.625						
照顾孙子	0.205	(0.021, 0.389)	0.029	0.218	(0.032, 0.404)	0.021	0.181	(−0.005, 0.367)	0.057
掌握运动技能	0.120	(−0.096, 0.335)	0.276						
居住方式	−0.125	(−0.425, 0.176)	0.416						
健康自评	0.310	(0.065, 0.555)	0.013	0.415	(0.156, 0.674)	0.002	0.272	(0.019, 0.525)	0.035
AA1				0.597	(0.016, 1.179)	0.044			
AA2				0.149	(−0.191, 0.489)	0.391			

续　表

因素	模型 1			模型 2			模型 3		
	OR	95%CI	p-Value	OR	95%CI	p-Value	OR	95%CI	p-Value
AA3				0.108	(−0.098, 0.313)	0.305			
AA4				0.301	(0.072, 0.530)	0.010			
AA5				0.011	(−0.241, 0.263)	0.933			
AA6				−0.097	(−0.368, 0.173)	0.482			
AB1				0.188	(−0.276, 0.652)	0.427			
AB2				−0.100	(−0.272, 0.072)	0.256			
AB3				−0.291	(−0.662, 0.079)	0.124			
AB4				0.220	(−0.263, 0.702)	0.372			
AC1				−0.231	(−0.419, −0.042)	0.017			
AC2				0.161	(−0.081, 0.403)	0.192			

252 梳理与实证:绿蓝色空间暴露和身体活动的健康及社会价值

续 表

因素	模型 1			模型 2			模型 3		
	OR	95%CI	p-Value	OR	95%CI	p-Value	OR	95%CI	p-Value
AC3				0.173	(−0.034, 0.381)	0.101			
AC4				−0.221	(−0.411, −0.031)	0.023			
EA1							0.183	(−0.059, 0.424)	0.138
EA2							−0.583	(−0.904, −0.262)	<0.001
EA3							−0.041	(−0.266, 0.185)	0.724
EA4							0.070	(−0.103, 0.243)	0.428
EB1							0.489	(0.137, 0.842)	0.006
EB2							0.122	(−0.205, 0.448)	0.465
EB3							0.103	(−0.176, 0.383)	0.470
EB4							−0.258	(−0.568, 0.052)	0.103

续 表

因素	模型 1			模型 2			模型 3		
	OR	95%CI	p-Value	OR	95%CI	p-Value	OR	95%CI	p-Value
EB5							0.084	(−0.222, 0.390)	0.589
EC1							−0.158	(−0.502, 0.186)	0.369
EC2							−0.173	(−0.453, 0.107)	0.225
ED1							0.398	(0.093, 0.704)	0.011
ED2							0.113	(−0.177, 0.403)	0.445
ED3							0.051	(−0.183, 0.285)	0.668
EE1							0.192	(−0.807, 1.191)	0.706
EE2							−0.005	(−0.976, 0.965)	0.992
EE3							−0.050	(−0.696, 0.595)	0.878

注:模型 1:Cox and Snell 测试值为 0.049,模型拟合度 χ^2 为 19.748,p=0.007,模型 2:Cox and Snell 测试值为 0.130,模型拟合度 χ^2 为 53.500,p<0.001;模型 3:Cox and Snell 测试值为 0.130,模型拟合度 χ^2 为 53.357,p<0.001。

本次研究通过身体活动加速度计客观测量结果显示(见表8-12),男性样本每日中等强度身体活动时间约为53.65分钟,但标准差较大,表明不同样本间差异较大。女性样本每日中等强度身体活动时间约为62.05分钟,同样不同性别样本间差异较大。结果也可以看出,无论男性还是女性,每日高强度身体活动累积时间均较少。以居住小区中心为参考点将各定位点与参考点之间的直线距离按0~200米、201~400米、401~600米、601~1000米、1001~2000米、2001~4000米、4001~8000米、8001米及以上进行等级划分,统计各等级区间中高强度活动定位点和全部户外活动定位点的分布比例。身体活动加速度计测量结果表明,男性样本每日中等强度身体活动时间约为53.65分钟,女性为62.05分钟,但GPS捕捉到户外中高强度活动定位点男性87个,女性444个(见表8-13),说明男性老年人中高强度身体活动更倾向于在室内健身,而女性更喜欢户外活动。但总体上看,男性和女性老年人日常身体活动以中低强度为主,比如健步行。而涉及球类等中等以上强度的身体活动更倾向于室内健身场馆和设施。从表8-13还可以看出,总样本中76.6%的中高强度身体活动定位点集中在居住小区中心点600米范围内,而全部的户外活动定位点也集中了67.1%。因此,600米可认为是研究老年人的身体活动热点区域和公共健身服务设施辐射半径的适宜距离。

表8-11 基于GPS和加速度计追踪的全部定位点分布类型百分比

单位:%

GPS定位点分布类型	男性		女性		总体	
	定位点 8495	MVPA 定位点 87	定位点 8797	MVPA 定位点 444	定位点 17292	MVPA 定位点 531
小区	54.2	67.8	54.8	34.5	54.5	39.9
沿道路出行轨迹	35.0	21.8	32.4	46.2	33.7	42.2
公园/绿地/广场等开敞空间(非小区)	9.2	9.1	9.8	10.6	9.5	10.4
锻炼场馆/设施(非小区)	0.8	0.0	0.8	4.3	0.8	3.6
商场、娱乐场所(非小区)	0.8	1.2	2.2	4.5	1.5	4.0

表 8-12　样本人群每日不同强度身体活动累积时间

单位:分钟

项目	每日低强度身体活动时间	每日中等强度身体活动时间	每日高强度身体活动时间	每日中高强度身体活动时间
男性 n=33	149.92±68.98	53.65±50.38	0.05±0.14	53.70±50.38
女性 n=31	215.32±57.51	62.05±62.81	1.19±5.55	63.24±63.35
总体	176.72±75.81	57.93±42.92	0.63±4	58.56±57.55

表 8-13　基于 GPS 和加速度计追踪的定位点与小区中心距离分布

距离小区中心点距离/m	男性		女性		总体	
	MVPA 定位点累积% N=87	所有定位点累积% N=8495	MVPA 定位点累积% N=444	所有定位点累积% N=8797	MVPA 定位点累积% N=531	所有户外定位点累积% N=17292
0~200	32.2	37.3	12.4	40.7	15.6	39.0
201~400	57.5	49.4	57.9	61.4	57.8	55.5
401~600	66.7	59.1	78.6	74.8	76.6	67.1
601~1000	71.3	71.4	86.7	83.7	84.1	77.7
1001~2000	74.7	85.0	92.1	92.6	89.2	88.9
2001~4000	91.9	94.2	94.8	96.1	94.3	95.2
4001~8000	99.9	96.5	95.9	98.3	96.6	97.5
≥8001	100	100	100	100	100	100

第四节　讨论与分析

　　本书的创新之处在于采用主观和客观耦合测量的方法,既基于横断面相关关系分析影响老年人身体活动的主要实体环境因素,又基于身体活动加速度计结合 GPS 定位器的客观追踪结果分析老年人日常身体活动的空间范围、中高强度身体活动的主要集中区域等。与此同时,基于调查分析影响老年人身体活动的主观动机因素,以及老年人参与身体活动类型的比例等,这有利于对适宜老年人身体活动的住区实体环境设计策略的提炼进一步挖掘信息。从研究结果可以看出(见表 8-6),金华城区无论是男性还是女性老年人，日常主要采用健步走的方式进行身体锻炼，比例分别为 61.9％ 和 52.2％，此外比例较大的还有乒乓球、舞蹈（交谊舞、拉丁舞等）、健身操（如广播操、广场舞等）及跑步等身体锻炼方式，比例在 4.2％～8.1％ 之间，这一研究结果与中国国内针对其他城市或地区的研究结果类似（王冬华等，2015；陈丽妹，2018）。这些身体活动模式为金华城区老年人身体活动的住区规划设计提供了信息，如提高住区规划设计中健身步道的标准、小区及周边的健身步道的分布距离、铺设材质和周边景观等。由于乒乓球、舞蹈（交谊舞、拉丁舞等）、健身操（如广播操、广场舞等）也是金华城区老年人身体锻炼的主要方式，因此建议金华的小区规划设计中加强便于舞蹈、广播操和广场舞等活动开展的公共活动广场及乒乓球活动开展空间的设计，提高广场景观愉悦性、材质安全性及不良天气日的可持续性（如加盖遮雨遮阴棚等）。

从人口学变量与老年人锻炼频率和强度的回归分析结果发现，男性老年人月退休金和掌握运动技能项目数与其锻炼频率呈现出显著的正相关（见表7-7）。这可以理解为，男性老年人拥有较好的经济条件，住区及周边往往有较好的休闲活动开展的环境，一定程度上可促进其健身消费支出，增加身体锻炼频率，这也分别得到了相关研究证据的支撑（Breuer et al.，2010）。而熟练掌握运动技能也有助于男性老年人在锻炼中体验乐趣，在锻炼中展现自我，增加自我价值认同感等（Opdenacker et al.，2009）。与男性老年人不同，女性老年人照顾孙子（女）和居住方式与锻炼频率呈现出显著性相关，表明日常花费较多时间照顾孙子（女）或进行家务劳动的女性老年人身体锻炼频率较低。这可能是由于中国家庭中女性是家务劳动主要操持者，尤其是中国许多女性老年人承担了多数家务劳动和照顾孙子/女的任务，而这些时间的花费限制了老年女性日常有计划的身体锻炼。如 Adjei 和 Brand（2018）的研究发现，来自德国、意大利、西班牙、英国、法国、荷兰和美国的女性老年人日常家务劳动要多于男性老年人，在一些中高强度身体活动上少于男性，而家务劳动时间过长对健康不利。因此建议小区规划设计中应加强公共体育健身环境和设施的设计、建设和改造，减少费用等经济因素对贫困老年人日常身体锻炼的影响，这同时有利于降低女性老年人的出行时间，增加她们的闲暇时间。影响女性老年人身体锻炼频率的动机变量中，家人支持是重要的影响变量（OR＝0.510，p＝0.042），这也间接证实了上述观点（见表8-8）。还有一个重要的方面是，无论男性还是女性老年人，促进身心健康均是影响他们身体锻炼频率的最重要的锻炼动机，尤其是对于女性来说（OR＞1，p≤0.05）。因此建议在规划和设计时，除了规划和设计健身步道、广场等空间来提高老年人身体锻炼的频率外，还应将运动健康促进、科学健身知识设计制作成景观小品，以助于指导小区老年人进行科学锻炼，进而提升身心健康。

在影响老年人锻炼频率的实体环境变量中，无论男性还是女性老年人，小区及周边的交通事故均被诊断为关键变量（见表8-7和表8-8，OR均大于1，p均小于0.001），表明感知到小区或周边交通事故越多的老年人，越不愿意在户外步行健身或出行。由于日常健身步行是老年人最主要的健身锻炼的方式，因此建议小区及周边应加强人行道的规划、设计和建设，完善交通信号灯、标志和斑马线及人车分离的设计标准，鼓励小区人车分流。此外，依据表8-8的结果，由于老年人身体平衡能力较弱，建议提高小区及周边步行道路的平坦度，以提高步行舒适性。路面选用防滑性能较好的材质，降低因路面湿滑而导致老年人滑倒等事故发生率。改善环境卫生与关注水体景观发展，对于女性老年人的身体锻炼具有积极意义。本次研究中，还有一个值得关注的点是：无论是男性还是女性老年人，相比于锻炼频率，锻炼强度与动机变量、环境变量之间的相关性较低（见表8-7至表8-10）。由此我们认为，环境和动机因素影响老年人的身体锻炼可能主要体现在影响频率，而促进老年人身体锻炼强度，更需要通过合理的科学健身指导和运动健康促进认知教育。

基于身体锻炼类型分布，身体锻炼与人口学、动机和环境变量相关性等提炼的策略在具体规划设计应用中，还有一个重要的方面是对老年人日常身体活动的时空特征和热点区域进行科学的分析，这些参数对于场地和设施设计的有效辐射距离或服务半径具有重要的参考价值。从本次研究的结果看，老年人户外活动的定位点主要集中在小区、小区外沿道路出行轨迹和公园/绿地/广场等开敞空间（非小区），分别占54.5％、33.7％和9.5％；而所有户外中高强度身体活动(MVPA)定位点分别占 39.9%、42.2% 和 10.4%。这说明这 3 个区域既是老年人日常户外活动的主要集中区域,也是老年人日常身体锻炼尤其是中高强度以上身体活动的主要集中区域。尤其是 MVPA 定位点 42.2% 分布在小区内和小区外沿街道出行的轨迹,更进一步客观证明了健步行是老年人主要身体锻炼方式的承载空间。67.1% 的老年人户外活动定位点和 76.6% 的 MVPA 定位点集中在居住小区中心点的 600 米范围内。因此,600 米可认为是老年人的身体活动热点区域和公共健身服务设施辐射半径的适宜距离。这一数据的意义在于,医院、超市、理发店等生活配套设施以及有利于促进积极性出行的公共交通站点如果不能有效设计在小区中心点的 600 米辐射范围内,这将给老年人日常生活带来极大的不便。而一些体育锻炼设施如果分布在小区 600 米辐射范围以外,小区内的老年人利用这些健身场地和设施进行身体锻炼的概率将降低。这提示我们今后应减少大型公共体育健身中心的建设,加强居住小区内的健身活动路径、设施及空间改造和建设,这对于促进老年人身体活动尤其是中高强度身体活动具有积极意义。

第五节　结论与建议

一、结　论

基于调查分析发现:金华城区 60～70 岁老年人日常主要采用健步行的方式进行身体锻炼,其他比例较大的锻炼方式还包括乒乓球、舞蹈(交谊舞、拉丁舞等)、健身操(如广播操、广场舞等)及跑步;较高的月退休金和掌握运动技能项目数多的男性老年人日常身体锻炼频率更高,而照顾孙子(女)所花费的精力较少的女性老年人锻炼频率更高,与更多家人居住的女性老年人其锻炼频率较低;无论男性还是女性老年人,日常锻炼的最主要动机均为促进身心健康;无论男性还是女性,感知到小区或周边交通事故越多的老年人,越不愿意在户外步行健身或出行;此外,对步行健身时湖泊、水体等依赖度较高的女性老年人,其日常锻炼频率较低。

根据 GPS 追踪结果发现:600 米可认为是老年人日常身体活动的主要区

域及公共健身服务设施辐射半径的合适距离。

二、建　议

今后小区规划设计中需设置便于舞蹈、广播操和广场舞等活动开展的公共活动广场及乒乓球活动室，提高广场的景观舒适性、材质安全性及不良天气日的可开展性（如加盖遮雨遮阴棚等）。除了规划和设计健身步道、广场等空间来促进老年人身体锻炼的频率外，还可以将运动健康促进、科学健身知识设计成健身教育标识作为景观小品，用于指导小区老年人进行科学锻炼，促进身心健康。加强小区及周边人行道的规划、设计和建设，完善交通信号灯、标志和斑马线及人车分离的设计标准，鼓励小区人车分流。提高小区及周边步行路面平坦性，增强连续步行的舒适性。路面挑选防滑性能出色的材质，避免地面湿滑而导致老年人滑倒等事故发生。此外，改善环境卫生，重视湖泊等水体景观的保护，将有利于女性老年人参与蓝色健身。由于老年人群平时锻炼活动的空间范围需求不大，从当前社会人口老龄化视角出发，建议适当减少大型公共体育健身中心项目的规划建设，重点针对人居环境内的健身活动路径、设施和空间进行设计与完善。

对策提炼篇

本篇为对策提炼篇，通过针对儿童青少年的对策提炼、中青年职业人群的对策提炼和老年人的对策提炼及综合对策提炼，为今后运动健康促进、住区规划设计改善老年人精神健康、缓解职业人群精神健康和促进儿童青少年认知能力发展的相关决策制定提供参考。

第九章　相关对策提炼

第一节　针对儿童青少年的对策提炼

一、增加学校、住区的绿蓝色空间景观，促进儿童青少年认知功能、学业表现的提高

绿蓝色空间暴露和身体锻炼有助于改善儿童青少年认知功能和学业表现。对此，建议涉及学校与住区的规划建设中，应重视绿植、水体景观等在环境中的布局与设置，虽存在较大的前期投入，但对儿童青少年认知功能的提升和学业表现的改善具有长期持续的积极作用。

二、绿蓝色空间暴露与身体锻炼有机结合，将推动儿童青少年认知功能的改善

相对于仅进行锻炼或单一的绿蓝色空间暴露接触而言，绿蓝色健身对于儿童青少年认知功能具有更好的改善效果。因此，建议儿童青少年选择住区周边公园、绿地等绿蓝色景观充分的场所进行锻炼、活动，使绿蓝色健身的效益得到更好的利用，推动儿童青少年认知功能的改善。

三、合理选择绿蓝色景观暴露与锻炼强度进行绿蓝色健身，更有效地提高儿童青少年认知功能改善效果

根据现有的直接证据并结合与绿蓝色健身和人体精神健康相关的研究结果，本书总结归纳出基于儿童青少年认知功能改善效果，蓝色空间暴露可能比身体活动更好，蓝色空间可能比绿色空间更好，绿蓝色健身"中低强度"可能比"高强度"更好等观点。因此，建议儿童青少年在保证安全的情况下可

选择河岸、海滩等蓝色景观丰富的场所进行"中低强度"的身体锻炼。如若条件所限，也可以选择拥有水体景观的公园等蓝色空间环境进行锻炼，进而更有效地促进儿童青少年认知功能改善。此外，住所及学校周边的公园绿地也可考虑多规划一些水体景观，从而更好地发挥蓝色空间对儿童青少年认知功能的效益。

第二节　针对中青年职业人群的对策提炼

一、完善住所和工作场所绿蓝色空间景观，促进职员工作心理健康的修复与完善，进而推动工作生产能力的提升

当前研究指出，住所和工作场所绿蓝色空间暴露将有效释放职员工作压力，提高认知功能，改善工作表现。因此，建议在职员住所及工作场所周边多增添绿化、建造公园，发挥绿蓝色景观接触对于生产工作的积极效益，并进一步改善职员的身体健康、精神健康、认知功能和激发创新思维，从而促进职员工作生产能力的发展。

二、在优良的绿蓝色空间暴露下进行身体锻炼，将进一步缓解工作压力，改善精神健康，有利于职员工作的开展

绿蓝色空间暴露与身体锻炼有机结合对于工作压力、认知水平等均有进一步的改善效果，改善程度也比单一的室内锻炼或绿蓝色空间暴露要更佳。因此，建议职员在空闲时间多前往住所及工作场所周边的公园、绿地等绿蓝色景观优美的环境进行锻炼、活动，这对于职员的工作心理健康、工作能力提升也将起到十分宝贵的作用。此外，建议在公园、绿地等绿蓝色景观优美的活动地点完善运动设施，从而更好地引导与推动人们绿蓝色健身。

三、优化工作通勤路径，增加通勤时的绿蓝色景观接触，调节职员情绪，缓解工作压力

通勤路径是职员较为重要的接触绿蓝色景观的渠道，与职员的工作、生活的关系十分密切。因此，建议完善马路、人行通道等通勤道路周边的景观绿化，给工作者创造更好的通勤环境。与此同时，建议职员在同等条件下有

意识地选择绿蓝色景观更佳的通勤道路，通过骑车或步行的方式与景观深度接触，从而促进身心更好地发展。

第三节　针对老年人的对策提炼

一、完善适合老年人休闲锻炼的场地设施建设，促进老年人更好地进行身体活动与健身

研究发现，60～70 岁老年人日常主要采用健步走作为身体活动的方式，其他比例较大的锻炼方式主要是乒乓球、舞蹈类活动（交谊舞、拉丁舞等）、健身操类活动（如广播操、广场舞等）和跑步。因此，建议今后在小区规划设计中重视便于舞蹈、广播操和广场舞等活动开展的公共场所及乒乓球活动室的规划设置，提高公共空间的景观宜人性、材料安全性及不良天气日的可维持性。

二、进行科学引导，推广适合老年人的运动，减轻女性老年人的家庭工作压力，让更多老年人进入住区及周边的活动场地参与身体锻炼

较高的月退休金和掌握运动技能项目数多的男性老年人日常身体锻炼频率更高，而照顾孙子（女）所花费的精力较少的女性老年人锻炼频率更高，与更多家人居住的女性老年人锻炼频率较低。因此，建议注重规划与设计健身步道、广场等公共空间、场所来推动更多的老年人参与休闲运动，同时将运动健康促进、科学健身知识等设计成具有教育作用的景观小品，用于指导小区老年人进行科学锻炼，促进身心健康。此外，减轻女性老年人的家庭负担，使其拥有更多的时间参与到身体锻炼中来，能促进女性老年人身心健康发展。

三、完善住区及周边安全规划设计，提高老年人外出活动的安全性，提升其外出活动的主观意愿

无论男性还是女性老年人，日常锻炼的最主要动机均为促进身心健康；无论男性还是女性老年人，感知到小区或周边交通事故越多的老年人，越不愿意在户外步行健身或出行。因此，建议提升住区及周边人行道路的布局规

划,增加投入建设,完善交通信号灯、标志、斑马线及人车分离的具体设计标准,倡导住区人车分流。提高小区及周边步行路面平坦度,以增强老年人连续步行的舒适性。地面应当选择具有防滑性能的材质,降低因路面湿滑而致使老年人滑倒等事故发生。

四、加强环境卫生整治,合理地对湖泊和水体等景观进行建设和保存,助力女性老年人蓝色健身

步行健身时对湖泊、水体等依赖度较高的女性老年人,因缺少优良的水体景观,其日常锻炼频率较低。因此,建议重视环境卫生的保护与治理,加强对湖泊等水体景观的保存与维护,这将有效推动女性老年人进行步行锻炼,参与蓝色健身。

五、基于老年人的主要活动范围,增设老年人活动空间,从而更有效地满足老年人实际活动需求

基于 GPS 追踪结果发现,600 米可认为是老年居民身体活动重点区域及公共健身服务设施辐射半径的适宜范围。由于老年人平日活动范围相对有限,因此,在当今老年人口不断增多的背景下,建议今后减少大型公共体育健身场馆建设,重视人居环境中的健身活动路径、设施的建设与完善。

六、充分促进绿蓝色景观暴露与身体锻炼的结合,从而更好地改善老年人精神健康

在绿蓝色优良的景观中进行绿色健身时,老年人尽量选择运动强度较低的锻炼方式,可以有效避免因过度锻炼而减弱绿蓝色景观视觉刺激作用效果的情况发生。老年人进行室外运动应当充分把握绿蓝色景观暴露初期这一敏感期,积极提升日常绿蓝色景观暴露频率,以促进精神健康的改善。因此,建议老年人在绿蓝色景观中选择自主意识特征明显的太极拳、气功等中国传统健身项目进行健身锻炼,以充分发挥其改善老年人情绪、压力的作用。

第四节　综合对策提炼

一、在住区活动空间中科学合理地选择合适的身体锻炼方式，并进行规律的身体锻炼，促进人体精神健康的改善

当前研究结果显示，系统的力量抗阻练习对于抑郁的缓解具有显著作用，系统的拉伸练习（如瑜伽、普拉提等）或渐进性肌肉放松训练可能更有利于焦虑状况及压力的改善，中高强度有氧运动，特别是需要消耗大量能量的有氧锻炼对于压力的改善存在较显著的积极影响。此外，自主意识较强的运动项目（如太极拳、气功等中国传统健身运动）也被指出往往能够通过注意力转移机制以积极改善焦虑与压力。因此，建议根据自身的身心需要科学地选择合适的运动方式，从而促进身心健康发展。

二、基于个体差异，选择合适的绿蓝色景观进行休闲、锻炼，从而更有效地促进人体精神健康的改善

当前研究结果显示，长时间累计或单次充分暴露于绿蓝色空间中对于精神健康的改善均有积极意义。噪声敏感性、好奇性、亲自然性和亲动物性等个体因素将会基于绿蓝色景观质量、尺寸等差异而对精神健康的改善效果产生影响。合理掌握个体差异将有利于制定具有针对性与个性化的绿色健身及蓝色健身方案。如可推荐噪声敏感性高的人群优先考虑挑选较为安静的绿色空间进行休闲运动，好奇性高的人群则需优先考虑前往具有开阔视野的绿色景观或蓝色景观进行放松活动。因此，建议根据自己的个体情况，有意识地选取适合自己的锻炼环境，将绿色健身、蓝色健身的改善效果进行高质量发挥，从而促进绿蓝色健身更有效地实施。

三、在进行绿蓝色健身时，需要根据实际状况把握合适的"锻炼参数"，从而保证绿蓝色健身的效益得到更好的发挥

在改善人体精神健康方面，体育运动和绿蓝色景观暴露间存在协同效应，两者相结合有利于进一步提高精神健康的改善效果。绿色健身与蓝色健身时需正确选择锻炼强度，防止锻炼强度过高而减弱绿蓝色景观视觉刺激，降低环境心理疗法的改善效果。因此，建议人们在运动后进一步延长在绿蓝色空间中的恢复休息时间，紧跟着运动后身体机能的不断恢复，有利于进一步发挥调整恢复期增强绿色景观和蓝色景观的心理治疗效果。此外，经常性的绿色景观与蓝色健身有利于提升绿色景观与蓝色景观的接触频率，进而改善精神健康。

四、身体锻炼与绿蓝色景观暴露改善人体精神健康存在效果差异和衰退效应，可通过景观四季性设计等方法，进一步保持绿蓝色景观的长期效益

当人体健身的锻炼强度、持续时间、频率等参数达到阈值水平，这将对于其精神健康有较好的改善效果。然而，现实中人们的锻炼情况与之存在较大差异，实际中存在更多的是锻炼强度低、规律性较弱，与此同时，长期的绿蓝色景观暴露对人体的刺激也存在逐渐衰退的问题，但众多横断面研究结果指出，住所及周边绿蓝色空间暴露比人体活动对精神健康的改善效果要更明显。因此，建议在景观设计上注重绿植的季节性，增加四季景观的层次感，提高精神健康的改善效果。此外，建议在条件允许的情况下适时搬离长期居住的环境，迁往新住区，新住区陌生的绿蓝色景观有助于改善精神健康。

五、城市规划或景观设计中无须过于追求大尺度开阔性草坪，可注重局部景观的修建，在节省成本的同时提高土地利用率，做到群众健身高效化与场地建设经济化并举

研究结果显示，在城市里相对少有的大尺度绿色空间开阔视野和不开阔视野中进行身体锻炼对于情绪改善效果并无显著性差别。大尺度绿色空间的土地需求大，修建及维护成本高。因此，建议在今后的城市公园等景观设计上不一定非得过度追求大尺度绿色空间，可多关注局部空间的绿化细节，在有效降低建设及维护成本的同时也能进一步提升人们与绿色环境的接触频率，从而有效改善精神健康。

六、在绿色空间休闲活动中即使进行静态放松后，也有必要进行适宜的身体锻炼，这有助于进一步改善情绪效果

研究表明，经过绿色环境暴露后再进行绿色健身，仍存在进一步改善情绪效果的作用。因此，推荐居民在绿色环境中休闲放松后（哪怕只进行静坐等静态放松），可以再进行一些散步、健身跑等适当的体育运动，进而更好地起到降低血压、改善情绪的作用。

七、慢性非传染性疾病患者在活动场所可采用多种运动方法的结合，进行组合式锻炼健身，从而有效减轻患者抑郁症、焦虑等神经病症，取得更好的精神健康改善效果，进而降低医疗支出

研究表明，患有阿尔茨海默病、慢性疲劳综合征的患者，通过太极拳、气功等有氧运动结合拉伸训练，可以明显地减轻抑郁的状况。与此同时，瑜伽、普拉提可以发展人的耐力、力量、协调性等多种运动素质，加上该类运动通常以群体的方式开展，增加了社会交往，从而能显著地减轻患者的抑郁程度。因此，建议慢性非传染性疾病的人群可采用如"太极拳＋气功""步行＋拉伸"等运动组合的方式进行锻炼，以改善精神健康，降低医疗支出。

八、老年人在活动场所可采用长期的规律性有氧锻炼，从而更有效地优化老年人的运动系统（骨骼结构、肌肉力量和关节韧带等），缓解糖尿病、高血压等代谢综合征症状，进而降低医疗支出

老年人进行长期规律的有氧运动可以有效改善骨骼结构、肌肉力量及关节韧带等，强化机体运动系统，同时也能缓解神经系统的衰老，两者结合可以更有效地预防跌倒骨折等情况发生。不同的身体活动方式均拥有其自身的价值与意义，适合的人群也存在差异。因此，建议老年人选择适合自己的有氧运动（如健步走、健身气功等），进行长期的规律性锻炼，以有效地防止骨质疏松、糖尿病等慢性非传染性疾病，减少跌倒骨折等意外伤病的发生。

九、在身体条件允许范围内，慢性非传染性疾病患者在活动场所可采用中高强度运动来更好地缓解慢性病症，降低医疗支出

高强度的身体活动或锻炼在适用不同的慢性病时，表现出一定的相对性。高强度的身体锻炼更适用于对慢性堵塞性肺病、糖尿病、胆固醇和体重的干预。中等强度的身体活动较适用于对血脂的干预影响。因此,建议患有相关慢性病的人可适当加大运动强度,从而更好地缓解慢性疾病。

十、重视城市人居环境的合理规划设计,从而促进居民进行身体锻炼,降低社会医疗负担

城市居住小区及周边活动设施布局多样性、步道衔接便利性、景观审美宜人性及配套设施完善性会对居民的身体活动类型、频率、强度及量产生影响。人居实体环境的建设投入能促进居民的身体活动,进而降低公共医疗费用支出的成本。因此,建议合理规划住区及周边的公园、绿道环境,提升公共活动场所的美感及安全性,从而更好地吸引居民进行身体锻炼,促进身心健康发展,进而减轻社会医疗负担。

参考文献

陈传锋,原献学,赵海清,等.城市退休老年人居家养老消费心理研究[J].心理科学,2007(5):1221—1224.

陈俊飞,刘凌,朱晓梅,等.每周体育锻炼时间对青年男性心脏自主神经功能的影响[J].体育与科学,2016,37(5):68,105—111.

陈丽妹.基于"健康中国2030"视角下的福建省城市社区老年人体育活动现状[J].广州体育学院学报,2018,38(3):71—74.

陈向义.近年来生产力定义研究述评[J].生产力研究,2005(10):79—80,96.

邓宁,刘耀芳,牛宇,等.不同来源地旅游者对北京目的地形象感知差异——基于深度学习的 Flickr 图片分析[J].资源科学,2019,41(3):416—429.

邓婷鹤,何秀荣.退休对男性老年人健康的影响——基于断点回归的实证研究[J].人口与经济,2016(6):82—91.

傅宏,陈庆荣.积极老龄化:全球视野下的老年心理健康研究和实践探索[J].心理与行为研究,2015,13(5):713—720.

冯晓丽,畅欣.制度变迁视野下山西省老年人体育协会的发展[J].体育学刊,2014,21(6):34—37.

高淑青.身体锻炼认知效益的研究方法:现状、问题及解决策略[J].中国运动医学杂志,2018,37(4):358—362.

龚然,陈听,张力为.观看自然环境图片对自我损耗条件下认知与运动自我控制的影响[J].心理科学,2020,43(4):793—800.

扈娜,刘堃.自我感知老化对社区老年人抑郁情绪与成功老化的中介效应[J].护理学杂志,2018,33(17):85—88.

胡靖平.社区老年人健身服务现状的调查分析——以浙江省金华市为例[J].浙江体育科学,2012,34(5):27—30,51.

何晓龙,郑卸撮,章司路,等.人居实体环境对居民身体活动的影响及与医疗支出的关联效应研究进展[J].中国运动医学杂志,2019,38(3):240—252.

何晓龙,庄洁,朱政,等.影响儿童青少年中高强度体力活动的建成环境因素——基于 GIS 客观测量的研究[J].体育与科学,2017,38(1):51,101—110.

何晓龙.绿蓝色空间暴露、绿蓝色健身对儿童青少年认知功能和学业表现的影响综述[J].中国体育科技,2020,56(10):36—54.

何晓龙.绿蓝色景观暴露影响老年人精神健康中锻炼的媒介效应[J].内江科技,2021,42(1):29—34.

何晓龙,沈军,姜小平,等.身体锻炼与绿蓝色景观暴露改善人体精神健康的耦合:路径、实证与协同效应[J].体育与科学,2020,41(3):94—109.

贺刚,黄雅君,王香生,等.香港儿童体力活动与住所周围建成环境:应用 GIS 的初步研究[J].中国运动医学杂志,2015,34(5):431—436.

黄晓霞,钱雯,尉敏琦,等.居住周边环境对居民身体活动水平影响[J].中国公共卫生,2014,30(4):412—416.

李斌.环境行为学的环境行为理论及其拓展[J].建筑学报,2008(2):30—33.

李昌霞,柴彦威,刘璇.北京城市老年人购物决策过程中的评价性认知特征[J].人文地理,2004(6):89—92.

李丹阳,张力为.自然环境改善认知和运动任务中的抑制性与坚持性自我控制[J].中国体育科技,2020,56(1):31—44.

李道增.环境行为学概论[M].北京:清华大学出版社,1999.

李苇,赵立.体育锻炼增进个体健康的经济学分析[J].天津体育学院学报,2004(2):94—96.

李金算.生产力定义综述[J].情报探索,2004(2):15—16.

李文川,刘春梅.老年人体育锻炼行为与医疗支出的相关性研究[J].南京体育学院学报(自然科学版),2016,15(2):1—7.

李雅慧,叶俊廷.老年人退休生涯成功转换的历程:台湾的实证研究[J].教育学报,2013,9(1):78—91.

梁思雨,杨光.老年人体育锻炼的医学社会学价值[J].体育科技,2014,35(2):78—81.

林华,贺业恒,徐瑞.心率变异性在大众健身领域的研究进展与展望[J].体育科学,2016,36(6):55—60,83.

罗涛,张瑾青,徐敏,等.城镇化进程中居民自然景观偏好解析——以福建省为例[J].风景园林,2019,26(3):93—98.

刘晓芹.中国城市老年人心理健康状况[J].中国老年学杂志,2015,35(13):3769—3771.

刘宇,霍然,来毅,等.健身气功·八段锦对社区2型糖尿病伴抑郁患者抑郁症状及生活质量的影响[J].中国运动医学杂志,2012,31(3):212—217.

庞芳芳,赵佳,苏英,等.老年人共情能力与抑郁:领悟社会支持和心理弹性的多重中介作用[J].中国临床心理学杂志,2019,27(2):330—333.

裴丽,王燕,时健英,等.社会生态模型下影响2型糖尿病患者体力活动相关因素关系模型的构建[J].中国实用护理杂志,2016,32(5):325—328.

王丽岩,冯宁,王洪彪,等.中老年人邻里建成环境的感知与体力活动的关系[J].沈阳体育学院学报,2017,36(2):67—71,84.

彭少慧.论精神卫生法的基本范畴[J].武汉公安干部学院学报,2010,24(4):16—19.

祁双翼,西英俊,马辛.中国人心理健康研究综述[J].中国健康心理学杂志,2019,27(6):947—953.

全明辉,张涵彬,张佳仪,等.体力活动与学龄前儿童认知能力关联关系的中介变量研究[J].体育科学,2017,37(2):47—56.

全明辉,陈佩杰,王茹,等.体力活动对认知能力影响及其机制研究进展[J].体育科学,2014,34(9):56—65.

全明辉,何晓龙,苏云云,等.基于GPS与加速度计的儿童青少年体力活动空间特征追踪研究[J].体育与科学,2017,38(1):111-120.

司荣贵.论体育在人力资本形成中的作用[J].中国体育科技,2004(1):4-5.

苏静静,张大庆.世界卫生组织健康定义的历史源流探究[J].中国科技史杂志,2016,37(4):485-496.

汤国杰,丛湖平.社会分层视野下城市居民体育锻炼行为及影响因素的研究[J].中国体育科技,2009,45(1):139-143.

田志伟.东北三省农村中老年体育健身认知观念研究[D].吉林体育学院,2014.

王冬,韩西丽.北京城中村儿童户外体力活动环境影响因子分析——以大有庄、骚子营邻里为例[J].北京大学学报(自然科学版),2012,48(5):841-847.

王冬华,邓雪英,刘智群,等.长沙市社区老年人体育锻炼现状[J].中国老年学杂志,2015,35(17):4976-4978.

王亚迪.隔代照料孙子女对中老年人心理健康的影响研究[J].科学决策,2018(9):47-68.

王学荣.从传统生产力到生态生产力:扬弃与超越[J].武汉科技大学学报(社会科学版),2013,15(1):12-15,28.

魏德样.太极拳锻炼的降血压作用:一项元分析[J].南京体育学院学报(自然科学版),2011,10(4):18-24.

温煦.体育锻炼对青少年认知能力和学业表现的影响:研究的历史、现状与未来[J].体育科学,2015,35(3):73-82.

翁锡全,何晓龙,王香生,等.城市建筑环境对居民身体活动和健康的影响——运动与健康促进研究新领域[J].体育科学,2010,30(9):3-11.

徐晓波,孙超,汪凤炎.精神幸福感:概念、测量、相关变量及干预[J].心理科学进展,2017,25(2):275-289.

许光伟.对生产力定义、层次和发展动因问题的综述[J].生产力研究,1997(1):92-95.

杨光,永富良一.运动能力对老年人医疗费的影响[J].体育与科学,

2009,30(6):60—63,76.

杨光,郭玉莲,白翠瑾,等.身体活动量对老年医疗费的影响[J].上海体育学院学报,2010,34(1):50—53.

杨光.运动对老年人常见病和医疗费的影响与对策[M].北京:北京体育大学出版社,2008.

杨灼芳,梁丽辉.体育锻炼对身心健康的影响及其机制[J].北京体育大学学报,2011,34(6):138—140.

伊向仁.社会生态模式下美国社区健身干预目标与评定指标[J].上海体育学院学报,2007(5):6—11.

殷恒婵,陈爱国,马铮,等.两种运动干预方案对小学生执行功能影响的追踪研究[J].体育科学,2014,34(3):24—28,75.

于洪军,仇军.身体活动负荷对我国老年人患慢性疾病风险率的影响研究——基于对清华大学老年人群 PASE 问卷的流行病学调查[J].中国体育科技,2013,49(2):139—145.

张纯,柴彦威,李昌霞.北京城市老年人的日常活动路径及其时空特征[J].地域研究与开发,2007(4):116—120.

张劲松,季星,颜崇淮,等.乒乓球与游泳训练儿童的执行功能比较研究[J].上海交通大学学报(医学版),2009,29(7):782—784,793.

张梅,王丽敏.我国慢性非传染性疾病流行状况及防控策略[J].中国医学前沿杂志(电子版),2016,8(12):1—6.

左群,段梦双,吴凡凡,等.基于公共体育服务满意度的社区老年人体育锻炼行为影响因素研究[J].沈阳体育学院学报,2018,37(2):61—67.

张术环,王环.生态生产力——社会和谐发展的动力[J].河北学刊,2005(4):12—16.

赵慧宁.建筑环境设计中人体活动与心理情感因素分析[J].东南大学学报(哲学社会科学版),2005(1):107—109,125.

周热娜,傅华,罗剑锋,等.中国城市社区居民步行环境量表信度及效度评价[J].中国公共卫生,2011,27(7):841—843.

朱沁夫. 生产力概念内涵的嬗变与扩展[J]. 经济与社会发展,2007(8):44—46.

张展嘉,王正珍,于洪军,等. 第65届美国运动医学会年会关于身体活动促进的研究热点与进展综述[J]. 北京体育大学学报,2018,41(8):72—76,96.

朱志强,林岚,施林颖,等. 城市居民体育健身休闲制约与休闲参与的影响关系——基于福州市的实证分析[J]. 旅游学刊,2017,32(10):115—126.

Ackermann R T, Cheadle A, Sandhu N, et al. Community exercise program use and changes in healthcare costs for older adults[J]. American journal of preventive medicine, 2003, 25(3): 232-237.

Adhia H, Nagendra H R, Mahadevan B. Impact of adoption of yoga way of life on the reduction of job burnout of managers[J]. Vikalpa, 2010, 35(2): 21-34.

Adjei N K, Brand T. Investigating the associations between productive housework activities, sleep hours and self-reported health among elderly men and women in western industrialised countries[J]. BMC public health. 2018,18(1):110-120.

Adler A. Positive education: Educating for academic success and for a fulfilling life[J]. Papeles Del Psicólogo, 2017, 38(1): 50-57.

Ahlander B M, Arestedt K, Engvall J, et al. Development and validation of a questionnaire evaluating patient anxiety during Magnetic Resonance Imaging: the Magnetic Resonance Imaging-Anxiety Questionnaire (MRI-AQ)[J]. Journal of advanced nursing, 2016, 72(6): 1368-1380.

Akpinar A. How is high school greenness related to students' restoration and health? [J]. Urban forestry & urban greening, 2016 (16): 1-8.

Akpinar A. How is quality of urban green spaces associated with physical activity and health? [J]. Urban Forestry & Urban Greening, 2016 (16):76-83.

Alcock I, White M P, Wheeler B W, et al. Longitudinal effects on mental health of moving to greener and less green urban areas [J]. Environmental science & technology, 2014, 48(2):1247-1255.

Alfonzo M A. To walk or not to walk? The hierarchy of walking needs [J]. Environ Behav, 2005 (37): 808-833.

Allan B A, Dexter C, Kinsey R, et al. Meaningful work and mental health: Job satisfaction as a moderator[J]. Journal of mental health, 2018, 27(1): 38-44.

Allender S, Foster C, Scarborough P, et al. The burden of physical activity-related ill health in the UK[J]. J epidemiol community health, 2007, 61(4): 344-348.

Alloway T P, Alloway R G. Investigating the predictive roles of working memory and IQ in academic attainment[J]. Journal of experimental child psychology, 2010, 106(1): 20-29.

Amabile, T M. The creative environment scales: Work environment inventory[J]. Creativity research journal, 1989(2):231-253.

Amicone G, Petruccelli I, De Dominicis S, et al. Green breaks: The restorative effect of the school environment's green areas on children's cognitive performance[J]. Frontiers in psychology, 2018(9).

Amoly E, Dadvand P, Forns J, et al. Green and blue spaces and behavioral development in Barcelona schoolchildren: The BREATHE Project[J]. Environmental health perspectives, 2014, 122(12):1351-1358.

Anderson C B, Hagstromer M, Yngve A. Validation of the PDPAR as an adolescent diary: Effect of accelerometer cut points[J]. Medicine & science in sports & exercise, 2005(37):1224-1230.

Anderson P. Assessment and development of executive function (E)F during childhood[J]. Child neuropsychology, 2002, 8(2): 71-82.

Annerstedt M, Östergren P O, Björk J, et al. Green qualities in the neighbourhood and mental health-results from a longitudinal cohort study in Southern Sweden[J]. BMC public health, 2012, 12(1): 337.

Astell-Burt T, Feng X, Kolt G S. Mental health benefits of neighbourhood green space are stronger among physically active adults in middle-to-older age: Evidence from 260,061 Australians[J]. Preventive medicine, 2013, 57(5): 601-606.

Atchley R A, Strayer D L, Atchley P, et al. Creativity in the wild: Improving creative reasoning through immersion in natural settings[J]. Plos one, 2012, 7(12):38-47.

Awa W L, Plaumann M, Walter U. Burnout prevention: A review of intervention programs[J]. Patient education & counseling, 2010, 78(2): 184-190.

Babyak M, Blumenthal J A, Herman S, et al. Exercise treatment for major depression: Maintenance of therapeutic benefit at 10 months[J]. Psychosomatic medicine, 2000, 62(5): 633-638.

Bakker A B, Costa P. Chronic job burnout and daily functioning: A theoretical analysis[J]. Burnout research, 2014, 1(3): 112-119.

Balboa-Castillo T, Leòn-Muñoz L M, Graciani A, et al. Longitudinal association of physical activity and sedentary behavior during leisure time with health-related quality of life in community-dwelling older adults[J]. Health and quality of life outcomes, 2011, 9(1): 47-57.

Ballester R, Huertas F, Yuste F J, et al. The relationship between regular sports participation and vigilance in male and female adolescents[J]. Plos one, 2015, 10(4): e0123898.

Barton J, Griffin M, Pretty J. Exercise, nature-and socially interactive-based initiatives improve mood and self-esteem in the clinical population[J]. Perspectives in public health, 2012, 132(2): 89-96.

Barton J, Pretty J. What is the best dose of nature and green exercise for improving mental health? A multi-study analysis[J]. Environmental science & technology, 2010, 44(10): 3947-3955.

Bassett D R. Use of pedometer to assess physical activity [M]. Physical activity assessments for health-related research. Champaign: Human Kinetics Publishers, 2002.

Beauchaine T P, Thayer J F. Heart rate variability as a transdiagnostic biomarker of psychopathology [J]. International journal of psychophysiology, 2015,98(2): 338-350.

Bell S L, Foley R, Houghton F, et al. From therapeutic landscapes to healthy spaces, places and practices: A scoping review[J]. Social science & medicine, 2018(196): 123-130.

Benedict W. Wheelera, Ashley R. Cooper, Angie S. Page, et al. Greenspace and children's physical activity: A GPS/GIS analysis of the PEACH project[J]. Preventive medicine,2010(51):148-152.

Beraki A, Magnuson A, Sarnblad S,et al. Increase in physical activity is associated with lower HbA1c levels in children and adolescents with type 1 diabetes: Results from a cross-sectional study based on the Swedish pediatric diabetes quality registry (SWEDIABKIDS)[J]. Diabetes research and clinical practice, 2014,105(1):119-125.

Berg A E V D, Maas J, Verheij R A, et al. Green space as a buffer between stressful life events and health[J]. Social science & medicine, 2010, 70(8):1203-1210.

Berke E M, Gottlieb L M, Moudon A V, et al. Protective association between neighborhood walkability and depression in older men[J]. Journal of the American geriatrics society, 2007, 55(4): 526-533.

Beyer K M, Kaltenbach A, Szabo A,et al. Exposure to neighbourhood green space and mental health: Evidence from the survey of the health of Wisconsin[J]. International journal of environmental research and public health，2014，11(3)：3453-3472.

Biddle S J H，Asare M. Physical activity and mental health in children and adolescents：A review of reviews［J］. British journal of sports medicine，2011，45(11)：886-895.

Blair S N，Morris J N. Healthy hearts and the universal benefits of being physically active：Physical activity and health［J］. Annals of epidemiology，2009，19(4)：253-255.

Blake H，Mo P，Malik S，et al. How effective are physical activity interventions for alleviating depressive symptoms in older people? A systematic review［J］. Clinical rehabilitation，2009，23(10)：873-887.

Blumenthal J A，Babyak M A，Moore K A，et al. Effects of exercise training on older patients with major depression［J］. Arch intern med，1999，159(19)：2349-2356.

Bo A，Mao W，Lindsey M A. Effects of mind-body interventions on depressive symptoms among older Chinese adults：A systematic review and meta-analysis［J］. International journal of geriatric psychiatry，2017，32(5)：509-521.

Boarnet M G，Greenwald M，McMillan T E. Walking，urban design，and health：Toward a cost-benefit analysis framework［J］. J plann educ res，2008，27(3)：341-358.

Bolund P，Hunhammar S. Ecosystem services in urban areas［J］. Ecological economics，1999，29(2)：293-301.

Booth K M，Pinkston M M，Poston W S C. Obesity and the built environment［J］. J am diet assoc，2005，105(5)：110-117.

Bouckenooghe D，Raja U，Butt A N. Combined effects of positive and negative affectivity and job satisfaction on job performance and turnover intentions［J］. Journal of psychology，2013，147(2)：105-123.

Boule N G，Haddad E，Kenny G P，et al. Effects of exercise on

glycemic control and body mass in type 2 diabetes mellitus: a meta-analysis of controlled clinical trials[J]. JAMA: The journal of the American medical association, 2001,286(10):1218-1227.

Bratman G N, Hamilton J P, Daily G C. The impacts of nature experience on human cognitive function and mental health[J]. Annals of the New York academy of sciences, 2012, 1249(1): 118-136.

Brennan L K, Brownson R C, Hovmand P. Evaluation of active living by design: Implementation patterns across communities [J]. American journal of preventive medicine, 2012, 43(5): S351-S366.

Breuer C, Hallmann K, Wicker P, et al. Socio-economic patterns of sport demand and ageing[J]. European review of aging & physical activity, 2010, 7(2):61-70.

Brito J,Pope Z,Mitchell N,et al. The effect of green walking on heart rate variability: A pilot crossover study[J]. Environmental research,2020 (185): 109408.

Brown B, Rutherford P, Crawford P. The role of noise in clinical environments with particular reference to mental health care: A narrative review [J]. International journal of nursing studies, 2015, 52 (9): 1514-1524.

Brown D, Barton J, Gladwell V. Viewing nature scenes positively affffects recovery of autonomic function following acute-mental stress[J]. Environmental science & technology,2013(47):5562-5569.

Brown S C, Mason C A, Lombard J L, et al. The relationship of built environment to perceived social support and psychological distress in hispanic elders: The role of "eyes on the street" [J]. Journals of gerontology: Series B, 2009, 64(2): 234-246.

Browning M H E M, Kuo M, Sachdeva S, et al. Greenness and school-wide test scores are not always positively associated—A replication of "linking student performance in Massachusetts elementary schools with the ' greenness ' of school surroundings using remote sensing" [J]. Landscape and urban planning, 2018(178): 69-72.

Brownson R C, Kreuter M W, Arrington B A, et al. Translating scientific discoveries into public health action: How can schools of public health move us forward? [J]. Pub health rep, 2006,121(1):97-103.

Buck S M, Hillman C H, Castelli D M. The relation of aerobic fitness to stroop task performance in preadolescent children [J]. Medicine & science in sports & exercise, 2008, 40(1): 166-172.

Budde H, Voelcker-Rehage C, Pietrassyk-Kendziorra S, et al. Steroid hormones in the saliva of adolescents after different exercise intensities and their influence on working memory in a school setting [J]. Psychoneuroendocrinology, 2010, 35(3): 382-391.

Burge E, Kuhne N, Berchtold A, et al. Impact of physical activity on activity of daily living in moderate to severe dementia: A critical review[J]. European review of aging and physical activity, 2012, 9(1): 27.

Burke R J. Workplace stress and well-being across cultures: Research and practice[J]. Cross cultural management an international journal, 2010, 17(1):5-9.

Byron K, Khazanchi S, Nazarian D. The relationship between stressors and creativity: A meta-analysis examining competing theoretical models[J]. The journal of applied psychology,2010,95(1):201-212.

Bärg A. Green spaces in urban environments as a human restoration resource[D]. A thesis subscribed to faculty of landscape architecture, horticulture and crop production science, department of landscape architecture, planning and management, Swedish University of Agricultural Sciences,2019:1-82.

Cairney J. Housing tenure and psychological well-being during adolescence[J]. Environment and behavior, 2005, 37(4): 552-564.

Calfas K J, Taylor W C. Effects of physical activity on psychological variables in adolescents [J]. Pediatric exercise science, 1994, 6 (4): 406-423.

Canivet A, Albinet C T, André N, et al. Effects of BDNF polymorphism and physical activity on episodic memory in the elderly: A cross sectional study[J]. European review of aging and physical activity, 2015, 12(1): 15-24.

Carlson J A, Sallis J F, Conway T L, et al. Interactions between psychosocial and built environment factors in explaining older adults physical activity[J]. Preventive medicine, 2012, 54(1):68-73.

Carlson S A, Fulton J E, Pratt M, et al. Inadequate physical activity and health care expenditures in the United States [J]. Progress in cardiovascular diseases, 2015, 57(4): 315-323.

Carr O, Andreotti F, Saunders K, et al. Linking changes in heart rate variability to mood changes in daily life [J]. Computing in cardiology, 2017 (44):1-4.

Carson R L, Baumgartner J J, Matthews R A, et al. Emotional exhaustion, absenteeism, and turnover intentions in childcare teachers: Examining the impact of physical activity behaviors[J]. Journal of health psychology, 2010,15(6): 905-914.

Cassilhas R C, Lee K S, Fernandes J, et al. Spatial memory is improved by aerobic and resistance exercise through divergent molecular mechanisms[J]. Neuroscience, 2012(202): 309-317.

Castillo T, Le Ón-muÑoz L M, Graciani A, et al. Longitudinal association of physical activity and sedentary behavior during leisure time with health-related quality of life in community-dwelling older adults[J]. Health and quality of life outcomes,2011, 9(1): 47-57.

Cecchini M, Sassi F, Lauer J A, et al. Tackling of unhealthy diets, physical inactivity, and obesity: Health effects and cost-effectiveness[J]. Lancet, 2010, 376(9754):1775-1784.

Chaddock L, Hillman C H, Buck S M, et al. Aerobic fitness and executive control of relational memory in preadolescent children [J]. Medicine & science in sports & exercise, 2011, 43(2): 344-349.

Chaddock L, Hillman C H, Pontifex M B, et al. Childhood aerobic fitness predicts cognitive performance one year later[J]. Journal of sports sciences, 2012, 30(5): 421-430.

Chaddock L, Neider M B, Lutz A, et al. Role of childhood aerobic fitness in successful street crossing[J]. Medicine & science in sports & exercise, 2012, 44(4): 749-753.

Chaddock-Heyman L, Erickson K I, Voss M W, et al. The effects of physical activity on functional MRI activation associated with cognitive control in children: A randomized controlled intervention[J]. Frontiers in human neuroscience, 2013(7):72.

Chaix B, Meline J, Duncan S, et al. GPS tracking in neighborhood and health studies: A step forward for environmental exposure assessment, a step backward for causal inference? [J]. Health & place, 2013(21): 46-51.

Chan J S M, Ho R T H, Ka-Fai C, et al. Qigong exercise alleviates fatigue, anxiety, and depressive symptoms, improves sleep quality, and shortens sleep latency in persons with chronic fatigue syndrome-like illness [J]. Evidence-based complementary and alternative medicine, 2014(2014): 1-10.

Chang Y K, Etnier J L. Effects of an acute bout of localized resistance exercise on cognitive performance in middle-aged adults: A randomized controlled trial study[J]. Psychology of sport and exercise, 2009a, 10(1): 19-24.

Chang Y K, Etnier J L. Exploring the dose-response relationship between resistance exercise intensity and cognitive function[J]. Journal of sport and exercise psychology, 2009b, 31(5): 640-656.

Chang Y K, Tsai Y J, Chen T T, et al. The impacts of coordinative exercise on executive function in kindergarten children: An ERP study[J]. Experimental brain research experimentelle hirnforschung experimentation cerebrale, 2013, 225(2):187-196.

Chaudhury H, Campo M, Michael Y, et al. Neighbourhood environment and physical activity in older adults. [J]. Social science & medicine, 2015(149):104-113.

Chawla L, Keena K, Pevec I, et al. Green schoolyards as havens from stress and resources for resilience in childhood and adolescence[J]. Health & place, 2014(28): 1-13.

Cheadle A, Wagner E, Koepsell T, et al. Environmental indicators: A tool for evaluating community-based health-promotion programs [J]. American journal of preventive medicine, 1992, 8(6): 345-350.

Chekroud S R, Gueorguieva R, Zheutlin A B, et al. Association between physical exercise and mental health in 1. 2 million individuals in the USA between 2011 and 2015:A cross-sectional study[J]. Lancet psychiatry 2018(5): 739-746.

Chen K M, Chen M H, Chao H C, et al. Sleep quality, depression state, and health status of older adults after silver yoga exercises: Cluster randomized trial[J]. International journal of nursing studies, 2009, 46(2): 154-163.

Chen K M, Huang H T, Cheng Y Y, et al. Sleep quality and depression of nursing home older adults in wheelchairs after exercises[J]. Nursing outlook, 2015, 63(3):357-365.

Chen K M, Kuo C C, Chang Y H, et al. Resistance band exercises reduce depression and behavioral problems of wheelchair-bound older adults with dementia: A cluster-randomized controlled trial[J]. Journal of the American geriatrics society, 2017, 65(2): 356-363.

Chen K M,Chen M H,Lin M H,et al. Effects of yoga on sleep quality and depression in elders in assisted living facilities[J]. Journal of nursing research,2010,18(1):53-60.

Cherrie M P C, Shortt N K, Ward Thompson C, et al. Association between the activity space exposure to parks in childhood and adolescence and cognitive aging in later life[J]. International journal of environmental research and public health, 2019, 16(4): 632-645.

Choi Y J, Matz-Costa C. Perceived neighborhood safety, social cohesion, and psychological health of older adults[J]. The gerontologist, 2017, 58(1): 196-206.

Chou Kee-Lee, Lee P W H, Yu E C S, et al. Effect of Tai Chi on depressive symptoms amongst Chinese older patients with depressive disorders: A randomized clinical trial[J]. International journal of geriatric psychiatry, 2004, 19(11): 1105-1107.

Chow Y W Y, Dorcas A, Siu A M H. The effects of Qigong on reducing stress and anxiety and enhancing body-mind well-being [J]. Mindfulness, 2012, 3(1):51-59.

Chow Y W Y, Tsang H W H. Biopsychosocial effects of qigong as a mindful exercise for people with anxiety disorders: A speculative review [J]. The journal of alternative and complementary medicine, 2007, 13(8): 831-840.

Christian H, Bauman A, Epping J N, et al. Encouraging dog walking for health promotion and disease prevention [J]. American journal of lifestyle medicine, 2018, 12(3): 233-243.

Clarkea P, Ailshirea J, Melendeza R, et al. Using Google Earth to conduct a neighborhood audit: Reliability of a virtual audit instrument[J]. Health & place, 2010, 16(6): 1224-1229.

Cohen-Cline H, Turkheimer E, Duncan G E. Access to green space, physical activity and mental health: A twin study [J]. Journal of epidemiology & community health, 2015, 69(6): 523-529.

Colcombe S, Kramer A F. Fitness effects on the cognitive function of older adults: A meta-analytic study[J]. Psychological science, 2003, 14 (2): 125-130.

Colditz G A. Economic costs of obesity and inactivity. [J]. Medicine & science in sports & exercise, 1999, 31(11 Suppl):663-667.

Colfer C J P, Sheil D, Kishi M. Forests and human health: Assessing the evidence [M]. Jakarta: Center for International Forestry Research (CIFOR), 2006.

Colzato L S, Szapora A, Pannekoek J N, et al. The impact of physical exercise on convergent and divergent thinking [J]. Frontiers in human neuroscience, 2013, 824(7). doi: 10. 3389/fnhum. 2013. 00824. PMID: 24348370; PMCID: PMC 3845014.

Commissaris D A, Huysmans M A, Mathiassen S E, et al. Interventions to reduce sedentary behavior and increase physical activity during productive work: A systematic review[J]. Scandinavian journal of work, environment & health, 2016, 42(3): 181-191.

Connelly J, Kirk A, Masthoff J, et al. The use of technology to promote physical activity in Type 2 diabetes management: A systematic review[J]. Diabetic medicine, 2013, 30(12): 1420-1432.

Cornelissen V A, Fagard R H, Coeckelberghs E, et al. Impact of resistance training on blood pressure and other cardiovascular risk factors: A meta-analysis of randomized, controlled trials[J]. Hypertension, 2011, 58(5):950-958.

Corrales M, Torres B, Esquivel A, et al. Normal values of heart rate variability at rest in a young, healthy and active Mexican population[J]. Health, 2012, 4(7):377-385.

Costin L A, Costin L N, Cohen P, et al. Effect of exercise on heart-rate response to mental stress in teenagers[J]. European journal of preventive cardiology, 2012, 20(4): 593-596.

Cotman C W, Berchtold N C, Christie L A. Exercise builds brain health: Key roles of growth factor cascades and inflammation[J]. Trends in neurosciences, 2007, 30(9): 464-472.

Coutts C, Horner M, Chapin T. Using geographical information system to model the effects of green space accessibility on mortality in Florida[J]. Geocarto international, 2010, 25(6):471-484.

Cramer H, Lauche R, Anheyer D, et al. Yoga for anxiety: A systematic review and meta-analysis of randomized controlled trials[J]. Depression and anxiety, 2018, 35(9): 830-843.

Crova C, Struzzolino I, Marchetti R, et al. Cognitively challenging physical activity benefits executive function in overweight children[J]. Journal of sports sciences, 2014, 32(3): 201-211.

Dadvand P, Bartoll X, Basagaña X, et al. Green spaces and general health: Roles of mental health status, social support, and physical activity[J]. Environment international, 2016(91): 161-167.

Dadvand P, Nieuwenhuijsen M J, Esnaola M, et al. Green spaces and cognitive development in primary schoolchildren[J]. Proceedings of the national academy of sciences, 2015, 112(26): 7937-7942.

Dadvand P, Tischer C, Estarlich M, et al. Lifelong residential exposure to green space and attention: A population-based prospective study[J]. Environmental health perspectives, 2017, 125(9): 097016.

Daniel M, Gordon J. A single bout of aerobic exercise reduces anxiety sensitivity but not intolerance of uncertainty or distress tolerance: A randomized controlled trial[J]. Cognitive behaviour therapy, 2015, 44(4): 252-263.

Davies E J, Moxham T, Rees K, et al. Exercise training for systolic heart failure: Cochrane systematic review and meta-analysis[J]. European journal of heart failure, 2010b, 12(7): 706-715.

Davis C L, Cooper S. Fitness, fatness, cognition, behavior, and academic achievement among overweight children: Do cross-sectional associations correspond to exercise trial outcomes? [J]. Preventive medicine, 2011(52): S65-S69.

Davis C L, Tomporowski P D, Boyle C A, et al. Effects of aerobic exercise on overweight children's cognitive functioning: A randomized controlled trial[J]. Research quarterly for exercise and sport, 2007, 78(5): 510-519.

Davis C L, Tomporowski P D, McDowell J E, et al. Exercise improves executive function and achievement and alters brain activation in overweight children: A randomized, controlled trial[J]. Health psychology, 2011, 30 (1): 91-98.

De Keijzer C, Gascon M, Nieuwenhuijsen M J, et al. Long-term green space exposure and cognition across the life course: A systematic review [J]. Current environmental health reports, 2016, 3(4): 468-477.

De Keijzer C, Tonne C, Sabia S, et al. Green and blue spaces and physical functioning in older adults: Longitudinal analyses of the Whitehall Ⅱ study[J]. Environment international, 2019(122): 346-356.

De Rezende L F M, Rabacow F M, Viscondi J Y K, et al. Effect of physical inactivity on major non-communicable diseases and life expectancy in Brazil[J]. Journal of physical activity and health, 2015, 12(3): 299-306.

De Vries J D, van Hooff M L M, Geurts S A E, et al. Exercise to reduce work-related fatigue among employees: A randomized controlled trial [J]. Scandinavian journal of work, environment & health, 2017,43(4): 337-349.

De Vries S, ten Have M, van Dorsselaer S, et al. Local availability of green and blue space and prevalence of commonmental disorders in the Netherlands[J]. BJPsych Open, 2016, 2(6): 366-372.

Degenhardt B, Frick J, Buchecker M, et al. Influences of personal, social, and environmental factors on workday use frequency of the nearby outdoor recreation areas by working people[J]. Leisure sciences, 2011, 33 (5): 420-440.

Di Russo F, Bultrini A, Brunelli S, et al. Benefits of sports participation for executive function in disabled athletes[J]. Journal of neurotrauma, 2010, 27 (12): 2309-2319.

Ding D, Lawson K D, Kolbe-Alexander T L, et al. The economic burden of physical inactivity: A global analysis of major non-communicable diseases[J]. The lancet,2016, 388(10051): 1311-1324.

Donnelly J E, Hillman C H, Castelli D, et al. Physical activity, fitness, cognitive function, and academic achievement in children: A systematic review[J]. Medicine & science in sports & exercise, 2016, 48 (6): 1197-1222.

Doris S F, Lee D T F, Woo J, et al. Non-pharmacological interventions in older people with heart failure: Effects of exercise training and relaxation therapy[J]. Gerontology, 2007, 53(2): 74-81.

Doyle S, Dodge M, Smith A. The potential of web-based mapping and virtual reality technologies for modelling urban environments[J]. Computers, environment and urban systems, 1998, 22(2): 137-155.

Dravigne A K, Waliczek T M, Lineberger R D, et al. The effect of live plants and window views of green spaces on employee perceptions of job satisfaction[J]. Hortscience, 2008, 43(1): 183-187.

Dreison K C, Luther L, Bonfils K A, et al. Job burnout in mental health providers: A meta-analysis of 35 years of intervention research[J]. Journal of occupational health psychology, 2018, 23(1): 18.

Dreyer L, Dreyer S, Rankin D. Effects of a 10-week high-intensity exercise intervention on college staff with psychological burnout and multiple risk factors[J]. ICHPER-SD journal of research, 2012, 7 (1): 27-33.

Drollette E S, Scudder M R, Raine L B, et al. The sexual dimorphic association of cardiorespiratory fitness to working memory in children[J]. Developmental science, 2016, 19(1): 90-108.

Duncan M, Clarke N, Birch S, et al. The effect of green exercise on blood pressure, heart rate and mood state in primary school children[J]. International journal of environmental research and public health, 2014, 11 (4): 3678-3688.

Duncan S, Stewart T I, Oliver M, et al. Portable global positioning system receivers: Static validity and environmental conditions[J]. American journal of preventive medicine, 2013, 44(2): e19-e29.

Duncan-Johnson C C. Young psychophysiologist award address, 1980: P300 latency: A new metric of information processing [J]. Psychophysiology, 1981, 18(3): 207-215.

Dutke S, Jaitner T, Berse T, et al. Acute physical exercise affected processing efficiency in an auditory attention task more than processing effectiveness[J]. Journal of sport and exercise psychology, 2014, 36(1): 69-79.

Du-Plessis K, Cronin D, Corney T, et al. Australian blue-collar men's health and well-being: Contextual issues for workplace health promotion interventions[J]. Health promotion practice, 2013, 14(5):715-720.

Dzhambov A M, Dimitrova D D. Green spaces and environmental noise perception[J]. Urban forestry & urban greening, 2015, 14(4): 1000-1008.

D'Alessandro D, Buffoli M, Capasso L, et al. Green areas and public health: Improving wellbeing and physical activity in the urban context[J]. Epidemiolohy preventive, 2015, 39(4): 8-13.

Eda N, Ito H, Shimizu K, et al. Yoga stretching for improving salivary immune function and mental stress in middle-aged and older adults[J]. Journal of women & aging, 2017:1-15.

Eid A A, Ionescu A A, Nixon L S,et al. Inflammatory response and body composition in chronic obstructive pulmonary disease[J]. American journal of respiratory and critical care medicine,2001, 8(1):1414-1418.

Ekkel E D, de Vries S. Nearby green space and human health: Evaluating accessibility metrics[J]. Landscape and urban planning, 2017 (157): 214-220.

Eliassen A H, Hankinson S E, Rosner B,et al. Physical activity and risk of breast cancer among postmenopausal women[J]. JAMA internal medicine, 2010,170(19): 1758-1764.

Elsbach K D, Hargadon A B. Enhancing creativity through "mindless" work: A framework of workday design[J]. Organization science, 2006, 17(4): 470-483.

Emtner M, Herala M, Stalenheim G. High-intensity physical training in adults with asthma: A 10-week rehabilitation program[J]. Chest,1996, 109(2): 323-330.

Engel L, Chudyk A M, Ashe M C, et al. Older adults' quality of life-exploring the role of the built environment and social cohesion in community-dwelling seniors on low income[J]. Social science & medicine 2016 (164): 1-11.

Engemann K, Pedersen C B, Arge L, et al. Residential green space in childhood is associated with lower risk of psychiatric disorders from adolescence into adulthood[J]. Proceedings of the national academy of sciences, 2019, 116(11): 5188-5193.

Erickson K I, Hillman C H, Kramer A F. Physical activity, brain, and cognition[J]. Current opinion in behavioral sciences, 2015(4): 27-32.

Esteban-Cornejo I, Tejero-Gonzalez C M, Sallis J F, et al. Physical activity and cognition in adolescents: A systematic review[J]. Journal of science and medicine in sport, 2015, 18(5): 534-539.

Etman A, Kamphuis C B M, Pierik F H, et al. Residential area characteristics and disabilities among Dutch community-dwelling older persons[J]. Built environment, physical activity, and frailty among older persons, 2016, 15(1): 85-93.

Etman A, Kamphuis C, Prins R, et al. Characteristics of residential areas and transport-related walking among frail and non-frail Dutch older persons: Does the size of the area matter? [J]. Built environment, physical activity, and frailty among older persons, 2014(13): 69-79.

Evenson K R, Birnbaum A S, Bedimo-Rung A L, et al. Girls' perception of physical environmental factors and transportation: Reliability and association with physical activity and active transport to school[J]. International journal of behavioral nutrition and physical activity, 2006, 3 (1): 1-16.

Ewing R, Schmid T, Killingsworth R, et al. Relationship between urban sprawl and physical activity, obesity, and morbidity[J]. American journal of health promotion, 2003, 18(1): 47-57.

Ewing R. Can the physical environment determine physical activity levels? [J]. Exercise and sport sciences reviews, 2005, 33(2): 69-75.

Faber T. A, Kuo F E. Children with attention deficits concentrate better after walk in the park[J]. Journal of attention disorders, 2009, 12 (5): 402-409.

Farias N A, Peeters G, Brown W. ActiGraph GT3X + threshold for classifying sitting/lying activity in older adults in free-living environments[J]. Journal of science & medicine in sport, 2012, 15(15):S241-S241.

Finkelstein E A, Fiebelkorn I C, Wang G. State-level estimates of annual medical expenditures attributable to obesity [J]. Obesity, 2004, 12 (1):18-24.

Firth J, Torous J, Nicholas J, et al. The efficacy of smartphone-based mental health interventions for depressive symptoms: A meta-analysis of randomized controlled trials[J]. World psychiatry, 2017, 16(3): 287-298.

Fisher A, Boyle J, Paton J, et al. Effects of a physical education intervention on cognitive function in young children: Randomized controlled pilot study[J]. BMC pediatrics, 2011, 11(1):97.

Fitzgibbon B M, Fairhall S L, Kirk I J, et al. Functional MRI in NPSLE patients reveals increased parietal and frontal brain activation during a working memory task compared with controls[J]. Rheumatology, 2008, 47(1): 50-53.

Foley R, Kistemann T. Blue space geographies: Enabling health in place[J]. Health & place, 2015(35): 157-165.

Fonseca, Regina V, Nobre, et al. The association between physical activity, productivity, and health care utilization among employees in Brazil [J]. Journal of occupational & environmental medicine, 2010, 52(7): 706-712.

Francis J, Wood L J, Knuiman M, et al. Quality or quantity? Exploring the relationship between public open space attributes and mental health in Perth, Western Australia[J]. Social science & medicine, 2012, 74 (10): 1570-1577.

Fraser M, Munoz S A, Macrury S. What motivates participants to adhere to green exercise? [J]. International journal of environmental research and public health, 2019, 16(10):1832.

French S A, Story M, Neumark-Sztainer D, et al. Fast food restaurant use among adolescents: Associations with nutrient intake, food choices and behavioral and psychosocial variables[J]. International journal of obesity, 2001, 25(12): 1823-1833.

Frew D R, Bruning N S. Improved productivity and job satisfaction through employee[J]. Hospital materiel management quarterly, 1988, 9 (4): 62.

Frith E, Ryu S, Kang M, et al. Systematic review of the proposed associations between physical exercise and creative thinking[J]. Europe's journal of psychology, 2019, 15(4): 858-877.

Gao L, Zhang L, Qi H, et al. Middle-aged female depression in perimenopausal period and square dance intervention [J]. Psychiatria danubina, 2016, 28(4):372-378.

Gao Song, Wang Ziwen, Huang Bo. Analysis of factors affecting keep-fit exercise of the aged [J]. Journal of huanggang normal university (In Chinese),2004,24(6):77-80.

Garrett S, Elley C R, Rose S B, et al. Are physical activity interventions in primary care and the community cost-effective? A systematic review of the evidence[J]. British journal of general practice,the journal of the royal college of general practitioners, 2011, 61(584):125-133.

Gascon M, Gonzalo Sánchez-Benavides, Dadvand P, et al. Long-term exposure to residential green and blue spaces and anxiety and depression in adults: A cross-sectional study[J]. Environmental research, 2018, 162(4): 231-239.

Gascon M, Triguero-Mas M, Martínez D, et al. Mental health benefits of long-term exposure to residential green and blue spaces: A systematic review [J]. International journal of environmental research and public health，2015，12(4)：4354-4379.

Gebel K，King L，Bauman A，et al. Creating healthy environments：A review of links between the physical environment，physical activity and obesity [R]. Sydney：NSW Health Department and NSW Centre for Overweight and Obesity，2005：5-37.

Gebel K，King L，Bauman A，et al. Creating healthy environments—a review of links between the physical enviornment，physical activity and obesity[M]. NSW Centre for Overweight and Obesity，NSW Centre for Physical Activity and Health，NSW Centre for Public Health Nutrition，2005.

George U，Thomson M，Chaze F，et al. Immigrant mental health，a public health issue：Looking back and moving forward[J]. International journal of environmental research and public health，2015，12（10）：13624-13648.

Georgiades A，Sherwood A，Gullette E C，et al. Effects of exercise and weight loss on mental stress-induced cardiovascular responses in individuals with high blood pressure [J]. Hypertension，2000，36（2）：171-176.

Georgiou D，Chen Y，Appadoo S，et al. Cost-effectiveness analysis of long-term moderate exercise training in chronic heart failure [J]. The American journal of cardiology，2001，87(8)：984-988.

Gheysen F，Poppe L，De Smet A，et al. Physical activity to improve cognition in older adults：Can physical activity programs enriched with cognitive challenges enhance the effects? A systematic review and meta-analysis [J]. International journal of behavioral nutrition and physical activity，2018，15(1)：63.

Gidlow C J，Jones M V，Hurst G，et al. Where to put your best foot forward：Psycho-physiological responses to walking in natural and urban environments[J]. Journal of environmental psychology, 2016(45): 22-29.

Giedd J N, Blumenthal J, Jeffries N O, et al. Brain development during childhood and adolescence: A longitudinal MRI study[J]. Nature neuroscience, 1999, 2(10): 861-863.

Gilbert N. A natural high: Exposure to nature makes people happy and could cut mental-health inequalities between the rich and poor. [J]. Nature, 2016(531): S56-S57.

Gilchrist K, Brown C, Montarzino A, et al. Workplace settings and wellbeing: Greenspace use and views contribute to employee wellbeing at peri-urban business sites[J]. Landscape and urban planning, 2015(138): 32-40.

Giles-Corti B, Donovan R J. The relative influence of individual, social and physical environment determinants of physical activity [J]. Social science & medicine, 2002, 54(12): 1793-1812.

Giles-Corti, Vernez-Moudon, Turrell, et al. City planning and population health: A global challenge[J]. Lancet, 2016, 388 (10062): 10-16.

Gladwell V F, Brown D K, Barton J L, et al. The effects of views of nature on autonomic control[J]. European journal of applied physiology, 2012, 112(9): 3379-3386.

Godhwani S, Jivraj S, Marshall A, et al. Comparing subjective and objective neighbourhood deprivation and their association with health over time among older adults in England[J]. Health & place, 2019(55): 51-58.

Goldfield G S, Kenny G P, Alberga A S, et al. Effects of aerobic or resistance training or both on health-related quality of life in youth with obesity: The hearty trial [J]. Applied physiology, nutrition, and metabolism, 2017, 42(4): 361-370.

Goldfield G S, Kenny G P, Alberga A S, et al. Effects of aerobic training, resistance training, or both on psychological health in adolescents with obesity: The HEARTY randomized controlled trial[J]. Journal of consulting and clinical psychology, 2015, 83(6): 1123.

Gomez J E, Johnson B A, Selva M, et al. Violent crime and outdoor physical activity among inner-city youth[J]. Preventive medicine, 2004, 39 (5):876-881.

Gong Y, Palmer S, Gallacher J, et al. A systematic review of the relationship between objective measurements of the urban environment and psychological distress[J]. Environment international, 2016(96): 48-57.

Goodwin R D, Robinson M, Sly P D, et al. Childhood atopy and mental health: A prospective, longitudinal investigation[J]. Psychological medicine, 2017, 47(2): 317-325.

Grahn P, Stigsdotter U A. Landscape planning and stress[J]. Urban forestry & urban greening, 2004, 2(1):1.

Grahn P, Stigsdotter U K. The relation between perceived sensory dimensions of urban green space and stress restoration[J]. Landscape and urban planning, 2010, 94(3): 264-275.

Gram B, Holtermann A, Bültmann U, et al. Does an exercise intervention improving aerobic capacity among construction workers also improve musculoskeletal pain, work ability, productivity, perceived physical exertion, and sick leave? A randomized controlled trial[J]. Journal of occupational and environmental medicine, 2012, 54(12): 1520-1526.

Gray T. Retrofitting biophilic design elements into office site sheds: Does "going green" enhance the well-being and productivity of workers? [M]//Amjad A. Landscape Architecture. Rijeka: Intech Open, 2018: 105-126.

Grazuleviciene R, Dedele A, Danileviciute A, et al. The influence of proximity to city parks on blood pressure in early pregnancy [J]. International journal of environmental research and public health, 2014, 11

(3): 2958-2972.

Grunewald K, Xie G, Wüstemann H. The multiple benefits of urban green—ecosystem services assessment[M]//Towards Green Cities: Urban Biodiversity and Ecosystem Services in China and Germany. Cham: Springer International Publishing, 2018: 43-104.

Guo J Y, Gandavarapu S, Lee S M, et al. An economic evaluation of health-promotive built environment changes [J]. Preventive medivine, 2010, 50(1):44-49.

Gurven M, Fuerstenberg E, Trumble B, et al. Cognitive performance across the life course of Bolivian forager-farmers with limited schooling[J]. Developmental psychology, 2017, 53(1): 160.

Hakanen J J, Schaufeli W B. Do burnout and work engagement predict depressive symptoms and life satisfaction? A three-wave seven-year prospective study [J]. Journal of affective disorders, 2012, 141 (2): 415-424.

Hamer M, Lavoie K L, Bacon S L. Taking up physical activity in later life and healthy ageing: The English longitudinal study of ageing [J]. British journal of sports medicine, 2014, 48(3): 239-243.

Han K T. Influence of limitedly visible leafy indoor plants on the psychology, behavior, and health of students at a junior high school in Taiwan[J]. Environment and behavior, 2009, 41(5): 658-692.

Han K T. Responses to six major terrestrial biomes in terms of scenic beauty, preference, and restorativeness[J]. Environment and behavior, 2007, 39(4): 529-556.

Han K T. The effect of nature and physical activity on emotions and attention while engaging in green exercise[J]. Urban forestry & urban greening, 2017(24): 5-13.

Harrison C L, Lombard C B, Moran L J, et al. Exercise therapy in polycystic ovary syndrome: A systematic review[J]. Human reproduction update, 2011,17(2):171-183.

Hartig T, Evans G W, Jamner L D, et al. Tracking restoration in natural and urban field settings[J]. Journal of environmental psychology, 2003, 23(2): 109-123.

Hatziandreu E I, Koplan J P, Weinstein M C, et al. A cost-effectiveness analysis of exercise as a health promotion activity [J]. American journal of public health, 1988, 78(11): 1417-1421.

Haubenhofer D, Mag D,Elings M, et al. The development of green care in western european countries[J]. Explore, 2010, 6(2):106-111.

Haynes B P. An evaluation of office productivity measurement[J]. Journal of corporate real estate, 2007(9):144-155.

Haynes B P. Office productivity: A theoretical framework[J]. Journal of corporate real estate, 2007(9): 97-109.

Heck T G. Pharmacology and exercise: An essential discipline and research area in health courses[J]. Journal of novel physiotherapies, 2013, 3 (5): 1-2.

Helbich M, Yao Y, Liu Y, et al. Using deep learning to examine street view green and blue spaces and their associations with geriatric depression in Beijing, China[J]. Environment international, 2019(126): 107-117.

Higgins T J, Middleton K R, Winner L, et al. Physical activity interventions differentially affect exercise task and barrier self-efficacy: A meta-analysis. [J]. Health psychology official journal of the division of health psychology american psychological association, 2014, 33 (8): 891-903.

Hillman C H, Erickson K I, Kramer A F. Be smart, exercise your heart: Exercise effects on brain and cognition [J]. Nature reviews neuroscience，2008，9(1)：58-65.

Hillman C H，Kamijo K，Scudder M. A review of chronic and acute physical activity participation on neuroelectric measures of brain health and cognition during childhood[J]. Preventive medicine, 2011, 52(supp-S):21-28.

Hillman C H，Pontifex M B，Castelli D M，et al. Effects of the FIT Kids randomized controlled trial on executive control and brain function[J]. Pediatrics，2014，134(4):e1063-1071.

Hin L L. Built environment and children's academic performance-A Hong Kong perspective[J]. Habitat international，2009，33(1)：45-51.

Hlubocky F J，Back A L，Shanafelt T D. Addressing burnout in oncology：Why cancer care clinicians are at risk，what individuals can do，and how organizations can respond [J]. American society of clinical oncology educational book，2016(36)：271-279.

Ho C W H，Chan S C，Wong J S，et al. Effect of aerobic exercise training on Chinese population with mild to moderate depression in Hong Kong[J]. Rehabilitation research and practice，2014(2014):8-16.

Hodson C B，Sander H A. Green urban landscapes and school-level academic performance[J]. Landscape and urban planning，2017(160)：16-27.

Holder M D，Coleman B，Sehn Z L. The contribution of active and passive leisure to children's well-being[J]. Journal of health psychology，2009，14(3)：378-386.

Holt E M，Steffen L M，Moran A，et al. Fruit and vegetable consumption and its relation to markers of inflammation and oxidative stress in adolescents[J]. Journal of the American dietetic association，2009，109(3)：414-421.

Honold J，Lakes T，Beyer R，et al. Restoration in urban spaces：Nature views from home，greenways，and public parks[J]. Environment and behavior, 2016, 48(6): 796-825.

Huddleston J, Alaiti A, Goldvasser D, et al. Ambulatory measurement of knee motion and physical activity: Preliminary evaluation of a smart activity monitor[J]. Journal of neuroengineering and rehabilitation, 2006, 3(1): 1-10.

Hui F, Aye L. Occupational stress and workplace design [J]. Buildings, 2018, 8(10):133-143.

Huizink A C, Delforterie M J, Scheinin N M, et al. Adaption of pregnancy anxiety questionnaire-revised for all pregnant women regardless of parity: PRAQ-R2[J]. Archives of women's mental health, 2016, 19(1): 125-132.

Hätinen M. Treating job burnout in employee rehabilitation changes in symptoms, antecedents, and consequences [J]. Jyväskylä studies in education, psychology and social research,2008(348):9-73.

Ichiro Tsuji, Kohko Takahashi, Yoshikazu Nishino, et al. Impact of walking upon medical care expenditure in Japan: the Ohsaki Cohort Study [J]. International journal of epidemiology, 2003, 32(5): 809-814.

Jabecn M. Impact of performance appraisal on employees motivation[J]. European journal of business and management,2011,3(4): 197-204.

James P, Weissman J, Wolf J, et al. Comparing GPS, log, survey, and accelerometry to measure physical activity[J]. American journal of health behavior, 2016, 40(1):123-131.

James W, Burkhardt F, Bowers F, et al. The principles of psychology[M]. London: Macmillan, 1890.

Janssen I. Health care costs of physical inactivity in Canadian adults[J]. Applied physiology, nutrition, and metabolism, 2012, 37(4): 803-806.

Jasmin G A, Noorizan M, Suhardi M, et al. The use of plants to improve indoor air quality in small office space[J]. Pertanika journal of social science & humanities，2012，20(2)：493-503.

Jaul E，Barron J. Age-related diseases and clinical and public health implications for the 85 years old and over population[J]. Frontiers in public health，2017(5)：335.

Jennings V，Bamkole O. The relationship between social cohesion and urban green space：An avenue for health promotion [J]. International journal of environmental research and public health，2019，16(3)：452-466.

Johnson W，Mcgue M，Iacono W G. Genetic and environmental influences on academic achievement trajectories during adolescence. [J]. Developmental psychology，2006，42(3)：514-532.

Joseph A. Where older people walk：Assessing the relationship between physical environmental factors and walking behavior of older adults[D]. Georgia Institute of Technology，2006：57-128.

Jung W H，Woo J，Ryu J S，et al. Effect of a forest therapy program and the forest environment on female workers' stress[J]. Urban forestry & urban greening，2015，14(2)：274-281.

Junjian Gaoshan. The association between work productivity and physical activity among Singapore full time employees[D]. Duke Global Health Institute in the Graduate School of Duke University，2014：1-28.

Kamijo K，Nishihira Y，Hatta A，et al. Differential influences of exercise intensity on information processing in the central nervous system[J]. European journal of applied physiology，2004，92(3)：305-311.

Kamijo K，Nishihira Y，Higashiura T，et al. The interactive effect of exercise intensity and task difficulty on human cognitive processing[J]. International journal of psychophysiology，2007，65(2)：114-121.

Kamijo K，Pontifex M B，O'Leary K C，et al. The effects of an afterschool physical activity program on working memory in preadolescent children[J]. Developmental science，2011，14(5)：1046-1058.

Kaplan S. The restorative benefits of nature: Toward an integrative framework [J]. Journal of environmental psychology, 1995, 15 (3): 169-182.

Karmanov D, Hamel R. Assessing the restorative potential of contemporary urban environment (s): Beyond the nature versus urban dichotomy[J]. Landscape and urban planning, 2008, 86(2): 115-125.

Kasaba T. Green outdoor places, stress and productivity: An exploratory study at Kista ICT Hub, Stockholm, Sweden [D]. Swedish University of Agricultural Sciences,2019: 5-34.

Katzmarzyk P T, Gledhill N, Shephard R J. The economic burden of physical inactivity in Canada[J]. Cmaj, 2000, 163(11): 1435-1440.

Katzmarzyk P T, Janssen I. The economic costs associated with physical inactivity and obesity in Canada: An update[J]. Canadian journal of applied physiology, 2004, 29(1): 90-115.

Kelley G A, Kelley K S. Costs of physical inactivity in West Virginia[J]. West Virginia medical journal, 2009, 105(3): 23-26.

Kemppilä, Lönnqvist. Subjective productivity measurement [J]. Journal of American academy of business,2003, 2(2):531-537.

Khan N A, Hillman C H. The relation of childhood physical activity and aerobic fitness to brain function and cognition: A review[J]. Pediatric exercise science, 2014, 26(2): 138-146.

Khan N A, Raine L B, Drollette E S, et al. Dietary fiber is positively associated with cognitive control among prepubertal children [J]. The journal of nutrition, 2014, 145(1): 143-149.

Khodaveisi M, Jafari A, Omidi A, et al. Correlation between physical activity and "pender's health promotion model" factors in employee of health insurance and insurance [J]. Atyeh sazan hafez in the hamadan province, 2017, 6(4):1-7.

Khoury B, Sharma M, Rush S E, et al. Mindfulness-based stress reduction for healthy individuals: A meta-analysis [J]. Journal of psychosomatic research, 2015, 78(6): 519-528.

Kimura K, Obuchi S, Arai T, et al. The influence of short-term strength training on health-related quality of life and executive cognitive function[J]. Journal of physiological anthropology, 2010, 29(3):95-101.

King A C, Sallis J F, Frank L D, et al. Aging in neighborhoods differing in walkability and income: Associations with physical activity and obesity in older adults[J]. Social science & medicine, 2011, 73 (10): 1525-1533.

Klainin-Yobas P, Oo W N, Suzanne Yew P Y, et al. Effects of relaxation interventions on depression and anxiety among older adults: A systematic review[J]. Aging & mental health, 2015, 19(12): 1043-1055.

Kogan L, Hellyer P, Duncan C, et al. A pilot investigation of the physical and psychological benefits of playing Pokémon GO for dog owners[J]. Computers in human behavior, 2017(76): 431-437.

Kondo M C, Jacoby S F, South E C. Does spending time outdoors reduce stress? A review of real-time stress response to outdoor environments[J]. Health & place, 2018(51): 136-150.

Koohsari M J, Sugiyama T, Lamb K E, et al. Street connectivity and walking for transport: Role of neighborhood destinations[J]. Preventive medicine, 2014(66): 118-122.

Koohsari M J, Sugiyama T, Lamb K E, et al. Street connectivity and walking for transport: Role of neighborhood destinations[J]. Preventive medicine, 2014(66): 118-122.

Korpela K M, Ylén M, Tyrväinen L, et al. Favorite green, waterside and urban environments, restorative experiences and perceived health in Finland[J]. Health promotion international, 2010, 25(2): 200-209.

Korpela K，De Bloom J，Sianoja M，et al. Nature at home and at work：Naturally good? Links between window views，indoor plants，outdoor activities and employee well-being over one year[J]. Landscape and urban planning，2017(160)：38-47.

Korpela K，Kinnunen U. How is leisure time interacting with nature related to the need for recovery from work demands? Testing multiple mediators[J]. Leisure sciences，2010，33(1)：1-14.

Krafft C E，Pierce J E，Schwarz N F，et al. An eight month randomized controlled exercise intervention alters resting state synchrony in overweight children[J]. Neuroscience，2014a(256)：445-455.

Krafft C E，Schaeffer D J，Schwarz N F，et al. Improved frontoparietal white matter integrity in overweight children is associated with attendance at an after-school exercise program[J]. Developmental neuroscience，2014b，36(1)：1-9.

Krafft C E，Schwarz N F，Chi L，et al. An 8-month randomized controlled exercise trial alters brain activation during cognitive tasks in overweight children[J]. Obesity，2014c，22(1)：232-242.

Kramer A F，Hahn S，Cohen N J，et al. Ageing，fitness and neurocognitive function[J]. Nature，1999，400(6743)：418-419.

Krekel C，Kolbe J，Wüstemann H. The greener, the happier? The effect of urban land use on residential well-being[J]. Ecological economics，2016(121)：117-127.

Ku P W，Steptoe A，Liao Y，et al. Prospective relationship between objectively measured light physical activity and depressive symptoms in later life[J]. International journal of geriatric psychiatry，2018，33(1)：58-65.

Kulinna P H，Stylianou M，Dyson B，et al. The effect of an authentic acute physical education session of dance on elementary students' selective attention[J/OL]. BioMed research international，2018.

Kwallek N，Soon K，Lewis C M. Work week productivity，visual complexity，and individual environmental sensitivity in three offices of different color interiors[J]. Color research & application，2007，32(2)：130-143.

Kwok J J Y Y，Kwan J C Y，Auyeung M，et al. The effects of yoga versus stretching and resistance training exercises on psychological distress for people with mild-to-moderate Parkinson's disease：Study protocol for a randomized controlled trial[J]. Trials，2017，18(1)：509.

Kyu H H，Bachman V F，Alexander L T，et al. Physical activity and risk of breast cancer，colon cancer，diabetes，ischemic heart disease，and ischemic stroke events：Systematic review and dose-response meta-analysis for the Global Burden of Disease Study 2013[J]. BMJ，2016(354)：i3857.

Lam L C W，Chau R C M，Wong B M L，et al. A 1-year randomized controlled trial comparing mind body exercise (Tai Chi) with stretching and toning exercise on cognitive function in older Chinese adults at risk of cognitive decline[J]. Journal of the American medical directors association，2012，13(6)：515-568.

Lam L C W，Chau R C M，Wong B M L，et al. Interim follow-up of a randomized controlled trial comparing Chinese style mind body (Tai Chi) and stretching exercises on cognitive function in subjects at risk of progressive cognitive decline [J]. International journal of geriatric psychiatry，2011，26(7)：733-740.

Lambourne K，Audiffren M，Tomporowski P D. Effects of acute exercise on sensory and executive processing tasks[J]. Medicine & science in sports & exercise，2010，42(7)：1396-1402.

Lankia T，Siponena T，Ojala A，et al. Acute effects of visits to urban green environments on cardiovascular phasiology in women：A fifield experient[J]. Environmental research，2017，159：176-185.

Laske C, Banschbach S, Stransky E, et al. Exercise-induced normalization of decreased BDNF serum concentration in elderly women with remitted major depression [J]. The international journal of neuropsychopharmacology, 2010,13(5):599-602.

Latham K, Clarke P J. Neighborhood disorder, perceived social cohesion, and social participation among older Americans: Findings from the national health & aging trends study[J]. Journal of Aging and Health, 2018, 30(1): 3-26.

Laumann K, Gärling T, Stormark K M. Selective attention and heart rate responses to natural and urban environments [J]. Journal of environmental psychology, 2003, 23(2): 125-134.

Lea J. Retreating to nature: Rethinking "therapeutic landscapes"[J]. Area, 2008, 40(1): 90-98.

Lee A C K, Maheswaran R. The health benefits of urban green spaces: A review of the evidence[J]. Journal of public health, 2011, 33 (2): 212-222.

Lee H L D, Mehta T, Ray B, et al. A non-randomised controlled trial of the clinical and cost effectiveness of a supervised exercise programme for claudication[J]. European journal of vascular and endovascular surgery, 2007, 33(2): 202-207.

Lee R T, Ashforth B E. A meta-analytic examination of the correlates of the three dimensions of job burnout[J]. Journal of applied psychology, 1996, 81(2):123-133.

Lee Y. The predictive value of self assessed general, physical, and mental health on functional decline and mortality in older adults[J]. Journal of Epidemiology & Community Health, 2000, 54(2): 123-129.

Leigh J P, Fries J F. Health habits, health care use and costs in a sample of retirees[J]. Inquiry, 1992,29(1): 44-54.

Leiter M P, Maslach C. Areas of worklife: A structured approach to organizational predictors of job burnout[J]. Research in occupational stress & well being, 2003, 3(3):91-134.

Li D, Sullivan W C. Impact of views to school landscapes on recovery from stress and mental fatigue[J]. Landscape and urban planning, 2016 (148): 149-158.

Lidegaard M, Søgaard K, Krustrup P, et al. Effects of 12 months aerobic exercise intervention on work ability, need for recovery, productivity and rating of exertion among cleaners: A worksite RCT[J]. International archives of occupational and environmental health, 2018, 91 (2): 225-235.

Lincoln A K, Shepherd A, Johnson P L, et al. The impact of resistance exercise training on the mental health of older Puerto Rican adults with type 2 diabetes [J]. Journals of gerontology series B: psychological sciences and social sciences, 2011, 66(5): 567-570.

Lindquist C H, Gower B A, Goran M I. Role of dietary factors in ethnic differences in early risk of cardiovascular disease and type 2 diabetes [J]. The American journal of clinical nutrition, 2000, 71(3): 725-732.

Lindwall M, Gerber M, Jonsdottir I H, et al. The relationships of change in physical activity with change in depression, anxiety, and burnout: A longitudinal study of Swedish healthcare workers[J]. Health psychology, 2014, 33(11):1309-1318.

Liu X D, Jin H Z, Ng H P, et al. Therapeutic effects of qigong in patients with COPD: A randomized controlled trial[J]. Hong Kong journal of occupational therapy, 2012, 22(1):38-46.

Llewellyn D, Dixon M A. Can plants really improve indoor air quality? [J]. Comprehensive biotechnology, 2011, 4(2):331-338.

Lottrup L, Grahn P, Stigsdotter U K. Workplace greenery and

perceived level of stress: Benefits of access to a green outdoor environment at the workplace[J]. Landscape & urban planning, 2013(110):5-11.

Low D, Gramlich M, Engram B W. Self-paced exercise program for office workers: Impact on productivity and health outcomes[J]. Aaohn journal official journal of the American association of occupational health nurses, 2007, 55(3):99-105.

Lubans D, Richards J, Hillman C, et al. Physical activity for cognitive and mental health in youth: A systematic review of mechanisms [J]. Pediatrics, 2016, 138(3): e20161642.

Lübs L, Peplies J, et al. Cross-sectional and longitudinal factors influencing physical activity of 65 to 75-year-olds: A pan European cohort study based on the survey of health, ageing and retirement in Europe (SHARE)[J]. BMC Geriatrics, 2018, 18(1):94-105.

Maas J, Verheij R A, Groenewegen P P, et al. Greenspace, urbanity, and health: How strong is the relation? [J]. Epidemiology community health, 2006(60): 587-592.

Mackay G J, Neill J T. The effect of "green exercise" on state anxiety and the role of exercise duration, intensity, and greenness: A quasi-experimental study[J]. Psychology of sport and exercise, 2010, 11(3): 238-245.

MacLeod S F, Terada T, Chahal B S, et al. Exercise lowers postprandial glucose but not fasting glucose in type 2 diabetes: A meta-analysis of studies using continuous glucose monitoring [J]. Diabetes/ metabolism research and reviews, 2013, 29(8): 593-603.

MacLusky N J, Cook S, Scrocchi L, et al. Neuroendocrine function and response to stress in mice with complete disruption of glucagon-like peptide-1 receptor signaling[J]. Endocrinology, 2000, 141(2): 752-762.

Madsen T, Schipperijn J J, Troelsen J, et al. Associations between neighbourhood walkability and cycling in Denmark[J]. Cyclincal research international, 2013(3): 154-170.

Mailey E L, Mcauley E. Physical activity intervention effects on perceived stress in working mothers: The role of self-efficacy[J]. Women health, 2014, 54(6):552-568.

Makhmalbaf A, Do E Y. Physical environment and creativity: Comparing children's drawing behavior at home and at the bookstore[J]. International association of societies of design research, 2007: 1-22.

Maria M, Ayad H, Raslan R, et al. Designing non-depressive urban built environment: Case study of damietta city, Egypt[C]//REAL CORP 2019-is this the real world? Perfect smart cities vs. real emotional cities. proceedings of 24th international conference on urban planning, regional development and information society. CORP-compentence center of urban and regional planning, 2019: 227-236.

Maritsch M, Bérubé C, Kraus M, et al. Improving heart rate variability measurements from consumer smartwatches with machine learning[C]//Adjunct proceedings of the 2019 ACM international joint conference on pervasive and ubiquitous computing and proceedings of the 2019 ACM international symposium on wearable computers, 2019: 934-938.

Marketon J I W, Glaser R. Stress hormones and immune function[J]. Cellular immunology, 2008, 252(1-2): 16-26.

Markevych I, Feng X, Astell-Burt T, et al. Residential and school greenspace and academic performance: Evidence from the GINIplus and LISA longitudinal studies of German adolescents [J]. Environmental pollution, 2019(245): 71-76.

Markevych I, Schoierer J, Hartig T, et al. Exploring pathways linking greenspace to health: Theoretical and methodological guidance [J].

Environmental research, 2017(158):301-317.

Martin B, Beeler I, Szucs T, et al. Economic benefits of the health-enhancing effects of physical activity: First estimates for Switzerland[J]. Schweizerische Zeitschrift für Sportmedizin und Sporttraumatologie, 2001, 49(3): 131-133.

Maslach C, Goldberg J H. Prevention of burnout: New perspectives [J]. Applied & preventive psychology, 1998, 7(1): 63-74.

Mattocks C, Ness A, Leary S, et al. Use of accelerometers in a large field-based study of children: Protocols, design issues, and effects on precision[J]. Journal of physical activity and health, 2008, 5 (Suppl1): S98-S111.

Mayer F S, Frantz C M P, Bruehlman-Senecal E, et al. Why is nature beneficial? The role of connectedness to nature [J]. Environment and behavior, 2009, 41(5): 607-643.

McCormack G R, Giles-Corti B, Timperio A, et al. A cross-sectional study of the individual, social, and built environmental correlates of pedometer-based physical activity among elementary school children [J]. International journal of behavioral nutrition and physical activity, 2011, 8 (1): 1-11.

McCormack G R, Shiell A. In search of causality: A systematic review of the relationship between the built environment and physical activity among adults[J]. International journal of behavioral nutrition and physical activity, 2011, 8(1): 125-136.

McCoy J M, Evans G W. Online: The potential role of the physical environment in fostering creativity[J]. Creativity research journal, 2002,14 (3-4):409-426.

McKinnon R A, Siddiqi S M, Chaloupka F J, et al. Obesity-related policy/environmental interventions: A systematic review of economic analyses[J]. American journal of preventive medicine, 2016, 50 (4): 543-549.

McNaughton S A, Ball K, Mishra G D, et al. Dietary patterns of adolescents and risk of obesity and hypertension [J]. The journal of nutrition, 2008, 138(2): 364-370.

Melamed S, Shirom A, Toker S, et al. Burnout and risk of type 2 diabetes: A prospective study of apparently healthy employed persons. [J]. Psychosomatic medicine, 2006, 68(6): 863-869.

Melissa R, Katherine N, Lorenzo-arribas A, et al. Moving beyond green: Exploring the relationship of environment type and indicators of perceived environmental quality on emotional well-being following group walks [J]. International journal of environmental research and public health, 2015(12):106-130.

Meng Lingdi, Feng Xiao, Liu Kun. Intermediary effect of depression between the housebound and cognition in community elderly[J]. Chinese journal of behavioral medicine and brain science,2017,26(7):647-650.

Mia L, Xi X, Ji L, et al. A clinical randomized controlled trial of music therapy and progressive muscle relaxation training in female breast cancer patients after radical mastectomy: Results on depression, anxiety and length of hospital stay[J]. European journal of oncology nursing, 2015 (19):54-59.

Mikkelsen K, Stojanovska L, Polenakovic M, et al. Exercise and mental health[J]. Maturitas, 2017(106): 48-56.

Miller N G, Pogue D, Gough Q D, et al. Green buildings and productivity[J]. Forthcoming in the journal of sustainable real estate,2009, 1(1):1-31.

Miller Z D, Huang J W, Costigan H, et al. A cross-cultural examination of the noise-sensitivity scale-short form: Measurement invariance testing between the US and Chinese samples[J]. Biomedical and environmental sciences, 2018, 31(11): 851-854.

Mohren D C, Swaen G M, Kant I, et al. Common infections and the role of burnout in a Dutch working population[J]. Journal of psychosomatic research, 2003, 55(3): 201-208.

Mokgothu C J, Gallagher J D. Effects of aerobic fitness on attention, memory and decision-making in children[J]. International journal of body composition research, 2010(8): 37-44.

Monti J M, Hillman C H, Cohen N J. Aerobic fitness enhances relational memory in preadolescent children: The FITKids randomized control trial[J]. Hippocampus, 2012, 22(9): 1876-1882.

Morais L C, Rocha A P R, Turi-Lynch B C, et al. Health indicators and costs among outpatients according to physical activity level and obesity[J]. Diabetes & metabolic syndrome: Clinical research & reviews, 2019, 13(2): 1375-1379.

Morales J, Gomis M, Pellicer-Chenoll M, et al. Relation between physical activity and academic performance in 3rd-year secondary education students[J]. Perceptual and motor skills, 2011, 113(2): 539-546.

Motl R W, Konopack J F, McAuley E, et al. Depressive symptoms among older adults: Long-term reduction after a physical activity intervention[J]. Journal of behavioral medicine, 2005, 28(4): 385.

Mowafia M, Khadrb Z, Bennettc G, et al. Is access to neighborhood green space associated with BMI among Egyptians? A multilevel study of Cairo neighborhoods[J]. Health & place, 2012, 18(2): 385-390.

Mulasso A, Roppolo M, Giannotta F, et al. Associations of frailty and psychosocial factors with autonomy in daily activities: A cross-sectional study in Italian community-dwelling older adults[J]. Clinical interventions in aging, 2016(11): 37.

Mullen K T. Differential distributions of red-green and blue-yellow cone opponency across the visual field[J]. Visual neuroscience, 2002, 19 (1): 109-118.

Munro J, Brazier J, Davey R, et al. Physical activity for the over-65s: Could it be a cost-effective exercise for the NHS? [J]. Journal of public health, 1997, 19(4): 397-402.

Murel M. Green spaces in urban areas and human health: Exploring the connections[D]. Utrecht University, The Netherlands, 2013.

Mynors-Wallis L M, Gath D H, Day A, et al. Randomised controlled trial of problem solving treatment, antidepressant medication, and combined treatment for major depression in primary care[J]. Bmj, 2000, 320(7226): 26-30.

Nagai K, Miyamato T, Okamae A, et al. Physical activity combined with resistance training reduces symptoms of frailty in older adults: A randomized controlled trial[J]. Archives of gerontology and geriatrics, 2018 (76): 41-47.

National Research Council (U. S.). Committee on physical activity, health, transportation, and land use, board N C T, medicine I O. Does the built environment influence physical activity? Examining the evidence[R]. Transportation Research Board Special Report, 2005: 17-29.

Nicholl M J P, Coleman P, Brazier J E. Health and health care costs and benefits of exercise[J]. Pharmacoeconomics, 1994, 5(2):109-122.

Nichols W J. Blue mind: The surprising science that shows how being near, in, on, or under water can make you happier, more connected, and better at what you do[J]. National wetlamds newsletter, 2014, 36(5): 25-27.

Niederer I, Kriemler S, Gut J, et al. Relationship of aerobic fitness and motor skills with memory and attention in preschoolers (B)allabeina: A cross-sectional and longitudinal study [J]. BMC pediatrics, 2011, 11 (1):34.

Nielsen T S, Hansen K B. Do green areas affect health? Results from a Danish survey on the use of green areas and health indicators[J]. Health & place, 2007, 13(4):839-850.

Nieuwenhuis M, Postmes T, Knight C, et al. The relative benefits of green versus lean office space: Three field experiments [J]. Journal of experimental psychology applied, 2014, 20(3):199-215.

Nordh H, Alalouch C, Hartig T. Assessing restorative components of small urban parks using conjoint methodology[J]. Urban forestry & urban greening, 2011, 10(2): 95-103.

Nordh H, Hartig T, Hagerhall C M, et al. Components of small urban parks that predict the possibility for restoration[J]. Urban forestry & urban greening, 2009, 8(4): 225-235.

Norman G J, Nutter S K, Ryan S,et al. Community design and access to recreational facilities as correlates of adolescent physical activity and body-mass index[J].J phys act health,2006,3(Suppl 1):S118-S128.

Norr A M, Albanese B J, Allan N P, et al. Anxiety sensitivity as a mechanism for gender discrepancies in anxiety and mood symptoms [J]. Journal of psychiatric research, 2015(62): 101-107.

Nutsford D, Pearson A L, Kingham S, et al. Residential exposure to visible blue space (but not green space) associated with lower psychological distress in a capital city[J]. Health & place, 2016(39): 70-78.

Nutsford D, Pearson A L, Kingham S. An ecological study investigating the association between access to urban green space and mental health[J]. Public health, 2013, 127(11): 1005-1011.

Nuuttila, Olli-Pekka, Nikander, et al. Effects of HRV-guided vs. predetermined block training on performance, HRV and serum hormones

[J]. International journal of sports medicine，2017，38(12):909-920.

Obrant K J，Bengner U，Johnell O,et al. Increasing age-adjusted risk of fragility fractures: A sign of increasing osteoporosis in successive generations? [J]. Calcified tissue international,1989(44): 157-167.

Ojala A，Korpela K，Tyrväinen L，et al. Restorative effects of urban green environments and the role of urban-nature orientedness and noise sensitivity: A field experiment[J]. Health & place，2019(55): 59-70.

Olafsdottir G，Cloke P，Vögele C. Place, green exercise and stress: An exploration of lived experience and restorative effffects[J]. Health & place，2017，S1353829217301351.

Oliver M，Badland H，Mavoa S，et al. Combining GPS, GIS, and accelerometry: Methodological issues in the assessment of location and intensity of travel behaviors[J]. Journal of physical activity and health，2010，7(1): 102-108.

Olson S M，Odo N U，Duran A M，et al. Burnout and physical activity in Minnesota internal medicine resident physicians[J]. Journal of graduate medical education，2014，6(4): 669-674.

Opdenacker J，Delecluse C，Boen F. The longitudinal effects of a lifestyle physical activity intervention and a structured exercise intervention on physical self-perceptions and self-esteem in older adults[J]. Journal of sport and exercise psychology，2009,31(6):743-760.

Oreskovic N M，Blossom J，Field A E，et al. Combining global positioning system and accelerometer data to determine the locations of physical activity in children[J]. Geos Health,2012,6(2):263-272.

O'Laughlin E M，Brubaker B S. Use of landmarks in cognitive mapping: Gender differences in self report versus performance[J]. Pers individ differ，1998，24(5):595-601.

Pa J，Goodson W，Bloch A，et al. Effect of exercise and cognitive activity on self-reported sleep quality in community-dwelling older adults with cognitive complaints: A randomized controlled trial[J]. Journal of the American geriatrics society, 2014, 62(12): 2319-2326.

Page A S, Cooper A R, Griew P, et al. Children's screen viewing is related to psychological difficulties irrespective of physical activity[J]. Pediatrics, 2010, 126(5): e1-e7.

Papa E V, Dong X, Hassan M. Resistance training for activity limitations in older adults with skeletal muscle function deficits: a systematic review[J]. Clinical interventions in aging, 2017(12): 955-961.

Park S H, Han K S, Kang C B. Effects of exercise programs on depressive symptoms, quality of life, and self-esteem in older people: A systematic review of randomized controlled trials [J]. Applied nursing research, 2014, 27(4): 219-226.

Park S Y, Song J S, Kim H D, et al. Effects of interior plantscapes on indoor environments and stress level of high school students[J]. Journal of the Japanese society for horticultural science, 2008, 77(4): 447-454.

Park S, Song C, Oh Y A, et al. Comparison of physiological and psychological relaxation using measurements of heart rate variability, prefrontal cortex activity, and subjective indexes after completing tasks with and without foliage plants[J]. International journal of environmental research and public health, 2017, 14(9): 1087.

Patel V, Saxena S, Lund C, et al. The Lancet Commission on global mental health and sustainable development [J]. The Lancet, 2018, 392 (10157): 1553-1598.

Pedersen B K, Saltin B. Exercise as medicine-evidence for prescribing exercise as therapy in 26 different chronic diseases[J]. Scandinavian journal of medicine & science in sports, 2015(25): 1-72.

Pedersen B K. Exercise-induced myokines and their role in chronic diseases[J]. Brain, behavior, and immunity, 2011, 25(5): 811-816.

Pedersen I, Dalskau L H, Ihlebæk C, et al. Content and key components of vocational rehabilitation on care farms for unemployed people with mental health problems: A case study report[J]. Work, 2016, 53(1): 21-30.

Pedersen L, Christensen J F, Hojman P. Effects of exercise on tumor physiology and metabolism[J]. Cancer journal,2015,21(2): 111-116.

Peen J, Schoevers R A, Beekman A T, et al. The current status of urban-rural differences in psychiatric disorders [J]. Acta psychiatrica scandinavica, 2010, 121(2): 84-93.

Peeters G G, Gardiner P A, Dobson A J, et al. Associations between physical activity, medical costs and hospitalisations in older Australian women: Results from the Australian longitudinal study on women's health [J]. Journal of science and medicine in sport, 2018, 21(6): 604-608.

Peter W, Michael K, Arne A, et al. Reloading pupils' batteries: Impact of green spaces on cognition and wellbeing[J]. International journal of environmental research and public health, 2018, 15(6):1205.

Peterson U, Demerouti E, Bergstrom G, et al. Burnout and physical and mental health among Swedish healthcare workers [J]. Journal of advanced nursing, 2008, 62(1): 84-95.

Piernas C, Popkin B M. Trends in snacking among US children[J]. Health affairs, 2010, 29(3): 398-404.

Pikora T, Giles-Corti B, Bull F, et al. Developing a framework for assessment of the environmental determinants of walking and cycling[J]. Social science & medicine, 2003, 56(8): 1693-1703.

Plambech T, Van Den Bosch C C K. The impact of nature on creativity—A study among Danish creative professionals[J]. Urban forestry & urban greening, 2015, 14(2): 255-263.

Ploughman M. Exercise is brain food: The effects of physical activity on cognitive function[J]. Developmental neurorehabilitation, 2008, 11(3): 236-240.

Polich J. Updating P300: An integrative theory of P3a and P3b[J]. Clinical neurophysiology, 2007, 118(10): 2128-2148.

Pontifex M B, Scudder M R, Drollette E S, et al. Fit and vigilant: The relationship between poorer aerobic fitness and failures in sustained attention during preadolescence[J]. Neuropsychology, 2012, 26(4): 407.

Popkin B M, Kim S, Rusev E R, et al. Measuring the full economic costs of diet, physical activity and obesity-related chronic diseases [J]. Obessity review, 2006, 7(3): 271-293.

Po-Ju C, So B. Positive emotional effects of leisure in green spaces in alleviating work-family spillover in working mothers [J]. International journal of environmental research and public health, 2017, 14(7):757-767.

Pretty J, Peacock J, Hine R, et al. Green exercise in the UK countryside: Effects on health and psychological well-being, and implications for policy and planning[J]. Journal of environmental planning and management, 2007, 50(2): 211-231.

Pretty J, Peacock J, Sellens M, et al. The mental and physical health outcomes of green exercise [J]. International journal of environmental health research, 2005, 15(5): 319-337.

Pretty J. How nature contributes to mental and physical health[J]. Spirituality and health international, 2004, 5(2): 68-78.

Pretty J. How nature contributes to mental and physical health [J]. Spirituality and health international, 2004, 5(2): 68-78.

Prince S A, Kristjansson E A, Russell K, et al. Relationships between neighborhoods, physical activity, and obesity: A multilevel analysis of a large Canadian city[J]. Obesity, 2012, 20(10): 2093-2100.

Prosser L, Townsend M, Staiger P. Older people's relationships with companion animals: A pilot study[J]. Nursing older people, 2008, 20(3): 36-40.

Puig-Ribera, Anna, Martínez-Lemos, et al. Self-reported sitting time and physical activity: Interactive associations with mental well-being and productivity in office employees[J]. BMC public health, 2015, 15(1):1447-1457.

Raine L B, Lee H K, Saliba B J, et al. The influence of childhood aerobic fitness on learning and memory[J]. PloS one, 2013, 8(9): e72666.

Rainham D G, Bates C J, Blanchard C M, et al. Spatial classification of youth physical activity patterns [J]. American journal of preventive medicine, 2012, 42(5): e87-e96.

Rautio N, Filatova S, Lehtiniemi H, et al. Living environment and its relationship to depressive mood: A systematic review[J]. International journal of social psychiatry, 2018, 64(1): 92-103.

Reed J A, Maslow A L, Long S, et al. Examining the impact of 45 minutes of daily physical education on cognitive ability, fitness performance, and body composition of African American youth[J]. Journal of physical activity and health, 2013, 10(2): 185-197.

Reed K, Wood C, Barton J, et al. A repeated measures experiment of green exercise to improve self-esteem in UK school children[J]. Plos one, 2013, 8(7): 1-6.

Reklaitiene R, Grazuleviciene R, Dedele A, et al. The relationship of green space, depressive symptoms and perceived general health in urban population[J]. Scandinavian journal of public health,2014(42): 669-676.

Reklaitiene R, Grazuleviciene R, Dedele A, et al. The relationship of green space, depressive symptoms and perceived general health in urban population[J]. Scandinavian journal of public health,2014(42): 669-676.

Roberts A C, Christopoulos G I, Car J, et al. Psycho-biological factors associated with underground spaces: What can the new era of cognitive neuroscience offer to their study? [J]. Tunnelling and underground space technology, 2016(55): 118-134.

Robertson M C, Devlin N, Scuffham P, et al. Economic evaluation of a community based exercise programme to prevent falls. [J]. Journal epidemiology and community health, 2001, 55(8):600-606.

Robertson M C, Gardner M M, Devlin N, et al. Effectiveness and economic evaluation of a nurse delivered home exercise programme to prevent falls. 2: Controlled trial in multiple centres. [J]. BMJ, 2001, 322 (7288):701-704.

Rodriguez D A, Brown A L, Troped P J. Portable global positioning units to complement accelerometry-based physical activity monitors[J]. Medicine and science in sports and exercise, 2005, 37(11): S572.

Roe J, Aspinall P. The restorative benefits of walking in urban and rural settings in adults with good and poor mental health[J]. Health & place, 2011, 17(1): 103-113.

Roe J, Barnes L, Napoli N, et al. The restorative health benefits of a tactical urban intervention: An urban waterfront study[J]. Frontiers in built environment, 2019(5): 71.

Rogerson M, Barton J. Effects of the visual exercise environments on cognitive directed attention, energy expenditure and perceived exertion[J]. International journal of environmental research and public health, 2015, 12 (7): 7321-7336.

Rogerson M, Brown D K, Sandercock G, et al. A comparison of four typical green exercise environments and prediction of psychological health outcomes[J]. Perspectives in public health, 2016a, 136(3): 171-180.

Rogerson M, Gladwell V, Gallagher D, et al. Influences of green outdoors versus indoors environmental settings on psychological and social outcomes of controlled exercise[J]. International journal of environmental research and public health, 2016b, 136(4): 363-379.

Roh S Y. Effect of a 16-week Pilates exercise program on the ego resiliency and depression in elderly women [J]. Journal of exercise rehabilitation, 2016, 12(5):494-498.

Rosenberg D E, Bellettiere J, Gardiner P A, et al. Independent associations between sedentary behaviors and mental, cognitive, physical, and functional health among older adults in retirement communities[J]. Journals of gerontology series A: Biomedical sciences and medical sciences, 2015, 71(1): 78-83.

Rosenberger R S, Sneh Y, Phipps T T, et al. A spatial analysis of linkages between health care expenditures, physical inactivity, obesity and recreation supply[J]. J leisure res, 2005, 37(2):216-235.

Rundle A G, Bader M D M, Richards C A, et al. Using google street view to audit neighborhood environments[J]. Am j prev med, 2011, 40(1): 94-100.

Russ S A, Larson K, Franke T M, et al. Associations between media use and health in US children [J]. Academic pediatrics, 2009, 9 (5): 300-306.

Saarloos D, Alfonso H, Giles-Corti B, et al. The built environment and depression in later life: The health in men study[J]. The American journal of geriatric psychiatry, 2011, 19(5): 461-470.

Saelens B E, Sallis J F, Black J B, et al. Neighborhood-based differences in physical activity: An environment scale evaluation [J]. American journal of public health, 2003, 93(9): 1552-1558.

Sallis J F, Bull F, Burdett R, et al. Use of science to guide city planning policy and practice: How to achieve healthy and sustainable future cities[J]. Lancet, 2016, 388(10062):2936-2947.

Sallis J F, Hovell M F, Hofstetter C R, et al. Distance between homes and exercise facilities related to frequency of exercise among San Diego residents[J]. Public health report, 1990, 105(2):179-185.

Sallis J F, Nader P R, Broyles S L, et al. Correlates of physical activity at home in Mexican-American and Anglo-American preschool children[J]. Health psychology, 1993, 12(5): 390.

Sallis R E. Exercise is medicine and physicians need to prescribe it! [J]. British journal of sports medicine, 2009, 43(1): 3-4.

Salman G F, Mosier M C, Beasley B W, et al. Rehabilitation for patients with chronic obstructive pulmonary disease: Meta-analysis of randomized controlled trials[J]. Journal of general internal medicine, 2003 (18): 213-221.

Salvagioni D A J, Melanda F N, Mesas A E, et al. Physical, psychological and occupational consequences of job burnout: A systematic review of prospective studies[J]. Plos one, 2017, 12(10):e0185781.

Schmidt M I, Duncan B B, Azevedoe S G, et al. Chronic non-communicable diseases in Brazil: Burden and current challenges. [J]. Lancet, 2011, 377(9781):1949-1961.

Schnelle J F, Kapur K, Alessi C, et al. Does an exercise and incontinence intervention save healthcare costs in a nursing home population? [J]. Journal of the American geriatrics society, 2003, 51(2): 161-168.

Schwerdtfeger A R, Gerteis A. The manifold effects of positive affect on heart rate variability in everyday life: Distinguishing within-person and between-person associations[J]. Health psychology official journal of the division of health psychology american psychological association, 2014, 33 (9):1065-1073.

Scudder M R, Khan N A, Lambourne K, et al. Cognitive control in preadolescent children with risk factors for metabolic syndrome[J]. Health psychology, 2015, 34(3): 243.

Scudder M R, Lambourne K, Drollette E S, et al. Aerobic capacity and cognitive control in elementary school-age children[J]. Medicine and science in sports and exercise, 2014, 46(5): 1025.

Seliske L, Pickett W, Janssen I. Urban sprawl and its relationship with active transportation, physical activity and obesity in Canadian youth [J]. Health report, 2012, 23(2):1-10.

Sener I N, Lee R J, Elgart Z. Potential health implications and health cost reductions of transit-induced physical activity[J]. Journal of transport & health, 2016, 3(2): 133-140.

Shanahan D F, Bush R, Gaston K J, et al. Health benefits from nature experiences depend on dose[J]. Scientific reports, 2016(6): 28551-28561.

Shareck M, Yan K, Gauvin L. Examining the spatial congruence between data obtained with a novel activity location questionnaire, continuous GPS tracking, and prompted recall surveys[J]. International journal of health geographics, 2013, 12(1):40.

Shatu F, Yigitcanlar T, Bunker J. Objective vs. subjective measures of street environments in pedestrian route choice behaviour: Discrepancy and correlates of non-concordance[J]. Transportation research Part A: Policy and practice, 2019(126): 1-23.

Sheri R. Colberg, Ronald J. Sigal, Jane E. Yardley, et al. Physical Activity/exercise and diabetes: A position statement of the American diabetes association[J]. Diabetes care, 2016, 39(11):2065-2079.

Shibata S, Suzuki N. Effects of an indoor plant on creative task performance and mood[J]. Scandinavian journal of psychology, 2004, 45 (5): 373-381.

Shibata S, Suzuki N. Effects of the foliage plant on task performance and mood[J]. Journal of environmental psychology, 2002(22): 265-272.

Siengthai S, Pila-Ngarm P. The interaction effect of job redesign and job satisfaction on employee performance[J]. Evidence based HRM, 2016, 4(2):162-180.

Singh N A, Fiatarone Singh M A. Exercise and depression in the older adult[J]. Nutrition in clinical care, 2000, 3(4): 197-208.

Sinicina N, Skromulis A, Martinovs A. Impact of microclimate and indoor plants on air ion concentration[J]. Reformation & strategy, 2015, 1 (1):66.

Sisco S, Gross A L, Shih R A, et al. The role of early-life educational quality and literacy in explaining racial disparities in cognition in late life [J]. Journals of gerontology Series B: Psychological sciences and social sciences, 2015, 70(4): 557-567.

Sjøgaard G, Christensen J R, Justesen J B, et al. Exercise is more than medicine: The working age population's well-being and productivity[J]. Journal of sport and health science, 2016, 5(2): 159-165.

Smith A, Tucker M, Pitt M. Healthy, productive workplaces: Towards a case for interior plantscaping[J]. Facilities, 2011, 29(5-6):209-223.

Song C, Ikei H, Igarashi M, et al. Physiological and psychological responses of young males during spring-time walks in urban parks[J]. Journal of physiological anthropology, 2014, 33(1): 8-14.

Song C, Joung D, Ikei H, et al. Physiological and psychological effects of walking on young males in urban parks in winter[J]. Journal of physiological anthropology, 2013, 32(1): 18-22.

Sonnentag S, Venz L, Casper A. Advances in recovery research: What have we learned? What should be done next? [J]. Journal of occupational health psychology, 2017, 22(3):365-380.

Spangmose A L, Malchau S S, Henningsen A A, et al. Academic performance in adolescents aged 15-16 years born after frozen embryo transfer compared with fresh embryo transfer: A nationwide registry-based cohort study [J]. BJOG: An international journal of obstetrics & gynaecology, 2019, 126(2): 261-269.

Spangmose A L, Malchau S S, Schmidt L, et al. Academic performance in adolescents born after ART—A nationwide registry-based cohort study[J]. Human reproduction, 2017, 32(2): 447-456.

Srinivasan S, O'fallon L R, Dearry A. Creating healthy communities, healthy homes, healthy people: Initiating a research agenda on the built environment and public health[J]. American journal of public health, 2003, 93(9): 1446-1450.

Starkweather A R. The effects of exercise on perceived stress and IL-6 levels among older adults[J]. Biological research for nursing, 2007, 8(3): 186-194.

Stathopoulou G, Powers M B, Berry A C, et al. Exercise interventions for mental health: A quantitative and qualitative review [J]. Clinical psychology: Science and practice, 2006, 13(2): 179-193.

Stea T H, Torstveit M K. Association of lifestyle habits and academic achievement in Norwegian adolescents: A cross-sectional study[J]. BMC public health, 2014, 14(1): 829.

Stephenson J, Bauman A, Armstrong T, et al. The costs of illness attributable to physical inactivity in Australia: A preliminary study[R]. Canberra(Australia): The Commonwealth Department of Health and Aged Care, 2000, 75.

Stigsdotter, Ulrika A, Grahn, et al. Experiencing a garden : A healing garden for people suffering from burnout diseases[J]. Journal of therapeutic horticulture, 2003(14): 39-48.

Stokols D. Translating social ecological theory into guidelines for community health promotion[J]. American journal of health promotion, 1996, 10(4): 282-298.

Stone D. Sustainable development: Convergence of public health and natural environment agendas, nationally and locally[J]. Public health, 2006, 12(120): 1110-1113.

Stubbs B, Firth J, Berry A, et al. How much physical activity do people with schizophrenia engage in? A systematic review, comparative meta-analysis and meta-regression[J]. Schizophrenia research, 2016, 176 (2-3): 431-440.

Syväoja H J, Tammelin T H, Ahonen T, et al. The associations of objectively measured physical activity and sedentary time with cognitive functions in school-aged children[J]. Plos one, 2014, 9(7): e103559.

Taylor A F, Kuo F E, Spencer C, et al. Is contact with nature important for healthy child development? State of the evidence[J]. Children and their environments: Learning, using and designing spaces, 2006: 124-140.

Taylor A F, Kuo F E. Could exposure to everyday green spaces help treat ADHD? Evidence from children's play settings [J]. Applied psychology health & well-being, 2011, 3(3):281-303.

Taylor R S, Brown A, Shah Ebrahi, et al. Exercise-based rehabilitation for patients with coronary heart disease: Systematic review and meta-analysis of randomized controlled trials[J]. The American journal of medicine,2004, 116(10):682-692.

Telama R, Yang X, Viikari J, et al. Physical activity from childhood to adulthood: A 21-year tracking study[J]. American journal of preventive medicine, 2005, 28(3): 267-273.

Ten Brummelhuis L L, Bakker A B. Staying engaged during the week:

The effect of off-job activities on next day work engagement. [J]. Journal of occupational health psychology, 2012, 17(4):445-455.

Thompson A, Bruk-Lee V. Naturally! Examining nature's role in workplace strain reduction [J]. Occupational health science, 2019 (3): 23-43.

Thompson C J, Boddy K, Stein K, et al. Does participating in physical activity in outdoor natural environments have a greater effect on physical and mental wellbeing than physical activity indoors? A systematic review [J]. Environmental science & technology, 2011, 45(5): 1761-1772.

Thompson C W, Aspinall P, Roe J, et al. Mitigating stress and supporting health in deprived urban communities: The importance of green space and the social environment[J]. International journal of environmental research and public health, 2016, 13(4): 440-440.

Thompson C W, Roe J, Aspinall P, et al. More green space is linked to less stress in deprived communities: Evidence from salivary cortisol patterns[J]. Landscape and urban planning, 2012, 105(3): 221-229.

Thompson C W, Roe J, Aspinall P, et al. More green space is linked to less stress in deprived communities: Evidence from salivary cortisol patterns[J]. Landscape and urban planning, 2012, 105(3): 221-229.

Thompson E R. Development and validation of an internationally reliable short-form of the positive and negative affect schedule (PANAS)[J]. Journal of cross-cultural psychology, 2007, 38(2):227-242.

Thompson E R. Development and validation of an internationally reliable short-form of the positive and negative affect schedule (PANAS)[J]. Journal of cross-cultural psychology, 2007, 38(2):227-242.

Tine M. Working memory differences between children living in rural and urban poverty[J]. Journal of cognition and development, 2014, 15(4): 599-613.

Torres A, Sarmiento O L, Stauber C, et al. The ciclovia and cicloruta programs: Promising interventions to promote physical activity and social capital in Bogotá, Colombia[J]. American journal of public health, 2013, 103(2): e23-e30.

Townsend M, Weerasuriya R. Beyond blue to green: The benefits of contact with nature for mental health and well-being. Beyond blue limited: Melbourne, Australia[M]. Melbourne: Beyond Blue Limited, 2010.

Trapp G S A, Allen K L, Black L J, et al. A prospective investigation of dietary patterns and internalizing and externalizing mental health problems in adolescents [J]. Food science & nutrition, 2016, 4(6): 888-896.

Triguero-Mas M, Dadvand P, Cirach M, et al. Natural outdoor environments and mental and physical health: Relationships and mechanisms[J]. Environment international, 2015(77):35-41.

Tsai J C, Wang W H, Chan P, et al. The beneficial effects of Tai Chi Chuan on blood pressure and lipid profile and anxiety status in a randomized controlled trial[J]. The journal of alternative and complementary medicine, 2003, 9(5):747-754.

Tsang H W H, Chan E P, Cheung W M. Effects of mindful and non-mindful exercises on people with depression: A systematic review [J]. British journal of clinical psychology, 2008, 47(3): 303-322.

Tsang H W H, Chan E P, Cheung W M. Effects of mindful and non-mindful exercises on people with depression: A systematic review [J]. British journal of clinical psychology, 2008, 47(3): 303-322.

Tsang H. Effect of a qigong exercise programme on elderly with depression. [J]. International journal of geriatric psychiatry, 2010, 21(9): 890-897.

Tsang H. The effect of Qigong on general and psychosocial health of elderly with chronic physical illnesses ： A randomized clinical trial[J]. Int j geriatr psychiatry, 2003, 18(5)；441-449.

Tsuji I, Takahashi K, Nishino Y, et al. Impact of walking upon medical care expenditure in Japan：The Ohsaki Cohort study [J]. Int J Epidemiol, 2003, 32(5)；809-814.

Turner S, Eastwood P, Cook A, et al. Improvements in symptoms and quality of life following exercise training in older adults with moderate/ severe persistent asthma[J]. Respiration, 2011,81(4)；302-310.

Tyrväinen L, Ojala A, Korpela K, et al. The influence of urban green environments on stress relief measures：A field experiment[J]. Journal of environmental psychology, 2014, 38(6)；1-9.

Tyrväinen L, Silvennoinen H, Korpela K, et al. Importance of nature and its effect on psychological well-being [M]. Nature based tourism, forests and well-being, 2007.

Ullman H, Almeida R, Klingberg T. Structural maturation and brain activity predict future working memory capacity during childhood development[J]. Journal of neuroscience, 2014, 34(5)： 1592-1598.

Ulrich R S, Simons R F, Losito B D, et al. Stress recovery during exposure to natural and urban environments[J]. Journal of environmental psychology, 1991, 11(3)： 201-230.

Ulrich R S. Effects of healthcare environmental design on medical outcomes[C]//design and health：Proceedings of the second international conference on health and design. Stockholm：Svensk Byggtjanst, 2001：49-59.

United States Environmental Protection Agency. Travel and Environmental Implications of School Siting[R]. 2003；1-5.

Van Den Berg A E, Custers M H G. Gardening promotes neuroendocrine and affective restoration from stress[J]. Journal of health psychology, 2011, 16(1): 3-11.

Van Den Berg A E, Koole S L, Van der Wulp N Y. Environmental preference and restoration: (How) are they related? [J]. Journal of environmental psychology, 2003, 23(2): 135-146.

Van Den Bosch M, Östergren P O, Grahn P, et al. Moving to serene nature may prevent poor mental health—Results from a Swedish longitudinal cohort study [J]. International journal of environmental research and public health, 2015, 12(7): 7974-7989.

Van den Heuvel M, Demerouti E, Peeters M C W. The job crafting intervention: Effects on job resources, self-efficacy, and affective well-being[J]. Journal of occupational and organizational psychology, 2015, 88(3): 511-532.

Van Herzele A, de Vries S. Linking green space to health: A comparative study of two urban neighbourhoods in Ghent, Belgium[J]. Population and environment, 2012, 34(2): 171-193.

Vargo J, Stone B, Glanz K, et al. Google walkability: A new tool for local planning and public health research? [J]. J phys act and health, 2012(9):689-697.

Vogt S, Mielck A, Berger U, et al. Neighborhood and healthy aging in a German city: Distances to green space and senior service centers and their associations with physical constitution, disability, and health-related quality of life[J]. European journal of ageing, 2015, 12(4): 273-283.

Vries S D, Have M, dorsselaer S V, et al. Local availability of green and blue space and prevalence of common mental disorders in the Netherlands[J]. Bjpsych open, 2016, 2(6): 366-372.

Vries S D, Verheij R A, Groenewegen P P, et al. Natural environments—healthy environments? An exploratory analysis of the relationship between greenspace and health[J]. Environment and planning

A，2003，35(10)：1717-1731.

Völker S，Heiler A，Pollmann T，et al. Do perceived walking distance to and use of urban blue spaces affect self-reported physical and mental health? [J]. Urban forestry & urban greening，2018(29)：1-9.

Völker S，Kistemann T. The impact of blue space on human health and well-being—Salutogenetic health effects of inland surface waters：A review [J]. International journal of hygiene and environmental health，2011，214 (6)：449-460.

Wang C W，Chan C H，Ho R T，et al. Managing stress and anxiety through qigong exercise in healthy adults：A systematic review and meta-analysis of randomized controlled trials [J]. BMC complementary and alternative medicine，2014(14)：8.

Wang C，Bannuru R，Ramel J，et al. Tai Chi on psychological well-being：Systematic review and meta-analysis[J]. BMC complementary and alternative medicine，2010，10(1)：23-39.

Wang G，Dietz W H. Economic burden of obesity in youths aged 6 to 17 years：1979-1999. [J]. Pediatrics，2002，109(5)：E81-E87.

Wang J S，Kim N J，Kim Y Y，et al. Effect of a self-stretching exercise on musculoskeletal symptom and job stress for care helpers[J]. Journal of the Korean society of physical medicine，2013，8(2)：183-192.

Wang W，Sawada M，Noriyama Y，et al. Tai Chi exercise versus rehabilitation for the elderly with cerebral vascular disorder：A single-blinded randomized controlled trial [J]. Psychogeriatrics ：The official journal of the Japanese Psychogeriatric Society，2010，10(3)：160-166.

Wang Y C，Bleich S N，Gortmaker S L. Increasing caloric contribution from sugar-sweetened beverages and 100% fruit juices among US children and adolescents，1988-2004[J]. Pediatrics，2008(121)：e1604-1614.

Wang Y C，Mcpherson K，Marsh T，et al. Health and economic

burden of the projected obesity trends in the USA and the UK[J]. Lancet, 2011, 378(9793):815-825.

Ward J S, Duncan J S, Jarden A, et al. The impact of children's exposure to greenspace on physical activity, cognitive development, emotional wellbeing, and ability to appraise risk[J]. Health & place, 2016 (40): 44-50.

Watanabe E, Okada A, Takeshima N, et al. Effects of increasing expenditure of energy during exercise on psychological well-being in older adults[J]. Perceptual and motor skills, 2001, 92(1):288-298.

Wegner M, Helmich I, Machado S,et al. Effects of exercise on anxiety and depression disorders: Review of metaanalyses and neurobiological mechanisms[J]. CNS neurol disord drug targets,2014,13(6): 1002-1014.

Welch W A, Alexander N, Swartz A M, et al. Individualized estimation of physical activity in older adults with type 2 diabetes. [J]. Medicine & science in sports & exercise,2017,49(11):2185-2190.

Wells N M, Ashdown S P, Davies E H S, et al. Environment, design, and obesity: Opportunities for interdisciplinary collaborative research[J]. Environment and behavior, 2007, 39(1): 6-33.

Wells N M. At home with nature: Effects of "greenness" on children's cognitive functioning [J]. Environment and behavior, 2000, 32 (6): 775-795.

Wen Xiuqin,Han Zhengzheng,Zhao Jie,et al. Psychological stress and its influencing factors among elderly residents in a community in Beijing[J]. Chinese nursing management,2017,17(6):784-789.

Wendelboe-Nelson C, Kelly S, Kennedy M, et al. A scoping review mapping research on green space and associated mental health benefits[J]. International journal of environmental research and public health, 2019, 16 (12):1-49.

Wendelboe-Nelson, Kennedy K, et al. A scoping review of mapping research on green space and associated mental health benefits [J]. International journal of environmental research & public health, 2019, 16 (12):2081.

West C P, Dyrbye L N, Erwin P J, et al. Interventions to prevent and reduce physician burnout: A systematic review and meta-analysis[J]. The lancet, 2016, 388(10057): 2272-2281.

Weston A T, Petosa R, Pate R R. Validation of an instrument for measurement of physical activity in youth[J]. Medicine and science in sports and exercise, 1997(29): 138-143.

Wheeler B W, Lovell R, Higgins S L, et al. Beyond greenspace: An ecological study of population general health and indicators of natural environment type and quality [J]. International journal of health geographics, 2015, 14(1): 17-34.

White M P, Alcock I, Grellier J, et al. Spending at least 120 minutes a week in nature is associated with good health and wellbeing[J]. Scientific reports, 2019, 9(1): 7730.

White M, Smith A, Humphryes K, et al. Blue space: The importance of water for preference, affect, and restorativeness ratings of natural and built scenes [J]. Journal of environmental psychology, 2010, 30 (4): 482-493.

White R. Interaction with nature during the middle years: Its importance in children's development and nature's future[J]. Retrieved october, 2004(28): 1-14.

Williamson W, Kluzek S, Roberts N, et al. Behavioural physical activity interventions in participants with lower-limb osteoarthritis: A systematic review with meta-analysis[J]. BMJ open,2015,5(8): e007642.

Wolch J R, Byrne J, Newell J P. Urban green space, public health, and environmental justice: The challenge of making cities "just green enough"[J]. Landscape and urban planning, 2014(125): 234-244.

Wolf A M, Hunter D J, Colditz G A, et al. Reproducibility and validity of a self-administered physical activity questionnaire [J]. International journal of epidemiology, 1994, 23(5): 991-999.

Wolf K L, Flora K. Mental health and function—A literature review [C]//Green Cities: Good Health (www. greenhealth. washington. edu). College of the Environment, University of Washington, 2010.

Woo J, Chan W, Yeung F, et al. A community model of group therapy for the older patients with chronic obstructive pulmonary disease: A pilot study [J]. Journal of evaluation in clinical practice, 2006, 12(5):523-531.

Wood L, Hooper P, Foster S, et al. Public green spaces and positive mental health-investigating the relationship between access, quantity and types of parks and mental wellbeing[J]. Health & place, 2017(48): 63-71.

Wooller J J, Rogerson M, Barton J, et al. Can simulated green exercise improve recovery from acute mental stress? [J]. Frontiers in psychology, 2018(9): 2167-2177.

Wooller J, Barton J, et al. Occlusion of sight, sound and smell during green exercise influences mood, perceived exertion and heart rate [J]. International journal of environmental health research, 2015: 267-280.

Wooller J, Rogerson M, Barton J, et al. Can simulated green exercise improve recovery from acute mental stress? [J]. Original research, 2018 (9):2167.

World Health Organization. Global strategy on diet, physical activity and health:A framework to monitor and evaluate implementation[R]. 2004: 4-29.

World Health Organization. Promoting mental health: Concepts, emerging evidence, practice: Summary report[R]. A report of the world health organization, department of mental health and substance abuse in collaboration with the victorian health promotion foundation and the University of Melbourne, 2004: 2-15.

Wu C T, Pontifex M B, Raine L B, et al. Aerobic fitness and response variability in preadolescent children performing a cognitive control task[J]. Neuropsychology, 2011, 25(3): 333.

Ye S, Ng T, Yim K, et al. Validation of the curiosity and exploration inventory-ii (c)ei-ii among chinese university students in hong kong[J]. Journal of personalty assessment, 2015, 97(4):403-410.

Yu D S F, Lee D T F, Woo J, et al. Non-pharmacological interventions in older people with heart failure: Effects of exercise training and relaxation therapy[J]. Gerontology, 2007, 53(2):74-81.

Yu D S F, Lee D T F, Woo J. Effects of relaxation therapy on psychologic distress and symptom status in older Chinese patients with heart failure[J]. Journal of psychosomatic research, 2007, 62(4):427-437.

Zapata-Diomedi B, Gunn L, Giles-Corti B, et al. A method for the inclusion of physical activity-related health benefits in cost-benefit analysis of built environment initiatives [J]. Preventive medicine, 2018 (106): 224-230.

Zhang W, Nuki G, Moskowitz R W, et al. OARSI recommendations for the management of hip and knee osteoarthritis: part Ⅲ: Changes in evidence following systematic cumulative update of research published through January 2009[J]. Osteoarthritis cartilage, 2010, 18(4):476-499.

Zheng G, Xia R, Zhou W, et al. Aerobic exercise ameliorates cognitive function in older adults with mild cognitive impairment: A systematic review and meta-analysis of randomised controlled trials[J]. British journal of sports medicine, 2016, 50(23): 1443-1450.

Zhong T, Chung P K, Liu J D. Short form of weinstein noise

sensitivity scale (NSS-SF)：Reliability，validity and gender invariance among Chinese individuals[J]. Biomedical and environmental sciences，2018，31(2)：97-105.

Zhou K，Li X M，Li J，et al. A clinical randomized controlled trial of music therapy and progressive muscle relaxation training in female breast cancer patients after radical mastectomy：Results on depression，anxiety and length of hospital stay[J]. European journal of oncology nursing，2015(19)：54-59.

Zijlema W L，Avila-Palencia I，Triguero-Mas M. Active commuting through natural environments is associated with better mental health：Results from the phenotype project[J]. Environment international，2018(121)：721-727.

Zou L，Sasaki J E，Wei G X，et al. Effects of mind-body exercises (Tai Chi/Yoga) on heart rate variability parameters and perceived stress：A systematic review with meta-analysis of randomized controlled trials[J]. Journal of clinical medicine，2018，7(11)：404.

Zvolensky M J，Paulus D J，Bakhshaie J，et al. Interactive effect of negative affectivity and anxiety sensitivity in terms of mental health among Latinos in primary care[J]. Psychiatry research，2016(243)：35-42.

Østby Y，Tamnes C K，Fjell A M，et al. Morphometry and connectivity of the fronto-parietal verbal working memory network in development[J]. Neuropsychologia，2011，49(14)：3854-3862.

后 记

《梳理与实证:绿蓝色空间暴露和身体活动的健康和社会效益》为2019年度教育部人文社会科学研究项目成果(项目号:19YJC890016),出版过程中得到了浙江师范大学科学研究院的大力支持,获得了科学研究院"浙江师范大学出版基金"资助,在此深表感谢。

本书由浙江师范大学体育与健康科学学院的何晓龙老师和台州科技职业学院的卢家豪老师合著,成果共享。何晓龙主要贡献了本书的第一章、第二章、第三章、第四章、第五章和第七章的内容,而卢家豪老师则主要贡献了第六章和第八章的内容。在第七章的撰写中,浙江师范大学的硕士研究生许婷婷和王飞鹤做了很多工作且提供了积极的帮助,在此深表感谢。

在本书撰写的过程中,得到了浙江师范大学体育与健康科学学院的领导和部分教授的鼎力帮助和支持,在此一并表示感谢。

何晓龙 卢家豪

2022 年 6 月 18 日